Aux parents qui s'inquiètent.

La vraie
Julie Bureau

Mais il reste à jamais au fond du coeur de l'homme
Deux sentiments divins plus forts que le trépas :
L'amour, la liberté, dieux qui ne mourront pas.
                              Lamartine

André Mathieu

La vraie Julie Bureau

Éditions du Pur-Soi
Lac-Mégantic
Montréal
819-583-2303

Table des matières

Avant-propos

Les médias ont couvert à l'extrême le cas de Julie Bureau. Et en exploitant son image, ils ont vendu des pages, des pages et des pages, des ondes, des ondes et des ondes. Dès l'annonce de la parution d'un livre écrit par moi sur Julie, en fait son livre écrit par elle à travers ma plume, ce fut l'ouragan médiatique pendant 36 heures. Je ne compte plus les entrevues données alors.

Je n'ai jamais pour autant soupçonné les médias d'opportunisme; et vous qui me lisez en ce moment, peut-être pas non plus. Du moins j'espère !

Pourtant, ces mêmes médias pour plusieurs m'ont demandé si je préparais un livre ou bien un coup d'argent.

L'imprimeur de ce livre sera-t-il, lui, qualifié d'opportuniste ? Le diffuseur ? Les libraires ? Les bibliothèques qui le prêteront à l'usure et mieux, le loueront ?

Je dis simplement que les médias font leur travail. Que l'imprimeur, les gens de librairies et de bibliothèques font le leur. Tout comme je fais du mieux que je peux mon travail d'auteur, qu'il porte sur Aurore ou sur Julie Bureau. En plus que ce livre n'est pas subventionné comme la plupart le sont chez nous.

Mon métier est d'écrire des livres. Et c'est pourquoi j'écris celui-ci après quoi celui de Jean-Paul. J'étais au beau milieu d'une saga familiale beauceronne dont les 2 premiers tomes, *La forêt verte* et *La maison rouge* paraissaient en automne 2004 et les deux suivants un an plus tard. Je vis un intermède. Et quel intermède !

Je n'entreprends pas ici un processus de canonisation. Je veux creuser les coeurs. Savoir ce qui s'est passé, essayer de le comprendre et de le faire comprendre au lecteur. En tout cas faire réfléchir sur l'affaire Julie Bureau. Et en dégager des leçons rassurantes. Faire de ce livre un objet émouvant et surtout utile.

Et pour commencer, je publie ici la lettre que j'adressais à monsieur et madame Bureau, les parents de Julie, le 16 août 2004. Elle exprime pourquoi et comment j'entre avec tout mon coeur et tout mon esprit dans ce projet exaltant.

ce 16 août 2004

Re : livre

M. et Mme Michel Bureau
Milan
G0Y 1E0

Bonjour,

Ainsi que Julie et Jean-Paul vous l'auront appris, nous allons faire ensemble 2 livres. Le premier sur la vie de Julie. Le second sur celle de Jean-Paul. Il y aura lancements officiels à Lac-Mégantic et Beauceville en temps et lieu.

Je viens par la présente vous rassurer sur la teneur de ces ouvrages et vous en expliquer l'esprit et les avantages pour vous et votre famille. Et solliciter votre participation et votre collaboration afin que toutes les personnes concernées puissent être respectées.

Trouvez d'abord sous pli le communiqué de presse envoyé lundi aux médias pour les informer de cette décision de Julie et Jean-Paul.

Je veux vous dire qu'il ne sera pas question dans ces livres de porter des jugements sur qui que ce soit. Constater, creuser les coeurs, mais jamais juger.

L'on dira qu'il ne faut pas mettre votre famille sur la place publique; elle l'est déjà et beaucoup. Les livres iront simplement en la profondeur des personnes, si possible sans les heurter. Et au contraire pour resserrer les liens familiaux.

Le communiqué vous donne quelques raisons qui ont incité Julie et Jean-Paul à me choisir. Vous auriez quelques motifs de vous inquiéter à penser que j'ai piloté le livre d'une autre Julie, soit Julie Unetelle de Tel Lieu. Vous devez savoir que le texte des livres de madame Unetelle furent totalement de son ressort et que je n'ai fait qu'en corriger les fautes de français, assurer la mise en page et l'édition.

Je suis l'auteur d'Aurore, mais je sais pertinemment qu'il n'y a aucune commune mesure entre le cas de cette enfant et celui de Julie. Il faut dissocier les deux. Et nous prendrons la peine de le faire constamment auprès des médias.

Je suis parent moi aussi et suis capable d'imaginer voire ressentir les émotions qui furent vôtres durant les 3 années de la disparition de votre enfant.

Je vous ai vus à la télé et je vous ai trouvés magnifiques tous les deux. Je n'ai aucune envie de jeter la pierre à qui que ce soit. Je voudrais que par mes livres, cette histoire finisse dans l'espérance, la tendresse et la joie.

Durant les 3 prochains mois, malgré qu'ils soient pourchassés par les médias, Julie et Jean-Paul n'y passeront presque pas. Et quand on ouvrira les vannes pour ainsi dire à l'approche du lancement de décembre (novembre), je ferai en sorte de me trouver aux côtés de Julie afin que tout se passe bien pour elle et pour vous. Bien entendu que le public voudrait entendre des choses sensationnelles et de préférence noires, mais nous aurons autre chose à lui servir.

Tout ce qui ne tue pas fait grandir, écrivait Nietzche. Je crois que par ce nouveau défi, cette nouvelle expérience, Julie, Jean-Paul, vous, moi, nous grandirons tous. Je veux faire en sorte que cela se produise. Et qu'il y ait devant la foule de décembre (novembre) une famille réunie, agrandie et grandie.

Julie me parlait d'une scène où son père la tenait dans ses bras pour qu'elle puisse accrocher l'étoile de l'arbre de Noël. Voilà le genre de choses que je veux voir dominer dans ces livres. Je sais où je m'en vais : j'en serai à mon 55e ouvrage avec le livre de Julie.

Certes, il y aura la grande opposition entre l'amour et la liberté, mais voilà une opposition vieille comme le monde et qui, en vertu de caractères bien typés, a fait éclater au sein de votre famille une situation incroyablement douloureuse, je le sais. Si vous aviez la chance de lire **Aurore**, vous comprendriez à quel degré je suis capable, en tant qu'auteur, de partager la souffrance des autres et de la saisir. On appelle ça de l'empathie, vous le savez.

En acceptant de collaborer, vous contribuerez grandement à laisser à Julie un **héritage de liberté**. Ce livre lui servira à tourner la page et peut-être à vous aussi. Et puis les sous qu'elle en tirera, même si ce n'est pas l'objectif premier de ce projet, sont quand même à considérer.

Les budgets ne permettent pas de vous accorder de récompense financière pour votre collaboration. Ils couvrent les frais d'édition, de diffusion et les droits versés à Julie ainsi que ceux pour mon travail.

J'aimerais vous rencontrer l'un et l'autre. Jaser. Vous entendre surtout. Et je sais que nous allons nous entendre.

Vous savez, il y a de la beauté et de la grandeur dans la souffrance humaine qui n'est pas recherchée pourvu qu'on sache la déterrer sous les larmes, le froid, les meurtrissures au coeur.

Sincèrement,

André Mathieu, auteur
Lac-Mégantic

Communiqué de presse

Voici le communiqué de presse adressé aux médias pour leur annoncer, et par eux au grand public, l'écriture et la parution prochaine d'un livre dans lequel Julie Bureau racontera ce qui lui est arrivé. Vu qu'il a fait partie de la lettre envoyée aux parents de Julie le 16 août 2004, il importe de le reproduire ici.

L'histoire de Julie Bureau, la jeune fille de Milan (Estrie) disparue durant 3 ans, sera racontée par André Mathieu dans un ouvrage de 400 pages + écrit de concert avec la principale intéressée. Ce livre paraîtra en décembre (novembre). Un autre de même envergure racontera l'histoire de l'homme qui l'a hébergée à Beauceville, et paraîtra au printemps 2005.

....

Ce n'est pas un hasard si l'auteur a proposé à la jeune femme et à celui qu'on appelle le bon Samaritain d'écrire leur histoire, lui qui compte parmi ses titres *Aurore*, en voie d'adaptation au cinéma, *Le bien-aimé* qui relate l'histoire du célèbre fugitif de Mégantic, Donald Morrison, *Nathalie* qui raconte le suicide d'une adolescente de 14 ans ainsi que *La bohémienne*, le roman d'une jeune fille qui prend la route et subit bien des déboires mais en sort grandie.

Il faut dire que chez l'auteur, il ne se fait aucun lien entre le cas d'Aurore et celui de Julie si ce n'est par la sincérité de l'écriture des deux livres.

"Mon objectif est de 'creuser les coeurs comme je cherche à le faire chez tous mes personnages, réels ou non. Et je vais reculer très loin dans l'enfance et l'adolescence de Julie (et Jean-Paul dans son livre) sans 'tirer des roches' à qui que ce soit."

Le livre sera émaillé d'opinions diverses à propos de la longue disparition de Julie Bureau et de tout ce qui a entouré l'événement, avant, pendant et après. Le public peut donc faire parvenir....

En même temps que cette biographie commentée, Mathieu écrira un scénario de film qui sera présenté aux producteurs d'ici.

"Je veux en faire une histoire qui a du coeur mais surtout une histoire vraie, émouvante et utile !"

~~~~~~

Contenu

Ce livre n'est pas un roman et n'en a pas l'allure. Il ne contient rien qui soit romancé ou exagéré dans un sens ou dans l'autre. L'auteur que je suis ne prend pas position systématiquement pour Julie. Ce qui ne m'empêchera pas de la défendre de certaines attaques vraiment vicieuses et aveugles dont elle a fait l'objet.

Je vais tout d'abord écrire à propos de mes contacts avec elle, de mon approche, de mes perceptions à son sujet.

Aussi, je vais reproduire le plus fidèlement possible toutes les entrevues que j'ai faites avec elle.

Je lui ai demandé de me dire la vérité. Je n'ai pas demandé toute la vérité. Julie possède comme vous et moi, comme tout être humain, des jardins secrets. Je vais amener mon lecteur à la porte de ces jardins : à lui d'imaginer les fleurs et rocailles qui se trouvent à l'intérieur.

En certains chapitres apparaîtront des opinions du public, parfois défavorables à Julie. Parfois, je ferai un commentaire, d'autres fois pas.

Les questions sollicitées auprès du public via certains médias, c'est à Julie que je vais les poser pour la plupart et réponse leur sera donnée dans les chapitres où c'est elle seule qui va s'exprimer.

Un animateur m'a demandé comment je m'y prendrais pour obtenir LA vérité. Tout d'abord, j'ai mis Julie en confiance. À ce jour, le dernier du mois d'août, à la scruter jusqu'au fond de l'âme par son regard quand je posais des questions plus délicates, je n'ai jamais rencontré le mensonge ou les demi-vérités. Et un côté de moi fait en sorte d'analyser chaque mot, le ton, le regard... Si quelque chose me trouble, je reviens plus tard sur la même question.

J'ai cherché à découvrir la vraie Julie Bureau et je continuerai à le faire pendant les 6 semaines à venir et à s'écouler entre le premier mot du livre et son point final.

Si en même temps que vous ouvrez la première page, vous ouvrez aussi votre coeur et votre esprit, il y a de bonnes chances pour que vous sortiez de votre lecture plus riche. Alors il n'y aura pas que Julie, que moi, que les médias, que l'imprimeur, le diffuseur, les libraires et les bibliothèques qui en sortiront gagnants.

Intéressant, ça, non ! ?

Première partie

Quand on a tout le monde contre soi...

Chapitre 1

Ma rencontre avec Julie Bureau

Dimanche, le 8 août 2004

Mon amie Solange revenait hier de fort loin en Ontario où elle vient de passer une semaine en visite chez ses fils. Elle ne se doute pas le moins du monde de ce qui l'attend aujourd'hui.

Elle ignore en effet que voilà quelques jours, j'adressais une lettre à Julie Bureau et celui qui l'a hébergée pendant près de trois ans, et qu'on a surnommé le bon Samaritain, une lettre dans laquelle je leur écrivais quelques arguments en faveur de l'écriture d'un livre sur et par Julie et passant par ma plume d'auteur.

Et, bien sûr, Solange ignore aussi que Julie et Jean-Paul m'ont donné rendez-vous à leur domicile de Beauceville ce jour, à quatorze heures.

–J'ai de la recherche à faire cet après-midi dans le cimetière de Saint-Honoré (Beauce), lui dis-je. Veux-tu venir faire un tour là-bas avec moi ?

–Oui.

–Je te prends à onze heures et demie...

Je dois dire que me voilà en train d'écrire ce qu'on pourrait appeler une 'tétralogie', c'est-à-dire une série de quatre romans biographiques racontant l'histoire d'une famille de mon village natal, Saint-Honoré, qui se trouve à 40 minutes de Lac-Mégantic où j'habite. Les deux premiers livres sont terminés et paraîtront en septembre. Leur action se déroule depuis 1854 jusqu'en 1895. Cette saga de 2,112 pages a pour canevas l'histoire de ma paroisse depuis le premier coup de hache du premier pionnier. Ceci pour dire que c'est chose logique pour moi de retourner dans le cimetière de là-bas, y faire parler les morts en vue de l'écriture des deux derniers tomes qui paraîtront en automne 2005.

Il fait beau grand soleil aujourd'hui. L'insupportable humidité de ce temps de l'été semble vouloir nous donner congé pour quelques heures. Tout brille dehors et dans mon âme. Je ressens malgré moi une certaine fébrilité. Rencontrer la personne de sexe féminin la plus médiatisée du Québec après Céline Dion a de quoi vous déstabiliser quelque peu dans votre quotidien d'écriture. Quand j'écris, je passe jour après jour par toute la gamme des émotions, mais je ne m'use jamais à ces vibrations; et c'est sans doute la raison pour laquelle j'en arrive à mon 55e ouvrage.

Veut veut pas, je suis différent des autres jours. Mais mon amie qui ne m'a pas vu depuis plus d'une semaine n'y verra que du feu : en tout cas, je me le dis et j'y compte. Car j'ai l'intention de lui cacher jusqu'au dernier moment, jusqu'à la porte chez Julie et Jean-Paul, cette visite qui sort pour le moins de l'ordinaire. Mais c'est que Solange possède un flair peu commun, c'est que pas grand-chose n'échappe à ses antennes, à sa trop vive intuition féminine. Trop vive à mon goût parfois...

De plus, je fais un piètre menteur depuis toujours. Et ma mère avait tôt fait de me scruter par le regard jusqu'au fond de la conscience quand il m'arrivait de lui chiper une pièce de 0,05¢ pour courir m'acheter un cornet de crème glacée sur l'heure du midi, histoire de me 'bourrer la face' comme elle disait et de faire l'envie de mes copains d'école quand il n'arrivait pas à la boule de mon futur délice de tomber dans le gravier de la cour avant que je ne commence à la lécher : punition divine sûrement !

Ah, mais s'il s'agit de préparer une surprise à quelqu'un, là, je fais montre d'un certain talent ! Et je deviens alors romancier dans la vraie vie, ce que je ne parviens jamais à être autrement que plongé dans l'écriture de mes romans.

Et nous partons pour nous retrouver à Saint-Georges une demi-heure avant midi. Au restaurant.

–Comment ça, on est plus loin qu'à Saint-Honoré, me dit Solange alors que nous prenons place à table.

–Faut bien manger quelque part ! Va nous falloir marcher dans le cimetière pendant au moins deux bonnes heures.

–Ah !

Et l'on mange.

Au cours du repas, voici que spontanément, mais peut-être à la lecture de ma pensée très occupée par l'image de Julie Bureau, voici qu'elle me parle de la jeune fille retrouvée après une disparition de trois ans.

–Dans le journal de Sault-Sainte-Marie, y avait un article sur elle avec sa photo. Me semble qu'elle a les yeux durs, la Julie.

–C'est son maquillage. On peut donner des yeux comme ceux-là à n'importe qui. L'entourage des yeux est trop noir...

Je ne connais pas beaucoup les termes utilisés pour désigner les cosmétiques de nos compagnes, mais bon... Solange acquiesce à demi et on parle d'autre chose.

Au moment de payer, elle veut sa facture.

–Je t'invite donc je paye.

–Non, je veux ma facture.

–Disons qu'on fête un événement.

–Quel événement ?

–Ton retour.

–Tu m'en diras tant.

Par la suite, elle remet Julie Bureau sur la table. Quelle chance ! Je dis aussitôt :

–On devrait faire un crochet par Beauceville et aller voir où elle vit... J'ai lu dans un journal le nom du rang où elle habite... Je vais sûrement reconnaître la maison.

Le problème, c'est qu'il est encore trop tôt pour arriver chez Julie et Jean-Paul. Je trouve pour excuse qu'il me faut quérir du papier à imprimante au centre d'achats, ce qui permettra à Solange d'aller dans un magasin grande surface se procurer un cadeau pour souligner l'anniversaire de sa fille Nathalie le jeudi d'ensuite, 12 août.

Et bientôt, au temps prévu, nous voici en route pour Beauceville. Je trouve sans problème la rue qui donne sur le rang du même nom. Je connais bien Beauceville pour y avoir longtemps naguère traité des affaires de livres... et de coeur.

–Je me demande pourquoi elle s'est arrêtée à Beauceville et pas à Saint-Georges, me dit Solange alors que nous approchons de l'entrée de la maison de Julie et Jean-Paul.

–Tu lui demanderas.

C'est jouer avec le feu et m'exposer sérieusement aux antennes de Solange. Mais voici qu'elle s'interroge sur le numéro de porte. Je le dis aussitôt. C'est vraiment l'alerte rouge dans sa tête et quand je fourche pour entrer dans la montée chez Jean-Paul, le déclic se fait dans sa tête.

Mais elle l'exprime par une question sur le ton de ceux qui interrogent un grand mystère :

–Qu'est-ce c'est qui se passe aujourd'hui ?

–On va visiter Julie Bureau et le bon Samaritain.

–QUOI ?

–Je te dis qu'on va rendre visite à Julie et Jean-Paul... Jean-Paul, le bon Samaritain...

–Es-tu malade ? Penses-tu que je vas entrer là ? Je reste dans l'auto... Et puis tu vas faire quoi là ?

–J'ai rendez-vous avec eux... en vue de l'écriture d'un livre sur Julie.

–Ah ben non, moi, j'vas pas là.

–Voyons donc, c'est pas un piège, c'est une surprise !

–Qu'est-ce que tu veux que je fasse là ?

–Tu vas sortir tes antennes et tâcher de voir qui ils sont. Ensuite, on comparera nos impressions.

–Suis pas préparée à ça pantoute.

–C'est encore bien mieux comme ça.

–Ils m'attendent pas, c'est toi qu'ils attendent.

–Pas du tout ! Je les ai prévenus par courriel. Ils nous attendent tous les deux.

Solange émet deux ou trois longs soupirs où se bousculent reproche, étonnement et le goût de vivre une expérience psychologique voire peut-être même spirituelle comme elle les aime. Et elle me suit tandis que je descends et prends ma mallette dans le coffre de l'auto.

Mon lecteur* me permettra ici, entre la porte de mon auto et celle de la maison de Julie Bureau et Jean-Paul, le Samaritain, de m'expliquer sur mes connaissances en ce jour du 8 août 2004 à propos de l'affaire Julie Bureau.

Ces connaissances sont sûrement en conformité avec celles de la plupart des gens. Mes questions sont sûrement les mêmes que celles de tout le monde. Mais si j'ai des questions qui demandent réponse, je me reconnais en partie ignorant quant à cette histoire et ses choses profondes. Curieux, mais l'ignorance a une voix et elle me parle à l'oreille, et elle me dit de m'ouvrir et de ne pas injecter à mon questionnement une dose de blâme, de reproche, de condamnation. Pour s'ouvrir à l'autre, il faut mettre la hache dans ses préjugés, dans les opinions faites d'avance par les médias et que leur répétition ad

*par esprit pratique, je vais éviter dans ce livre de tout écrire au masculin **et** au féminin quand un seul genre permet de comprendre...

nauseam imprime en nous-même.

Et comme dirait un sage que j'ai baptisé le philosophe du mont Dostie : *avant de juger quelqu'un, marche donc quelques milles dans ses souliers et tu verras que tu ne fais que commencer à le comprendre, même s'il s'agit du pire criminel de la terre.*

En ses mots à lui, Jésus-Christ disait : *que celui qui est sans péché lui lance la première pierre.*

Ce n'est pas tout à fait, j'en conviens, la même idée, mais c'est dans les mêmes eaux.

Donc j'ai en tête la grande question que je me pose depuis qu'on a retrouvé Julie : pourquoi n'as-tu pas donné des nouvelles à tes parents pour leur dire par exemple "je suis vivante, je suis bien, je ne veux pas vous voir maintenant, je vous donnerai des nouvelles quand je serai prête." Et poster la lettre loin de l'endroit où tu te trouves, dans une boîte postale anonyme.

Ce que je sais en gros de l'affaire...

Que Julie a fugué en septembre 2001 depuis Coaticook où on l'avait envoyée comme pensionnaire au Collège Rivier, après quatre jours de fréquentation de la polyvalente Montignac de Lac-Mégantic où elle avait complété ses classes de Secondaire I et II.

Que les autorités et ses parents ont multiplié les recherches pour la retrouver, y compris récemment le dragage, sur le conseil d'un médium mal inspiré, de la rivière Coaticook, à la recherche du cadavre de la jeune disparue.

Que ses parents furent, eux aussi, très médiatisés entre 2001 et 2004.

Que je les ai vus et entendus à la télé et les ai

trouvés magnifiques.

Que la mère de Julie a parlé pendant une heure et plus avec Solange et son fils quelque part en 2002 et leur a raconté une partie de son vécu de mère d'une enfant disparue.

Et j'ai suivi les nouvelles quand elle a refait surface. Les retrouvailles avec ses parents. Sa conférence de presse où elle déclarait qu'elle voulait retourner vivre à Beauceville, en paix et à l'abri des médias. Elle parlait de 'choses' qui se sont passées à Montréal. De "la fugue ou le suicide". Son avocate a dit qu'elle est une jeune femme très 'allumée'. Et ce visage de Julie qui avait l'air menaçant...

Je sais tout cela et j'en sais si peu.

Faut dire que toutes ces années, en un seul endroit, on a gardé sa photo affichée, et c'est à l'entrée du magasin Dollarama de Lac-Mégantic. Et chaque fois que je me rendais en ces lieux, ce qui m'arrive assez souvent car je ne suis pas très riche de par un métier piraté légalement par l'État, et dois acheter bon marché, je parlais à sa photo :

"Toi, tu es vivante. Tu n'as pas le regard ni le sourire de quelqu'un qui va mourir jeune. Tu vis quelque part. Et je voudrais bien te parler. Et je voudrais bien communiquer avec toi par l'esprit si cela était possible."

Voilà en substance ce que je disais chaque fois à cette photo. Et même si le scepticisme fait partie de ma définition morale depuis un bail, je ne pouvais non plus m'empêcher de penser à tous ces événements inexplicables dont je fus témoin au cours de ma vie et qui échappent à toute forme de logique ainsi qu'aux données de la science.

Cette manie de douter de tout est certes un bon moteur pour entraîner le véhicule de notre esprit vers la connaissance, mais elle ne doit pas nous enfermer non plus dans des certitudes et des idées préconçues, fabriquées par une société manipulatrice qui fait marcher plus à fond que jamais son usine à matrices.

Et après toutes ces fois où j'ai parlé à la photo de Julie, me voici en ce dimanche, le 8 août, pas même un mois après le retour de la disparue à la surface de la terre, devant sa porte.

Qu'est-ce qui m'attend à l'intérieur ?

Qu'est-ce qui nous attend, ma compagne aux fines antennes et moi devant la plus que mystérieuse Julie Bureau et son presque frère Jean-Paul que les médias ont médiatisé de dos à ce jour ?

*

Les aboiements du grand Danois Nicky, le chien de la maison, sont le premier signe de vie qui nous est donné. Je fige. J'ai demandé par courriel qu'il soit mis en enclos; on m'a promis de l'enfermer au sous-sol le temps de ma visite. J'ai la peur-panique des grands chiens et même des petits, et ce, depuis l'enfance alors qu'un grand "flancs-mous" de voisin qui exaspérait depuis des années le saint-bernard d'un deuxième voisin vit un jour le molosse se détacher de sa longue laisse de fer, courir vers lui et moi, sauter par-dessus ma petite personne de 6 ans tombée par terre, pour aller planter ses gros crocs 'tannés au boutte' dans les fesses du "flancs-mous", revenir vers moi, sauter une seconde fois par-dessus ma personne terrorisée qu'il dédaignait encore. (J'en suis resté traumatisé.)

Le chien se tait. Julie l'a mené au sous-sol. La porte s'ouvre. Jean-Paul, jeune homme au large sourire accueillant nous salue. Julie reste en retrait. Nous entrons. Ce sont les présentations. Dans ces circonstances, je perds toujours la mémoire. D'un premier contact, généralement, il ne me reste rien à réfléchir ensuite.

Nous sommes dans un salon. Je me souviens avoir marché vers la cuisine, vers la table, vers la chaise que Jean-Paul tire. Vive comme une anguille, Julie se faufile et prend place à ma gauche. Solange est bientôt à ma droite. Jean-Paul en face de moi.

Voilà qui est très bien. Je ne me sens pas prêt à faire face à Julie. Un homme de 62 ans; une jeune femme de 17 ans : pourquoi m'en faire ? Mais je suis toujours impressionné par les stars. Et Julie, n'en déplaise aux vedettes de la chanson, du cinéma et de tout ce qu'on voudra, fut consacrée 'star' par les médias. Pour leur plus grand profit d'ailleurs. Ils ne l'auraient jamais fait sans ça. Ce n'est pas de l'opportunisme, c'est leur définition même qui le veut ainsi.

Tout est propre comme un sou neuf dans cette maison. Le seul objet qui n'est pas classé me saute aux yeux. C'est la lettre que je leur ai fait parvenir quelques jours auparavant et qui se trouve sur la tablette du comptoir de cuisine tout juste à côté de moi. Et pendant que j'ouvre ma mallette posée sur la table, je repense au contenu de la dite lettre.

(Je la reproduis ici après l'avoir amputée de ses effets trop personnels ou autres qui touchent plus particulièrement le pain et le beurre (ou $). Et l'on me comprendra.)

ce 28 juillet 2004

<u>**Re : livre à écrire**</u>

Mme Julie Bureau et M. Jean-Paul Bernard
Beauceville,
G0Y 1E0

À vous deux,

Ai suivi votre histoire dans les médias.
À la fin, vous avez raison de fermer vos portes
aux journalistes qui ne sauront que prendre de
vous. Quand on a besoin d'eux, ils ne sont jamais là.
J'en sais quelque chose. Mais s'ils ont besoin de
nous, ils sont comme des mouches aux alentours.

Je suis romancier. Originaire de la Beauce, je vis
à Lac-Mégantic.

Votre histoire, Julie, vaut bien plus que de la
'donner gratuitement' par entrevues médiatiques.
Voilà pourquoi je vous écris cette lettre. Si vous
deviez vouloir en faire faire un livre et un scénario
pour le cinéma, je pourrais être la clef pour mener
ce projet à bon port.

Tout d'abord, je peux écrire ce livre puisque j'en
suis à mon 55e et...

Peut-être avez-vous entendu parler de –ou
même avez-vous lu ? – certains de mes livres

33

comme **Nathalie**, **Aurore** ou **Le bien-aimé** (l'affaire Donald Morrison). Et puis, je peux le publier à mes éditions. Et maintenant que mon roman biographique **Aurore** est en voie d'être **adapté au cinéma**, je crois qu'il serait possible en combinant votre notoriété à mon expérience plus ce qui arrive à mon livre **Aurore**, de faire un franc succès d'un tel ouvrage.

Bien entendu, il y a les revenus d'un livre qui pourraient s'ajouter à vos revenus, mais il y aurait aussi et avant tout que d'écrire un livre, même à travers une personne interposée comme je le serais, constitue une magnifique **thérapie libératrice**. Ce serait la meilleure façon peut-être d'en finir avec ce que vous aimez moins de votre passé pour n'en garder que le meilleur. Vous seriez les maîtres de la situation sans vous faire bousculer de questions, et auriez droit de regard sur les textes de même que sur les factures de l'imprimeur, –et même directement chez l'imprimeur et le diffuseur–ce qu'aucun éditeur, à ma connaissance, n'accorde jamais chez nous, au Québec.

Et il pourrait y avoir les revenus bien plus substantiels d'une adaptation du scénario à l'écran par un producteur. Je suis sûr que l'un d'eux serait intéressé et je ne vous cache pas qu'il y a de ce côté bien plus de possibilités pécuniaires que dans l'édition d'un livre. Mais l'un ne va presque pas sans l'autre.

Je laisse cette proposition mûrir en vous. Et si elle devait vous convenir, il faudrait que nous nous rencontrions pour d'abord signer une entente et ensuite procéder aux entrevues nécessaires soit deux ou trois au début puis une par ci par là le temps de l'écriture du livre et du scénario.

Ne donnez pas ce qui vous appartient en propre ! Voilà ce que mon projet de livre et de scénario vous permettra si, après réflexion de quelque temps, vous décidiez de le réaliser avec ma participation.

Le titre du livre serait le suivant : SAINE, SAUVE et BELLE. (Il en viendra d'autres en cours d'écriture et on finira par choisir La vraie Julie Bureau.)

Et en sous-titre *l'histoire de Julie Bureau*

Je suis à écrire une série de 4 livres et ne pourrais commencer celui que je vous propose qu'en janvier prochain. Et il paraîtrait quelque part en 2005, le plus près possible de la sortie du film **Aurore**. Comme vous aurez 18 ans en décembre, Julie, tout serait bien coordonné...

Et voilà Julie, Jean-Paul. Si intéressés, contactez-moi avant la fin de septembre; sinon, oubliez-moi. Dans les deux cas, je vous comprendrai et ne cesserai pas de vous aimer pour autant. Car votre histoire me fascine, plus encore que la plupart de celles que j'ai écrites à ce jour.

Sincèrement,

André Mathieu

Bon, cette lettre m'a ouvert leur porte, mais les arguments sont plutôt courts et certains ont pris du corps depuis dix jours.

Eux, je le saurai plus tard, me feront venir plus par curiosité que pour un autre motif. Car depuis le début, ils trouvent drôle et bien peu sérieuse l'idée d'écrire un livre sur Julie. Ou bien que Julie écrive un livre à travers la plume d'un auteur. Formule qui les séduira, Julie surtout, bien davantage dans les jours à venir.

Alors je prends place le dernier après avoir mis mes documents sur la table et leur sert l'argument le plus fort dont je dispose.

–Julie, tu as déclaré lors de ta conférence de presse que tu voulais retourner à ta vie privée, mais tu ne le pourras pas avant des années si tu ne passes pas par la voie d'un livre. Les médias vont te pourchasser sans arrêt et te demander que tu leur livres un petit coin de ta vie de famille avant la fugue, un morceau de ta vie scolaire, une confidence sur ces 'choses' que tu as dit s'être passées à Montréal, une image de ta vie à Beauceville. Tu n'auras pas la paix à laquelle tu aspires à moins de tout révéler d'un coup dans un livre ce qui t'est arrivé. Et au lieu de donner gratis des entrevues qui feront vendre des pages, des pages et des pages, des ondes, des ondes et des ondes, tu feras vendre un livre qui te rapportera, qui nous rapportera.

Si l'argument a frappé fort autant Jean-Paul que Julie, et ça se voit dans les regards, il ne les convainc pas de me faire confiance. Ils sont sur leurs gardes, Julie surtout, et je le sens.

Jamais elle ne me dévisage et elle répond à mes questions en m'adressant des regards en coulisse qui parfois me jettent des trombes d'eau glacée. Par contre, elle est bien plus dégagée avec Solange et je suis très content d'avoir emmené mon amie avec moi sans la prévenir ou bien elle n'aurait peut-être pas voulu m'accompagner. (C'est en tout cas ce qu'elle me dira par la suite.)

Par chance aussi, il y a Jean-Paul, un gars très détendu, drôle, l'air jeune, de fort belle apparence. Je ne tarderai pas à apprendre pour mon plus grand agrément que nous avons les mêmes atavismes. Sa mère est une Mathieu. Mon grand-père est né à Beauceville. Quelque part dans la lignée des Cartouche, des Gorlot, des Bebette, des Bonhomme ou des Chasseur (surnoms des diverses familles Mathieu de Beauceville et j'en oublie), nous avons certainement des ancêtres communs.

Et ça me rassure.

Et j'ai en biais une très belle jeune femme à longs cheveux noirs et aux yeux d'un bleu outremer. Ces yeux-là ont la propriété double d'éclairer voire d'enflammer le visage quand la personne est heureuse et éclate de rire, ainsi que celle de le rendre plus froid qu'un iceberg quand elle devient songeuse, qu'elle cherche à vous scruter jusqu'au fond de l'âme ou qu'elle se fait un brin menaçante, ce qui arrive rarement, heureusement pour moi. De sorte que si elle rit quand elle oublie de rester sur ses gardes comme Jean-Paul le lui a conseillé, un gros morceau de stress se détache de ma personne pour tomber dans des eaux chaudes et accueillantes.

Je leur explique les clauses du contrat à signer.

Ils ne savent rien du monde du livre.

Surtout, et j'en frémis pour eux, ils ne savent rien

de ce qui n'est pas bien dans notre monde du livre et reste caché par la volonté de l'État, des affairistes et des médias. Je n'ai pas le temps de leur brosser un tableau et ça ne les intéresserait guère. Mais je résume le tout en une clause : droit de regard. Je leur dis que s'ils signent un contrat avec un autre que moi, il leur faudra exiger un droit de regard directement chez l'imprimeur et chez le diffuseur du livre. Je les supplie de l'exiger. Qui veut comprendre comprenne !

Une clause fait sursauter Julie. Celle où je parle de la collaboration au livre de ses parents, ce qu'à ce moment, je considère essentiel.

–Ils ne voudront pas, ça sert à rien, me déclaret-elle.

–Et pourquoi pas ? Je vais leur écrire une lettre d'intention. Je veux que ce livre soit rassembleur, qu'il permette la construction d'une nouvelle famille agrandie et grandie.

–Mon père voudrait peut-être au fond de luimême, mais ma mère... Et puis si elle refuse, il refusera.

Alors parlons-en ! Plongeons dans la rivière. Advienne que pourra.

–Pourquoi, Julie, es-tu partie en 2001 ?

Elle me regarde en biais, hoche la tête :

–Ma mère.... Ma mère, pas compliqué...

Son regard, je le redis, est celui d'une personne qui se méfie, sur le conseil même de Jean-Paul. Mais le ton m'apparaît d'une évidente sincérité.

Et c'est parti !

–Ma mère vit dans une bulle... Je ne la comprends pas... Je ne la comprendrai jamais... Elle était dans sa bulle avant ma fugue... Elle est encore dans sa bulle aujourd'hui... Et mon père, tout ce qu'elle dit, c'est parfait, c'est la vérité...

Le choc de deux tempéraments qui se ressemblent peut-être. Et plus philosophiquement comme je l'exprimerai plus tard dans ma lettre aux parents, l'opposition entre les forces de l'amour (mal compris) et de la liberté (mal perçue).

Je comprends encore davantage que le livre, s'il doit s'écrire, ne sera pas un procès dont il faudra à tout prix sortir un ou des coupables. Je dois faire comprendre à Julie qu'il sera important pour que la vérité sur elle se fasse clairement, d'obtenir la version des parents et de l'inclure dans le texte. Je veux aussi que l'opinion publique puisse s'exprimer entre les chapitres ou dans certains d'entre eux.

On parle de tout ça.

Solange qui fut sans donner de nouvelle à sa famille pendant cinq ans dans sa jeunesse se fait rassurante sans même le vouloir. Elle n'est pas là pour ça, elle y est par surprise. Faut dire que je comptais sur ce rôle bénéfique.

Ce sur quoi je compte le plus dans ce contrat d'édition, c'est que Julie (et Jean-Paul) me confie son agenda médiatique afin que je puisse établir une stratégie qui confère au projet le maximum de chances de réussite.

Également, j'ai inclus une clause de résiliation du contrat.

–Histoire de vous faire sentir libres tout au long du processus. Il te suffira, Julie, de me poster ta demande de résiliation et je te l'accorderai par le retour du courrier. J'ai des livres à écrire. J'ai des plans pour bien plus que le reste de ma vie. J'ai le dossier Aurore qui va me demander en 2005. Je vous veux libres comme l'air.

C'est drôle, un contrat qui ne lie pas les deux parties : mais c'est bel et bien ce que je leur propose. Je leur donne une semaine pour décider. Julie signera, mais Jean-Paul a son mot à dire.

Et c'est le départ.

Je suis sûr que ça va marcher.

Hier soir, j'assistais à la cérémonie d'ouverture de la 40ᵉ exposition agricole de la Beauce dont j'ai été le co-fondateur en 1965, et la fatigue consécutive m'a suivi aujourd'hui depuis le pénible lever à l'aube. Je n'ai pas senti que mon discours fut très performant devant Julie et Jean-Paul. Par contre, mon amie Solange a joué un rôle-clef dans cette rencontre. Elle fut la première, je crois, à obtenir la confiance de Julie et Jean-Paul.

En tout cas, elle me déclare en voiture qu'elle les a bien aimés tous les deux. Julie a confirmé ce qu'elle savait et dont tout le monde se doute bien un peu ou beaucoup : la fugue fut causée par une longue confrontation entre la mère et sa fille sous l'oeil inattentif du père.

Bien que la sincérité de Julie ne fasse aucun doute, tout reste néanmoins à être approfondi. Il ne suffit pas de savoir, il nous faudra, il me faudra comprendre, il faudra aussi que le public soit conduit au fond des choses. Je n'écrirai pas ce livre à moins. Pour être cru, il me faudra creuser les coeurs...

*

Dans les jours qui suivent ce dimanche pour moi

mémorable, il y a discussion via courriels entre Julie (et Jean-Paul) et moi.

Le lundi, on veut savoir si ce livre va caler la mère de Julie. Ce dont Julie a parlé à maintes reprises lors de notre rencontre de dimanche :

"Je ne veux pas la caler, là, mais... "

"En la calant pas, si tu te cales, c'est pas mieux non plus," ai-je dit sans jamais nourrir l'intention de nuire à la mère de Julie malicieusement.

Voici la réponse définitive que je trouve à cette question le lendemain.

"Pour ce qui est de ta mère, Julie, il ne s'agira pas de la caler, pas de lui caler la tête dans l'eau, mais il nous faudra bien la mouiller un peu. Mais comme je te l'ai dit : *tout ce qui ne tue pas fait grandir*. C'est peut-être ce livre qui crèvera sa bulle. Et peut-être qu'alors vraiment elle changera pour le mieux..."

J'ai répété cette citation de Nietzche que je reprendrai quelques jours plus tard dans ma lettre aux parents reproduite en avant-propos. C'est que dimanche, lors de notre rencontre, elle avait éclairé littéralement le visage de Julie.

"Tout ce qui ne tue pas fait grandir, lui ai-je dit, même les pires souffrances et les pires erreurs pourvu qu'on sache en tirer profit et les transformer en ferments de l'âme."

Julie est une jeune femme de 17 ans qui n'a complété que son Secondaire II et pourtant, elle comprend ce langage. Elle y réagit vite. Elle y réagit fort. Il est facile de voir ce qu'elle pense à ses réactions à ce qu'on dit ou aux questions qu'on lui pose.

Dans un autre courriel de ces jours-là, je leur dis

que leur histoire est fascinante parce qu'elle est unique et belle malgré les souffrances endurées par Julie et ses parents. Et que c'est précisément ce lot de souffrances associé à un dénouement heureux qui en fait un événement aussi exceptionnel.

Il me semble alors que Julie et Jean-Paul n'ont pas encore conscience du formidable impact de cette histoire sur le public du Québec. Cela viendra de soi plus tard.

Il est question d'argent, mais très peu. Ils sont heureux avec ce que je leur ai proposé qui est la norme en édition plus un intéressant bonus dont je ne ferai pas état ici.

Je fais valoir aussi que l'adaptation de mon livre Aurore au cinéma aura un impact sur le succès d'un livre sur Julie simplement parce que je suis aussi l'auteur d'Aurore.

Et le mardi, 10 août me vient l'idée d'un deuxième livre après celui de Julie. Celui-là portera sur la vie de Jean-Paul. Ils ne veulent rien savoir. Voici ce que je leur dis à ce propos.

"Je suis un auteur qui utilise des personnages de fiction ou réels. Toute vie est intéressante pour un écrivain et on peut faire un livre sur chaque personne humaine. Et rendre ce livre intéressant pourvu qu'on trouve les angles originaux, inusités, pour photographier les gens avec sa plume. Le premier livre donnera au public le goût de savoir aussi la vie du bon Samaritain. Comment devient-on un bon Samaritain ? Jean-Paul a vécu 35 ans avant sa rencontre avec Julie. Moi, à 35 ans, j'ai écrit l'histoire de ma vie : celle d'un enseignant ordinaire. Tout ce qu'il y a de plus banal comme vie. Et pourtant, il s'en est vendu 30,000 exemplaires."

Et je les ai persuadés.

Et je savais que les gens pousseraient les hauts cris. On dirait que le bon Samaritain n'intéresse personne. On dirait que c'est abuser du bon public. (Comme il en a, des défenseurs, ce bon public !) On dirait tout plein de choses pour nous décourager de le faire.

Si j'avais écouté tous les éteignoirs qui ont croisé mon chemin depuis les 27 ans que dure cette carrière d'auteur, je n'aurais pas trois livres d'écrits et publiés.

"Faites-moi confiance, les jeunes, vous verrez que ce sera difficile à ceux qui vont m'attaquer de supporter la riposte. Le deuxième livre, ce n'est pas votre idée, c'est la mienne. Et les éteignoirs n'ont qu'à bien se tenir."

Et c'est ainsi qu'on se dirige en cette deuxième semaine d'août vers la signature non pas d'un seul contrat entre moi et Julie mais d'un deuxième entre Jean-Paul et moi.

Tout ça est très excitant !

Vous ne trouvez pas ?

****

Chapitre 2

Double entente

Samedi, le 14 août 2004

Décidément, août nous gâte.

C'est une belle journée pour signer un contrat a fortiori deux. Après hésitation, Julie et Jean-Paul se sont ralliés à mon idée d'un premier livre sur elle, sa vie et son 'aventure' commencée en 2001 dans le pire pour en venir trois ans plus tard au meilleur, puis d'un second au printemps sur la vie de Jean-Paul. N'a-t-il pas vécu 35 ans avant de rencontrer Julie ? Et n'a-t-il point vécu à sa façon d'homme sa rencontre avec la jeune femme et cet hébergement qui lui a valu le surnom de bon Samaritain ?

Je leur ai reparlé via courriels de mon premier livre, *Demain tu verras*, paru en 1978 et qui racontait la vie somme toute très banale d'un professeur de campagne de 35 ans, livre qui a fini par se vendre à 30,000 exemplaires, ce qui le classe dans la catégorie gros best-sellers des 25 dernières années chez nous.

Ah, mais des vierges offensées ont déjà commencé de jeter les hauts cris. C'est de l'exploitation du public. Ça nous intéresse pas, la vie de Jean-Paul. Et patati et patata. Qui sera obligé d'acheter le deuxième livre ? Tout comme d'ailleurs le premier ? Et puis, contrairement à la plupart des livres produits au Québec, les nôtres ne seront pas subventionnés, pas plus que tous les autres livres du même auteur soit 54 au total. Alors quoi, qui peut donc se permettre de hisser le drapeau des grands défenseurs du peuple ? Que ces gens n'achètent pas et foutent la paix à ceux qui voudront les acheter l'un et/ou l'autre.

Je ne possède pas de caméra numérique. Ça ne m'était pas nécessaire et quand un objet ne m'est pas requis, je m'en passe. J'ai appris à me passer de tout luxe toutes ces années de vaches maigres dans un système du livre installé par les gouvernements et qui assassine de multiples façons les auteurs de profession comme j'en suis un.

Mais quel magnifique prétexte, ce besoin d'une caméra, pour demander à la fille de Solange, Nathalie et son conjoint Yvan, de venir à Beauceville afin de photographier Julie en vue de la rédaction du communiqué de presse consécutif à la signature des ententes ! Là, je me fais diplomate. D'aucuns diront calculateur. Ça dépend de la lunette qu'on veut bien mettre sur son oeil... et de l'oeil qu'on utilise, ou bien le gauche qui voit noir ou le droit qui voit rose. Et voici pourquoi.

Nathalie est une jeune femme de 35 ans d'une exceptionnelle générosité dans sa vie et dans ses propos. Elle s'entendrait avec l'humanité entière, il me semble. Yvan, lui, est un amateur de belles voitures. Il possède une rutilante Camaro. Comme par hasard, Jean-Paul, lui, possède une Trans-Am... De plus, Yvan est un gars de bonne composition. Plus sociable que lui, c'est rare. Il n'est guère plus âgé que Jean-Paul mais au chapitre des automobiles, ils ont tous les deux vraiment le même âge... Donc, Nathalie et Yvan nous rejoindront à 15 heures.

Et nous revoilà, Solange et moi, dans la cuisine chez Julie et Jean-Paul au milieu de cet après-midi du samedi, le 14. Je remets les ententes sur la table, ententes remaniées, ajustements faits. Surtout, la grande différence, c'est qu'il y a maintenant deux contrats et non pas un seul. Nous avons pris les mêmes places à table que le dimanche d'avant : Julie à ma gauche, Solange à ma droite et Jean-Paul en face.

–C'est que le monde va dire, s'inquiète encore une fois Jean-Paul, un gars qui se soucie beaucoup des autres, parfois trop peut-être comme maintenant. Me semble qu'écrire ma vie... sais pas... Qui c'est que ça va intéresser ? C'est Julie, la vedette, pas moi.

–Bien faire et laisser braire ! lui dis-je. D'abord, t'es un Beauceron, et un Beauceron, c'est coloré, c'est bourré de sentiments, ça s'exprime, c'est entreprenant, c'est indépendant... des fois fantasque... toujours chaleureux... Rien que ça, ça suffit pour rendre un livre intéressant. T'inquiète pas, je te décrirai en train de pêcher à 12 ans sur la rivière en haut et des gens voudront lire ça. Les gros événements sont rares dans mes livres. Un seul meurtre, celui d'Aurore, dans 54 ouvrages. Pas de poursuites en auto. Rarement des armes si ce n'est dans les romans historiques comme *Au premier coup de canon*. Si la télé servait au public ce que j'écris dans mes livres, je sais que ça plairait, précisément parce que la violence est très rare dans mes écrits : bien peu de chicane entre les personnages, jamais les agressions (sauf dans *Aurore*), la soif de liberté omniprésente. Et une atmosphère positive le plus souvent, même dans les pires moments, par exemple, de la vie de la bohémienne (dans le roman du même titre) alors que la jeune femme séquestrée et avilie survit moralement en parlant à une marmotte... qui lui répond.

–Si c'est comme ça, on vous suit... en tout cas moi, dit Jean-Paul. Julie, elle, c'est sa décision.

Je m'adresse alors à Julie :

–Est-ce que tu as réfléchi à l'entente cette semaine?

–C'est tout réfléchi et je suis d'accord.

–Est-ce que tu as des questions ?

–Non, tout est clair.

Julie est comme ça : directe, franche, sans détour. Elle se définit même (et on y reviendra) comme bête parfois. Alors je lui pose une autre question :

–Avant de signer, je veux être certain que tu vas t'ouvrir et me dire le fond de ta pensée et de ton coeur. Est-ce que tu es prête à cela ? Je ne te demanderai pas de me dire toute la vérité, je te demanderai de me dire seulement la vérité. Sache que je vais respecter tes jardins secrets comme tout être humain en a. Et comme chacun a le droit d'en garder les portes fermées. Les questions que je vais te poser iront toutes dans une seule direction : faire comprendre au public ce qui s'est passé. Les médias lui ont fait savoir ce qui s'est passé; dans ce livre, nous allons lui faire comprendre ce qui s'est passé.

–Vous inquiétez pas ! Je suis prête.

Mais pour être certain qu'elle va s'ouvrir j'ai demandé dans l'entente même qu'elle vienne avec moi, sans Jean-Paul ni Solange, sur les lieux de sa vie, dans un voyage qui nous amènera à Coaticook (le lieu d'où elle est partie en fugue en 2001), à Sherbrooke où elle a vécu 8 jours sous la garde de la DPJ après avoir été retracée, puis à Milan où vivent ses parents et finalement à Lac-Mégantic, à la polyvalente qu'elle a fréquentée de 1999 à 2001.

(Le voyage sera fait le 1er septembre, mais Julie, entre-temps, aura si bien collaboré qu'il ne me sera plus du tout nécessaire de la 'déverrouiller' comme je le disais, par analogie avec un fichier informatique. Et nous ferons le voyage à 4... On y reviendra.)

Et voici qu'à quinze heures, surviennent Nathalie et Yvan. Ce sont les présentations. Les ententes ne sont toujours pas signées. Nous nous retrouvons tous les six sur le patio, à nous faire chauffer la couenne au soleil de la Beauce. Comme prévu, le contact entre Jean-Paul et Yvan est excellent. Ces deux-là s'entendent comme larrons en foire et se retrouvent dans la cour autour de la Camaro et de la Trans-Am. Ils en ont à se dire comme deux amis d'enfance et pourtant, se connaissent depuis un quart d'heure à peine. Je reste avec les femmes. Moi, j'ai plus d'aptitudes pour questionner les coeurs que les moteurs. Et je le dis sans hauteur. Toute ma vie, j'ai voulu m'asseoir au volant d'un poids lourd. Le seul volant important qui m'ait été confié fut celui d'un autobus scolaire en 1965, l'année de mes 23 ans. À mon premier voyage, je l'ai enlisé dans un fossé. C'est dire mon talent au volant.

Bon, et Julie. Elle est un peu refermée. S'éloigne pour se balancer sans rien dire. C'est compter sans Nathalie qui a vite fait de trouver un sujet qui l'intéresse : les films, le cinéma. Est vite débusqué un film qu'elles ont vu toutes les deux et ce sera la grande conversation.

Je me tais. J'observe. Mais à la dérobée pour ainsi dire. En intervenant rarement. Je me donne l'air absent, mais j'étudie les réponses ou commentaires de Julie, le ton de sa voix, l'intérêt qu'elle porte à la chose discutée. Jamais rien ne me fait douter de sa sincérité dans sa gestuelle, dans sa voix, dans ses paroles et ses idées.

Ce que je saisis d'elle dans un échange banal, je l'appliquerai à ma grille d'analyse quand je serai en entrevue avec elle et la questionnerai sur son passé. Cette observation discrète constitue donc un élément de la méthodologie relative à l'écriture de ce livre. Je la crois quand elle se confie, mais je veux quand même vérifier au mieux de mes possibilités au nom des sceptiques qui liront le livre.

Puis Yvan revient et c'est la séance de photos. Le déclic de la caméra fait entendre son silence. L'éclair seul dit qu'une autre photo a été prise. Faut dire que Julie, cette semaine, a fait couper ses longs cheveux. Je les aimais beaucoup, ces cheveux, et je regrette un peu, car elle fait moins mystérieux ainsi. Qu'importe, c'est fait ! Et on prend des clichés dans le salon. Et on photographie sa chambre, la chambre de l'ordi, le salon, le patio, la grange en haut, la Chaudière en bas. Seul Jean-Paul reste dans l'anonymat et échappe à l'oeil de la caméra. Il faut qu'il en soit ainsi jusqu'à la sortie du livre de Julie. Et la première émission qui l'aura de face sera celle de Paul Arcand lors de la parution du livre. Je suis sur le point d'ailleurs de prendre une entente avec la recherchiste.

Et les heures passent. Agréables. Ensoleillées. On appelle à un restaurant de Saint-Georges pour faire une réservation. Il nous faudrait être 8. Pas grave, on y va quand même.

Une minute avant le départ, les contrats d'édition sont signés sans autre formalité.

Ce n'est donc pas dans l'atmosphère rigide d'un bureau d'affaires que sont signées les deux ententes, mais dans une atmosphère familiale que j'ai aménagée de mon mieux. Et pourquoi pas ? Et c'est, je crois, cette façon de faire qui m'assurera leur confiance et leur fidélité quand apparaîtront les vautours au-dessus de la rivière Chaudière quelques jours plus tard... Mais on y reviendra.

Et voici que la Camaro d'Yvan, la Trans-Am de Jean-Paul et la Focus de l'auteur se suivent par monts et par vaux le long des magnifiques paysages de la vallée de la Chaudière que tout Québécois devrait voir au moins une fois dans sa vie, quelle que soit la saison. Les grands verts de l'été y sont aussi reposants que les splendeurs de l'automne ou les blancheurs de l'hiver. Je connais bien. J'ai vécu en Beauce une trentaine d'années. C'est le pays de l'optimisme, de la joie de vivre et de l'autonomie individuelle. Le Beauceron, on le sait, ne se laisse pas mouler aisément et quand il se laisse embrigader, c'est parce qu'il l'a choisi. Et puis, ses humeurs sont à l'image de la tumultueuse Chaudière : parfois détendues et calmes, parfois chargées de glaces dévastatrices.

Enfin, ce n'est pas le moment de s'essayer au style. On arrive au restaurant. Julie n'est pas reconnue à notre entrée. Je le suis par une parente de naguère.

À la table, des voisins ont tôt fait de jeter des coups d'oeil vers nous, et ces oeillades vont toutes à Julie, signe qu'on la reconnaît ou bien qu'on cherche où on a bien pu la voir.

Il ne se passe rien de particulier.

La joie de vivre est simple et ne requiert pas de longues descriptions ou narrations. Il ne sera aucunement question de la fugue de Julie et de sa disparition de trois années. Le sujet ne sera abordé que pendant quelques minutes et je dois avouer que je ne me souviens pas sous quel angle.

Yvan et Jean-Paul trouvent toujours quelque chose à se dire. Julie occupe le bout de la table et nous pouvons difficilement lui parler. Je raconte les deux ou trois dernières blagues que ma fille Caroline m'a fait parvenir via Internet. Sa tante et sa cousine viennent nous saluer.

C'est toujours l'atmosphère familiale qui prévaut. Chacun est visiblement content de cette rencontre. Et moi, je sais que le lien de confiance entre Julie, Jean-Paul et moi s'est considérablement renforcé.

Tant mieux pour tous !

***

Chapitre 3

L'ouragan médiatique

Le jour suivant la signature des deux ententes, je prends une bonne partie de mon dimanche pour écrire aux parents de Julie. Il me faut trouver les bons mots pour exprimer les bonnes idées. Mon intention première est de rassembler. Je veux qu'au lancement du livre, la famille Bureau soit réunie, agrandie et grandie, et j'en ferai le point central de ma lettre.

Il serait bon que le lecteur retourne à l'avant-propos y relire le contenu de cette lettre et en évaluer l'esprit. Ce n'est pas une entreprise facile que d'écrire un livre comme celui de Julie. Je marche sur des oeufs, pire 'tiptoe through the tulips'... L'expression anglaise ici m'apparaît bien plus belle et vraie. Car je vois les Bureau tout autant que Julie et Jean-Paul comme des fleurs fragiles que je devrai me garder de piétiner. Et je ne saurais, pour sauvegarder une 'tulipe', en écraser une autre. Ces gens nous ressemblent à la plupart d'entre nous mais furent mêlés à un événement unique en son genre, une tragédie peu commune en ce qu'elle connaît un dénouement heureux.

De plus, je continue de croire en ma théorie du début que doivent partager bien des gens : en l'histoire de Julie Bureau se sont heurtées avec violence les forces de l'amour et celles de la liberté. (Ce mot violence ici ne s'applique qu'à la rupture survenue entre Julie et les siens.) Une opposition vieille comme le monde et qui, au sein de cette famille, en vertu de caractères bien typés, a produit des résultats hautement douloureux.

C'est presque un accident, il me semble, que cette fugue et cette longue disparition. S'il y a 200,000 mille adolescentes de 10 à 14 ans, au Québec et que parmi elles, 3 font une fugue dans une année, on doit voir que 199,997 ont continué de vivre parmi les leurs. Il se pourrait bien que 100,000 d'entre elles aient pensé à fuguer. Elles ne l'ont pas fait. Mais Julie l'a fait; et bien plus que de savoir pourquoi, je veux comprendre pourquoi. Et c'est cela que je veux transmettre au lecteur. Dépasser les articles sur deux colonnes dans les journaux ou les topos à la télé, et creuser, creuser...

Je pense aussi que parmi les parents des 199,997 qui n'ont pas fugué, il s'en trouve des bien moins recommandables que ceux de Julie. J'ai vu le couple Bureau à la télé, je les ai écoutés, ces gens d'apparence bien nés, j'ai partagé leur douleur morale. Je n'ai aucune envie de les bousculer et c'est pourquoi je veux leur écrire tout d'abord une lettre afin de mettre toutes les cartes sur la table et seulement celles qui seront jouées dans l'écriture de ce livre.

Rien d'autre !

Le jour suivant, lundi le 16, je poste ma lettre aux parents tôt le matin. Puis je travaille encore le communiqué de presse que j'avais déjà soumis à Julie et Jean-Paul. Pour être certain que le journal local soit dans la course, vu que c'est un hebdo, je décide de lui faire parvenir le jour même le dit communiqué. Aux autres médias, je l'enverrai le lendemain ou le mercredi. Mais, à mon insu, un choc médiatique s'est produit. Par je ne sais quelle magie ou alchimie, voici qu'en quelques heures seulement, la nouvelle se répand d'elle-même tout partout au Québec.

Et dès six heures le lendemain matin, l'ouragan déferle sur mon appareil de téléphone. Le tout premier appel vient de Sherbrooke. La toute première question est la suivante : "*Des gens qui nous écoutent suggèrent que l'argent généré par ce livre soit utilisé pour payer les recherches faites pendant 3 ans pour retrouver Julie.*"

Faut dire que je l'avais déjà entendue privément, celle-là, et qu'à part la trouver plutôt mesquine, j'y avais répondu de plusieurs façons qui viendront dans les chapitres à venir. Parmi ces nombreux éléments de réponse, il y en a un qui me tient particulièrement à coeur et c'est le suivant : que la société qui pirate légalement ma propriété intellectuelle depuis 27 ans via le prêt public de mes livres sans dédommagement équitable pour le tort causé, que la société qui remet en selle les sinistrés de la nature et fait de moi un sinistré du système depuis 3 décennies, utilise ce qu'elle me prend à moi par expropriation légale sans compensation pour essuyer les factures des recherches faites pour retracer Julie

Bureau. Et que l'on sache bien que cette société sera très gagnante encore et aura la meilleure part à l'échange.

Curieux que le plus pressé de tous les journalistes soit celui qui précisément ait tant envie de parler d'argent. On sait à quel point un auditoire de radio se fait le reflet de l'animateur en ondes, surtout s'il s'agit de lignes ouvertes et on sait aussi que ceux qui appellent quand on parle d'un sujet controversé se font le plus souvent les perroquets de celui qui tient le micro.

Je dis cela car la ligne ouverte qui suivra à Sherbrooke ce jour-là sera déterminante dans la poursuite du dossier de ce livre comme on le lira dans le chapitre intitulé volte-face.

En grande majorité, les auditeurs de là-bas se scandaliseront du fait que Julie Bureau fasse écrire un livre et encore plus que le projet de deux livres soit dans l'air. Et il semble, selon ce qui me fut rapporté, que c'est la question d'argent qui fatigue les gens. On pérore sans savoir et on ne veut pas qu'un livre permette non seulement de tout savoir mais aussi de comprendre.

Ce sera un livre (en fait 2) non subventionné. L'animateur n'a pas pris la peine de poser la question. Aucun exemplaire ne contiendra un pistolet qui sera appliqué sur la tempe des acheteurs pour qu'ils se procurent le livre. Frank Cotroni sort un livre de recettes et personne n'y a trouvé à redire ni n'a songé qu'on pourrait s'empoisonner à les suivre, ses conseils culinaires. De toute façon chacun est libre d'acheter le livre ou non.

Mais surtout, les médias qui ont vendu des pages et des pages, des ondes et des ondes en exploitant l'image de Julie Bureau n'ont pas aidé tant que ça à la retrouver, elle qui ne se cachait même pas et vivait à Beauceville à l'air libre de la Chaudière. Qui reprochera aux médias d'avoir profité de la situation ? Pas même moi. Je dis qu'ils ont fait leur travail. Mais ils ont encaissé, non ? Combien ?

Julie Bureau n'a aucun casier criminel. Sa plus grande culpabilité, c'est d'avoir voulu sa liberté à un âge où la société la refuse sans aucune forme de discernement entre les cas. Des tas de gens qui ont fait de la prison écrivent des livres et rarement l'on n'entend les médias se scandaliser de la chose.

Et si ce livre était une bonne occasion pour les médias de se regarder dans un miroir ? Malgré leur toute-puissance, ils ne nous feront pas ramper Julie, Jean-Paul et moi. Ils peuvent nous tromper comme on le verra plus loin, mais pas nous agenouiller. S'ils veulent notre respect, qu'ils commencent par nous respecter !

Le plus curieux, c'est que nous avons si peu parlé d'argent dans la négociation de ce(s) contrat(s) d'édition. Il a bien fallu en arriver au pain et au beurre, mais ce fut la dernière des valeurs mises sur la table. "Je ne me fais pas d'illusions là-dessus," a maintenu Julie depuis le début. "C'est pas pour ça que je le fais, là." Et quand Julie met ce 'là' au bout d'une phrase vous pouvez compter que c'est la vraie Julie Bureau qui vous parle.

Je ne dois pas exagérer non plus et les mettre tous dans le même panier, ces ineffables médias. Plusieurs se sont montrés respectueux. Et ce n'est pas parce qu'on parle d'argent que je m'offusque, c'est la manière de le faire et l'espace qu'on donne à ce volet de l'édition d'un livre qui parlent au sujet de celui ou celle qui pose les questions.

Une autre entrevue aura des conséquences sur le dossier et c'est celle de TVA par Josée Cloutier. À une question normale, j'ai pris une seconde avant de répondre et cette foutue seconde aura des répercussions que nous allons développer dans le chapitre volte-face. Ni l'animatrice ni TVA ne seront en cause. On pourrait dire que tout sera fonction de l'oeil qui écoute. Mais on y reviendra...

Une autre question qui est revenue très souvent et qui n'a rien de mesquin ou d'irritant fut celle-ci :

"Pourquoi donc Julie Bureau qui déclarait dans sa conférence de presse qu'elle voulait retourner chez elle et avoir la paix loin des caméras, arguant qu'elle n'est pas une bête de cirque, se contredit-elle en décidant soudain de publier un livre sur sa vie et sa disparition de trois ans ?"

Sur le coup, j'ai répondu : *"Se contredire et changer d'idée n'est pas du tout la même chose. Elle pensait ce qu'elle disait à sa conférence de presse et y croyait. Mais je lui ai servi, –ainsi qu'à Jean-Paul–, des arguments pour lui faire décider d'écrire un livre."*

Mais surtout, à d'autres, j'ai répondu ce que j'ai déjà cité dans un chapitre précédent et que je répète nonobstant la redondance : *"J'ai fait valoir à Julie qu'elle n'aurait pas cette paix à laquelle elle aspire avant 5 ans en raison de la voracité des médias. L'un voudra un petit coin d'elle à Montréal. L'autre à Milan. Un troisième à Sherbrooke ou Coaticook. Un quatrième sur la terre à bois de Beauceville. Je lui ai fait comprendre que la seule façon de mettre fin à tout ce cirque médiatique, et de le faire profitablement pour elle, ce qui signifie bien plus que l'argent à y récolter, serait de se livrer entièrement dans un livre. Ce livre, en plus de constituer une thérapie libératrice pour elle, mettra un frein à l'ardeur effrénée des médias. Et pas plus tard qu'au printemps 2005, après le livre de Jean-Paul, la ronde médiatique prendra fin. On t'approchera une fois ou deux par année tout au plus."*

Elle fut donc conséquente avec elle-même et n'a jamais fait volte-face.

Et je dois redire encore que dès le départ, à notre rencontre du 8 août, elle a insisté sur le fait qu'elle ne voulait caler personne tout en respectant la vérité. Ce qui était exactement ma façon de penser. Et qui fut certainement déterminant dans son choix d'un auteur pour son livre.

C'est vidé de toutes mes énergies que je me couche ce soir du 17, après cet ouragan médiatique qui ne sera plus le lendemain qu'une tempête (tropicale) et ne me vaudra plus que quelques appels de joyeux retardataires, des gens calmes et reposants, pas excités, pas menaçants.

Contrairement à un ouragan de Floride, il y aura beaucoup de retombées favorables. Mais il y aura aussi des dégâts comme on le verra plus loin.

Ce qui m'a le plus surpris, c'est cette course effrénée à la nouvelle. Je crois que ces pauvres journalistes et recherchistes sont condamnés à tous mourir essoufflés.

Je n'avais pas prévu cet ouragan.

Pendant des années, dans mon métier de romancier, j'ai envoyé encore et encore des communiqués de presse. À peu près jamais de réponse. À part un peu quand j'ai fait paraître *Aurore* en 1990. Les médias n'aiment guère les livres et leurs auteurs. Et les ignorent. J'ai écrit des trilogies historiques comme *Au premier coup de canon*, j'ai écrit des trilogies sentimentales et campagnardes comme *Docteur Campagne* et suites, j'ai écrit *Tremble-terre*, un roman à la fois ésotérique et historique, j'ai écrit une pièce de théâtre de 2578 alexandrins au titre de *Un sentiment divin*, j'ai écrit des satires politiques, des satires sociales, j'ai écrit quelques romans engagés, j'ai écrit deux 'tétralogies' (ma façon de désigner une série de 4 livres) de moeurs sur fond beauceron de 1950, jamais un mot dans les médias. La tombe. J'ai écrit 54 livres : les médias trouvent que ça n'en vaut pas la peine. Une jeune fille fait un premier disque, on la voit partout. Un humoriste sert jurons et blagues plates, on le voit partout. Mais une plume, ça n'a pas d'image à part une ou deux au Québec. Bon, très bien, j'ai appris à me passer d'eux. Et je suis heureux quand même. Eh oui, on peut se passer des médias !

Peut-être aurais-je dû taire un bon bout de temps encore la nouvelle de mes ententes avec Julie et Jean-Paul, car la ruée des médias provoque la ruée des vautours sur cette chère Beauce qui en a vu d'autres depuis qu'elle fit l'objet en 1834 de la première ruée vers l'or au Canada.

Beaucerons, si vous aviez levé les yeux au ciel la semaine du 16 au 20 août, vous auriez vu passer des objets sombres se dirigeant vers Beauceville : c'étaient des oiseaux à long bec, venus de loin avec entre les serres, des liasses de billets de banque tenus serrés. Ils n'en laissèrent échapper aucun. Ils les emportaient tous vers la maison de Jean-Paul et Julie qu'ils noieraient de promesses alléchantes... toujours sans lâcher les billets...

Ah, j'oubliais, faut dire que c'était de l'argent public, celui de leurs énormes subventions annuelles...

Changeons de chapitre !...

*

Non, pas encore !

Les vautours devront attendre. Et je reviens aux médias. Je ne change pas d'idée sans raison. C'est qu'au moment où j'écris ces lignes (le 4 septembre), il vient de se produire un événement qu'il me faut souligner afin de bien montrer à quelle jungle on a affaire quand on a entre les mains un phénomène médiatique de l'ampleur de celui de Julie Bureau.

Stratégie promotionnelle

Pour mener à bon port un si gros bateau, celui du livre de Julie Bureau, il faut établir une stratégie promotionnelle qui comporte le maximum de promesses d'efficacité. Il nous faudra éviter d'éparpiller nos forces et tendre vers la convergence...

1. Julie et Jean-Paul ne doivent faire aucune déclaration dans les médias avant la parution du livre. Ou bien ce serait pur gaspillage au profit des médias eux-mêmes qui vendront, vendront, vendront. Il ne faut pas brûler le livre morceau par morceau avant de le mettre sur le marché.

2. Au moment de la parution du livre et de son lancement, il nous faut un fer de lance, c'est-à-dire un navire amiral qui soit en tête de peloton médiatique (électronique) et à qui on donne la primeur. Mon expérience au monde du livre m'assure que ce sera une émission de télévision. C'est absurde, mais

la télé fait bien mieux vendre un livre qu'un média écrit.

3. Plusieurs propositions sont sur la table. Julie, Jean-Paul et moi optons pour Arcand. Arcand respecte son invité tout en le scrutant jusqu'au fond du coeur et de l'esprit. Et moi, j'aime ça. Et puis nous aurons droit à une demi-heure, ce qui donnera le temps à Julie de s'exprimer comme elle en est capable. Et à Jean-Paul de dire son mot.

4. D'autres aimeraient bien avoir la primeur; nous ne pouvons la donner qu'à un seul et notre choix est définitif : ce sera Paul Arcand. Nous savons tous les trois que Julie et Jean-Paul chez Arcand, tout le Québec écoutera. En plus que les gens de Paul nous font la faveur de nous rendre disponible et ouverte toute date que nous choisirons en novembre, ce qui nous rendra un immense service.

5. Cette entente avec Arcand et cie ne nous empêchera pas de souligner la signature des contrats entre moi et Julie –et Jean-Paul– dans une entrevue qui nous est proposée par *Dernière Heure.* (Et de laisser paraître de courts extraits du livre choisis par moi mais qui ne révéleront aucunement les propos de Julie elle-même une semaine avant sa parution dans La Tribune.)

Donc, *Dernière Heure*, trois semaines après avoir titré *Le Québec révolté par Julie Bureau*, me propose par l'entremise de sa journaliste madame Fréchette de faire un reportage sur ma rencontre avec Julie Bureau.

Au début, on voulait carrément une rencontre avec Julie et Jean-Paul (qui font vendre les pages et les ondes comme on le sait); je leur ai opposé que j'avais pris entente avec les gens d'Arcand et que je ne reviens pas sur une parole donnée. Que je ne veux pas mettre en péril mon entente avec le groupe d'Arcand. Que notre stratégie est établie et immuable etc.

On m'a fait valoir que l'entrevue se passera avec moi et non pas Julie et Jean-Paul. Que le "front page" contiendra la photo de la signature de l'entente entre Julie et moi. Que le titre en couverture sera : *Ma rencontre avec Julie Bureau*. Ce qui inclut pour le moins ma photo en médaillon.

Pour divers motifs question transport de la journaliste et du photographe, on a fini par obtenir de moi que je les rencontre chez Julie et Jean-Paul à Beauceville pour mon entrevue et quelques photos de Julie.

Le produit fini est sorti hier. Julie est seule en couverture. Le titre du reportage est : <u>Julie Bureau nous reçoit chez elle.</u>

C'est comme ça qu'on se fait manipuler par certains médias. En voyant la revue, j'ai bondi. L'article et les photos ne posent aucun problème à part quelques erreurs comme de parler de la polyvalente de Coaticook alors qu'il s'agit du Collège Rivier ou bien quand on parle de mon livre *Le fugitif* alors que le livre dont il est question a toujours eu pour titre *Le bien-aimé*... et quelques autres mais passons, ce n'est pas grave. Mais la photo n'est pas celle qui était prévue et surtout le titre en plus d'être menteur (ce n'est pas Julie qui reçoit *Dernière Heure*, c'est André Mathieu qui a demandé à Julie pour faire l'entrevue chez elle et prendre la photo de la signature du contrat d'édition) pourrait me faire passer pour un beau menteur aux yeux de l'équipe de re-cherchistes d'Arcand.

Après une première tentative de manipulation de la part de *Dernière Heure* et que les courriels échangés démontreront plus loin, je pensais leur avoir montré qu'avec moi, il faut jouer cartes sur table. Comme l'ont fait, honnêtement me semble-t-il, les gens de chez Arcand, madame Poupart en tête. Mais je me suis fait enfirouâper à la deuxième tentative de manipulation par *Dernière Heure*.

Courriel du mercredi le 18 août reçu de la journaliste de *Dernière heure*.

Je sais que vous êtes débordé...

Alors, je me lance et vous propose de réaliser une entrevue avec Julie ou Jean-Paul. Quand vous le jugerez à propos et qu'elle sera d'accord...

L'idée me vient aussi de faire une entrevue avec vous, genre –André Mathieu sur la route de Julie... Ses découvertes, ses réflexions. Sans dévoiler les secrets de votre livre, je crois qu'il est possible de réaliser quelque chose d'intéressant...

Ces idées viennent de moi et non du bureau...

Je laisse tout ça à votre attention...

Ma réponse le même jour

Vous comprendrez que j'ai établi une stratégie en ce qui concerne les médias afin de servir la cause du livre de Julie. Je ne veux pas montrer Julie et Jean-Paul avant la presque parution du livre vers la fin novembre. J'ai accepté de donner la primeur à une émission de télé. Je vais vous revenir là-dessus...

Nouveau courriel en suite au mien par madame Fréchette de *Dernière Heure* le jeudi 19 août

Je comprends bien tout ça.

Pour ce qui est de l'émission de télé, si c'est à TVA – ce que vous n'êtes pas obligé de me révéler– il n'y aurait pas de problème, puisque TVA est la propriété de Québécor et que je travaille pour les médias écrits de Québécor...

Je ne suis pas une journaliste paparazzi et je ne me cacherai pas sur le bord des petites routes de Milan pour vous voir passer avec Julie...

Ma réponse le même jour

J'en ai trop à voir pour le moment... Je vais vous répondre dans deux jours ou dans dix... Si ce n'était que de moi, ce serait oui maintenant. Car vous êtes la journaliste la plus gentille qui soit. Mais ça ne dépend pas de moi et loin de là. Ne voyez pas ça comme une réponse négative en devenir, ce n'est pas ça. Mais j'ai du travail* à faire pour arriver à une réponse positive. Je ne peux en dire davantage.

Je passe la journée de lundi à Fortierville pour un reportage sur Aurore par Radio-Canada et celle de mardi sera consacrée à une émission de radio et à une rencontre avec Luc Dionne, réalisateur d'Aurore.

Je vous reviens mercredi.

(*Ma réticence tient au fait que *Dernière Heure* a fait paraître des choses, titres et commentaires, très négatifs sur Julie et Jean-Paul dans sa livraison du 7 août. Je devrai persuader ces deux-là qu'il est possible de retourner la situation par un nouveau reportage qui donnera d'eux une meilleure image, ce qu'ils méritent du reste.)

Dans un courriel du jeudi 19 août, intitulé La confiance, madame Fréchette me dit aussi ce qui suit...

Je comprends très bien votre situation. Mais je pense sincèrement qu'une relation de confiance s'est établie entre nous et ça, ça vaut de l'or pour moi...

Le vendredi 20 août, je reçois un courriel intitulé Proposition du bureau (de *Dernière Heure)*

Ma directrice de publication à TVA Publications me dit qu'elle vous propose une entrevue avec vous : Ma rencontre avec Julie Bureau. Comment vous l'avez convaincue pour devenir son éditeur...

Pas d'entrevue avec Julie, juste des photos de vous et Julie. Parution pour un front de la revue Dernière Heure.

Ma réponse le dimanche 22 août

Je suis d'accord.

En ce cas-ci, je suis le seul à prendre la décision car il ne s'agit pas de faire une entrevue avec Julie et Jean-Paul qui ne sortiront pas au grand public avant l'émission Arcand de la mi-novembre.

Je vais faire en sorte, cette semaine, que soit prise une photo de Julie et moi en train de signer le contrat d'édition. Nous pouvons faire l'entrevue, vous et moi, par téléphone...

Le lundi 23, je reçois (et je réponds entre les lignes)

Pour la photo ; vous comprenez qu'avec l'imprimerie, la couleur, la mise en page et tout le tralala, il vaut mieux que nous envoyons un photographe. Il sera avisé de ce qu'il aura à faire et ne dépassera pas la commande... (Au lieu des deux prévues, ils en prendront 148)

Il faut prévoir 2 photos différentes : une pour la couverture et l'autre pour l'intérieur. (Ils en ont fait paraître 12 au lieu de 2)

Nous retenons votre idée de photo lors de la signature du contrat. C'est bon pour l'intérieur. Ça fait sérieux et véridique.

...

Et quand pourrons-nous réaliser l'entrevue au téléphone ?

(Ma réponse : après mercredi. A ce sujet, j'aimerais que vous me posiez les questions sur courriel avant l'entrevue. Je favorise les improvisations préparées.)

Elles viendront, ces questions dans un courriel du 25 août, mercredi.

Toutes les 22 sauf la première vont chercher dans le coeur du livre, dans Julie, dans ce qu'elle a commencé à me dire. Ce seraient ses réponses à elle à travers moi. Je m'insurge. Je refuse de mettre en péril mon entente avec le groupe d'Arcand (même si l'émission passe à TVA, propriété de Quebecor.)

Voici mon courriel du 25 août à ce propos et intitulé Il faut en revenir à la proposition initiale...

Les questions constituent pour la plupart des morceaux d'entrevue avec Julie à travers une personne interposée : moi. Ça, je ne suis pas d'accord du tout. Y répondre serait aller à l'encontre de notre stratégie... Tout ce matériel doit aller dans le livre et ne saurait être donné maintenant en pâture au public... C'est pour ça qu'un livre sera écrit. Je regrette, Francine, mais nous ne sommes plus beaucoup sur la même longueur d'onde...

Et le jeudi 26, je reçois ce qui suit et s'intitule : OK du bureau pour demain.

J'ai pu rejoindre ma rédactrice... Je lui ai expliqué ce qu'on s'est dit... Elle est d'accord pour en revenir à la proposition initiale et au plan de départ concernant l'entrevue. Pour les photos, ça demeure ce que je vous ai écrit, à savoir une photo de vous et Julie et une autre pour ouvrir le reportage avec vous et Julie jetant un oeil sur le contrat avec Jean-Paul de dos comme vous me l'avez mentionné.

Je m'arrête là à propos de ces échanges de courriels. J'ai voulu que le public sache comment on fait de la manipulation dans les médias. Le reportage qui en soi est excellent, photos aussi, ne livre pas la marchandise entendue. J'ai été vigilant à la première tentative. Puis j'ai baissé ma garde. Et voici que sous divers prétextes, on en est venu à ne pas présenter ce qui devait l'être en couverture. *Dernière Heure* se donne le crédit : *Julie nous reçoit chez elle.* Alors que depuis le début, ce devait être : *Ma rencontre avec Julie.*

Madame Fréchette m'assure qu'elle n'y est pour rien, qu'elle n'est pas responsable des décisions rédactionnelles. Je veux bien la croire. Mais quelque part, il y a un système qui semble se faire un devoir de louvoyer. Il aurait été si simple à *Dernière Heure* de mettre franchement les cartes sur table dès le départ et de s'en tenir à ça. Et bien moins risqué pour Julie, Jean-Paul et moi, et notre stratégie promotionnelle.

Seulement voilà, on veut vendre des copies et encore des copies. Et qu'importe les autres ! Qu'importe si on leur cause du tort à ceux que l'on exploite. Il semble qu'on n'y songe même pas tant l'appétit est féroce. Bon, on aura jugé que je ne suis pas photogénique, donc que je ne vends pas avec ma tête trop grise et trop lourde, et j'en conviens. Le problème n'est pas là. J'en ai rien à cirer de la notoriété et de la fortune dont j'ai besoin comme de deux gros clous rouillés dans le milieu de la tête. Les gens qui me connaissent le savent bien. Et quand j'ai frappé à la porte des médias durant les 15 années de vaches maigres s'étendant de 1986 à 2001, c'était pour mettre un peu de pain sur ma table, c'était pour être capable de publier mon prochain livre sans subventions. Car je crois en mes ouvrages et un vaste public veut les lire, donc ils méritent d'exister. Malgré ce qu'en pensent les gouvernements par leurs programmes pourris au domaine du livre.

Mais j'ai appris à me passer des médias qui ont toujours fait la sourde oreille et je saurai m'en passer le reste de ma vie. D'ailleurs, je les vois tout comme les subventions que je n'ai jamais eues comme une drogue dangereuse dont je fais bien mieux de me passer.

Non, si j'ai bondi à la sortie de *Dernière Heure*, livraison du 11 septembre, c'est à cause du dossier du livre de Julie. Je veux mener ce bateau à bon port et voici qu'on a mis en travers devant un obstacle qu'on n'avait nul besoin de mettre et qu'avec l'aide de Julie et Jean-Paul, et des gens d'Arcand, on va contourner.

Beaucoup de vedettes se plaignent des médias.

Hier, j'ai compris un peu mieux leurs doléances.

Mes amis de *Dernière Heure*, vous faites du bon travail, mais ce ne serait pas plus coûteux, il me semble, de le faire au grand jour. Toujours. Fait si beau même quand il pleut ! Une petite leçon en passant, ça ne vous fera pas de tort, il me semble.

***

Chapitre 4

Au tour des vautours

On voit leur ombrage sur la tranquille Chaudière. Ils ne croassent même pas pour s'annoncer. Il est vrai que ce ne sont pas des corneilles, mais des vautours. Peut-être des mouettes qui sait. Elles aussi ont l'oeil perçant pour repérer la nourriture. Ils viennent du Saguenay, de Montréal. Et au-dessus de Beauceville, ils tiennent leurs liasses dans une patte et leur cellulaire dans l'autre.

Et s'arrêtent au-dessus de la maison chez Julie et composent fébrilement le numéro de téléphone. Ils ont appris le matin par les médias que Julie va faire écrire son livre par moi et ont aussitôt pensé : qu'est-ce qu'il vient faire dans notre territoire, celui-là, ce rebelle du système du livre au Québec, cette espèce de... non subventionné... On va lui montrer que l'État est de notre bord, nous autres...

Leur arme, –et il est vrai que c'est l'État qui la leur met en abondance entre les pattes– : l'$. Ils sont sûrs que Julie et Jean-Paul leur ressemblent. Tous les affairistes croient que l'humanité entière porte la même pointure de chaussures qu'eux-mêmes.

Julie et Jean-Paul sont des gens polis. Ils écoutent. On leur demande de regarder là-haut, au-dessus de la maison. Ils le font. Les vautours alors étendent des éventails en billets de banque pour tenter les jeunes et pour cacher leurs becs voraces.

"Mathieu a parlé de 3,000 copies au départ, il est malade; nous, ce sera 10,000."

"On vous met 10,000$ comptant sur la table."

"On vous met 25,000$ comptant sur la table."

"Vous allez vous enrichir en 3 mois."

"Nous vous apporterons le bonheur total."

"Nous sommes bourrés de subventions et vous allez en profiter."

À force de s'en faire dire, les jeunes finissent par s'inquiéter. Ils communiquent avec moi par courriel. Je suis entièrement pris par l'ouragan médiatique et ne me rends pas compte qu'ils m'ont écrit. Le temps passe. Il survient un article de La Tribune qui n'est guère prisé par Julie.

Finalement, ils ne savent plus où donner de la tête avec tous ces coups de marteaux qu'on leur assène et c'est alors que je découvre leur (presque) appel au secours.

Je leur dis ce que sont les vautours.

Je leur dis qu'ils sont libres de partir. Je leur dis que s'ils s'en vont et signent ailleurs, d'exiger par contrat écrit un droit de regard directement chez l'imprimeur de leur livre et chez le diffuseur. Comme je le leur ai accordé dans notre contrat afin que jamais ils ne puissent douter et afin que jamais moi, je ne puisse penser qu'ils ne dorment pas tranquilles et entretiennent un doute au sujet des tirages à paraître.

J'ai toujours eu des problèmes avec le système québécois du livre. Car si grâce à l'État (fédéral et provincial) ce système a fait des éditeurs millionnaires, il a toujours tenu les créateurs dans la pure misère. Et ça ne fait pleurer personne, ni les politiques, ni les journalistes, ni le bon peuple, pas même les victimes de première ligne : les auteurs.

Madame Fréchette dans son entrevue pour *Dernière Heure* me demandera quand je lui dirai que Julie m'a choisi pour mon professionnalisme (ce mot n'a pas été suggéré à Julie et lui est venu d'elle-même) et mon sérieux :

"Mais tous les éditeurs sont sérieux et professionnels, monsieur Mathieu. Pourquoi vous avoir choisi vous parmi eux ? "

Voyons ça, madame, par quelques exemples.

Un éditeur puissant exerçait les pressions nécessaires en 1986 pour me faire 'flusher' par le diffuseur qui distribuait mes livres. Déjà là, cet éditeur touchait un demi-million $ en subventions annuelles. De quoi avait-il donc si peur ? Il publiait 20 à 30 livres par année et exploitait autant de 'chevaux' (auteurs). Moi, je n'avais qu'un livre à la fois pour payer mon loyer et ma nourriture et je me débrouillais sans subventions comme du reste depuis toujours.

Sérieux et professionnel, cet éditeur ?

Un autre très connu me répondait en 1989 la phrase suivante suite à ma proposition de lui faire éditer mon 15ᵉ ouvrage, tout juste avant *Aurore*, proposition commandée par mon désespoir et un manque total de ressources :

"Malgré le supplice de la tentation, nous sommes heureux avec notre cheptel d'auteurs."

Sérieux et professionnel, ce personnage qui n'a pas le moindre respect d'un auteur en quête d'une maison d'édition ? Car dire non de cette façon, c'est mépriser l'autre, c'est mépriser le créateur.

Dans une autre passe difficile en 1997, je m'adressais à un 'grand' éditeur pour lui proposer mon roman *Entre l'amour et la guerre*. Sa réponse fut :

"On ne fait pas de livres au-delà de 400 pages, ce n'est pas assez rentable."

Sérieux et professionnel, ça, de la part d'un éditeur archi-subventionné ?

Un autre vers ces années-là me bloquait l'entrée chez un diffuseur parce que j'avais toujours refusé ses propositions depuis 1979.

Sérieux et professionnel, ça, de la part de quelqu'un qui m'avait fait perdre beaucoup d'argent et qui, lui, s'en est bien sorti parce que l'État l'a remis en selle tandis que ce même État exproprie mon travail via le prêt public et sans dédommagement.

En 2000, vers la fin des années de vaches maigres, j'écrivais à un éditeur qui se dit meilleur que les autres pour lui proposer de prendre ma carrière en main et me laisser écrire comme je désire le faire à vrai plein temps. Il m'a répondu 6 mois plus tard. Je ne peux dire ce qu'il m'a écrit car j'ai envoyé sa lettre directement à la poubelle sans l'ouvrir.

Sérieux et professionnel quand on reçoit autant d'argent public chaque année et qu'on répond aux auteurs 6 mois après réception de leur courrier ?

Ce sont de pareils vautours qui planent au-dessus de la Chaudière à Beauceville et croassent dans leur cellulaire.

Beaucoup d'auteurs vous diront qu'ils sont contents du sort qui leur est fait. Ils se laissent manger la laine sur le dos. Je connais trop la 'game' depuis 30 ans. Ceux-là sont tellement contents qu'on les publie qu'ils sont prêts à faire les petits chiens sous la table pour y trouver des miettes et lécher les mains du maître. Leur ego étant injecté de gloire : ça leur suffit. Comment se faire respecter quand on se tient si peu debout ?

Pourquoi ai-je toujours refusé sauf en période de désespoir de me livrer comme un autre auteur pieds et poings liés à un éditeur ? Parce que pas un n'a jamais voulu m'accorder un **droit de regard direct** chez l'imprimeur et le diffuseur. Et pourquoi on ne veut pas accorder ce droit aux auteurs chez nous, pensez-vous, pourquoi donc ? Poser la question, c'est y répondre.

L'État devrait s'en mêler pour protéger les créateurs et partant, la culture. L'État s'en mêle pour **empirer** les choses et n'a toujours gratifié les créateurs que de déclarations de principe. L'État n'en a que pour les affairistes et il méprise au fond les créateurs. Il faudrait trop de pages pour vous parler ici du programme fédéral le plus injuste qui se puisse concevoir, le CDPP, qui 'justifie' la société de me pirater légalement chaque année pour une valeur d'au moins 150,000$ J'en ai parlé au premier ministre en personne et à son épouse de 1991 à 2000 : peine perdue. Les politiciens n'aiment pas les livres eux non plus, à part les livres de citations dont ils peuvent se servir dans leurs discours creux.

J'ai ici un document de l'UNEQ (union des écrivains du Québec) intitulé Mise en garde contre le contrat d'édition proposé par l'Association nationale des éditeurs de livres.

Vous qui avez hâte de lire ce que Julie Bureau a à dire vous lasseriez peut-être si je vous servais tout ce document. Mais comme ce chapitre est consacré aux vautours qui sont en train de planer au-dessus de la maison de Julie et Jean-Paul à Beauceville, vous avez intérêt à ce que je vous serve au moins les réactions en un ou deux mots à des clauses ou partie de clauses de ce contrat impossible.

Ces mots et expressions sont en exergue et en couleurs dans le document. Les voici qui démontrent que je ne suis pas le seul à considérer les éditeurs de livres comme des oiseaux de proie copieusement nourris par l'État.

Jamais !

Seulement si...

Aujourd'hui, on exige vos droits électroniques. Demain...

Par qui ?

Obligé l'éditeur ? Pas du tout !

Ne cédez pas !

Toujours responsable !

Inacceptable !

Réfléchissez-y !

Toujours pas de contrôle !

Assez, c'est assez !

Retour en arrière

Soyez précis !
Le contrat d'abord !
Ça suffit !
Abusif !
Protégez-vous !
Quel tirage ?
Prévoyez !
Trop vague !
Un chausson avec ça ?
Un peu fort de café !
Vente de feu
Voyez-y !
Totalement inacceptable !
"Je veux votre bien et je l'aurai !"
Non, non et non !
Fermé à double tour.
Redondant !
Eh oui !
C'est comme ça !
Ça sent mauvais...
"Faites vos jeux, rien ne va plus !"
Un nouvel outil
Notez bien
À négocier

À mon lecteur d'imaginer ce que les ogres proposaient dans leur contrat-type pour se valoir de tels commentaires de la part de l'UNEQ ! Mais quand donc leur rage d'en avoir sera-t-elle rassasiée chez ces volatiles carnivores ? Sont-ils donc des gouffres sans fond ?

Et pendant que nos éditeurs de livres roulent sur l'or en publiant souvent n'importe quoi, histoire de faire du chiffre d'affaires à subventions, on assiste à la pauvreté des aînés, des enfants, des monoparentales et des auteurs de profession. Et on manque de lits dans les hôpitaux ! Quel beau pays !

Ce sont de tels oiseaux qui planent au-dessus de la maison chez Julie et Jean-Paul. Qui croira que je n'aurai pas de chagrin à voir mes deux amis s'en aller vers eux, avec eux, et sûrement se faire arracher des lambeaux de chair ?

Leur avocate s'en mêle à son tour ce jour-là. Je crois un moment qu'elle m'est défavorable aussi. Je comprendrai plus tard que non et je lui fais mes excuses. En de pareils moments, certains jugements sont trop hâtifs. Mais ceux que j'ai sur les vautours ne datent pas d'hier...

Ce qui finira par triompher des grands oiseaux noirs, c'est la profonde intuition de Julie combinée à la grande générosité de Jean-Paul. Ils me diront, et cela terminera la crise : on vous garde comme auteur et comme éditeur. On vous fait ENTIÈRE-MENT confiance. (Le mot était en grosses lettres dans leur courriel.)

Une clause leur permettait de s'en aller vers quel-qu'un d'autre sans le moindre problème.

Et les rapaces sont repartis vers ailleurs, vers d'autres jarrets à essayer de couper grâce à l'argent public et à leurs serres, et sans laisser tomber un seul dollar sur la Beauce. Mais la Beauce s'en re-mettra, je crois...

À ceux qui critiquent Julie Bureau pour sa conduite, je dis qu'elle aura permis à travers moi qu'enfin quelqu'un interpelle le fédéral aussi bien que le provincial qui, au domaine du livre, détruisent sans doute bien plus qu'ils ne construisent. Il y a au domaine du livre un gaspillage annuel qui finit par chiffrer bien plus que celui des commandites. Et pas un journaliste jamais n'en parle.

Et si maintenant on parlait un peu d'Aurore ? !

Julie viendra plus tard.

Ne savez-vous donc pas que Julie est quelqu'un qui se fait attendre... sans le vouloir expressément. C'est un peu l'histoire de sa jeune vie, ça, se faire attendre...

***

Chapitre 5

Aurore s'en mêle !

Le lundi matin, 23 août, j'adressais une seconde lettre aux parents de Julie Bureau afin de les rassurer sur ma démarche auprès d'eux vu que je n'avais pas pu encore leur téléphoner (à tête reposée) après ma première lettre que le lecteur peut relire en avant-propos s'il le désire ou s'il en a perdu la teneur dans sa mémoire.

~~~~~~~~~~~~~~~~~~~~~~

ce 23 août 2004

<u>Re : livre</u>

M. et Mme Michel Bureau
Milan
G0Y 1E0

Bonjour,

Ce fut l'ouragan médiatique ces jours-ci. Il y a non seulement le livre de Julie qui fait accourir les médias, mais mon implication en ce qui concerne le film Aurore. A ce propos, je me rends aujourd'hui à Fortierville (où vécut et mourut Aurore) pour une émission de Radio-Canada et demain chez Arcand (radio) sur le même sujet.

Vous êtes passés par là (la tempête médiatique) à quelques reprises au moins et me comprenez sûrement.

J'entrerai en contact avec vous au cours de la semaine à mon retour de Montréal pour vous demander de vive voix de m'ouvrir les pages de l'enfance et de l'adolescence de Julie jusqu'à son départ.

Je crois de tout mon coeur que nous pourrons parvenir, grâce à ce livre, à un dénouement heureux à ces trois années de profonde douleur morale que vous avez dû traverser.

J'ai hâte de vous connaître si vous m'en donnez l'occasion.

André Mathieu,
Lac-Mégantic

~~~~~~~~~~~~~~~

Je me sens heureux ce lundi du 23 août.
Je retourne au pays d'Aurore et chaque fois depuis la toute première au jour de l'an 1990 alors que je commençais ma recherche en vue de l'écri-

ture de mon livre, je ressens une sorte de quiétude s'installer en les profondeurs de mon être. Il fait beau et frais. Quelques nuages obligent parfois le soleil à nous adresser un gros clin d'oeil d'automne. C'est le temps idéal pour moi.

Mais c'est Aurore avant tout qui m'apporte la paix, une si belle et profonde sérénité. C'est qu'elle m'a toujours donné l'impression d'un contact établi entre nous deux. Contact réel par lequel la petite martyre s'est faite mon guide.

Holà ! je suis d'un naturel très sceptique. Je ne fais confiance qu'au rationnel depuis les enseignements du frère Lambert en 12e année en 1959. Encroûté dans une pensée fondée sur la logique, je dois comprendre pour apprendre. Je ne suis pas homme de foi surtout pas de foi aveugle. Et pourtant, je ne pourrai jamais expliquer de manière rationnelle les événements qui se sont produits l'été d'Aurore, c'est-à-dire entre le 12 juin 1990 et le 31 août suivant, dernier jour d'écriture de mon livre qui sera adapté à l'écran 15 ans plus tard soit en 2005.

Je raconte ces choses ici afin de mieux dissocier le cas d'Aurore de celui de Julie Bureau. Ce que je me suis empressé de faire dans ma première lettre aux parents de Julie. Ce que Julie elle-même s'était empressée de dire dès les premiers mots de notre première entrevue le 8 août. Ce que j'ai fait sans relâche à chaque entrevue le jour de la grande tempête médiatique. Et ce que le grand public, à travers les nombreuses apparitions dans les médias du couple Bureau durant les années de disparition de Julie, fait lui aussi. Il faudrait un joyeux idiot (en tout cas à première vue) pour associer Aurore à Julie ou vice-versa.

En fait, le seul lien entre les deux cas, c'est que les deux livres seront du même auteur. Dans le communiqué de presse, il est écrit : *chez l'auteur, il ne se fait aucun lien entre le cas d'Aurore et celui de Julie si ce n'est par la sincérité de l'écriture des deux ouvrages.* Et dans ma lettre aux parents, un paragraphe dit : *je suis l'auteur d'Aurore, mais je sais pertinemment qu'il n'y a aucune commune mesure entre le cas de cette enfant et celui de Julie. Il faut dissocier les deux. Et nous prendrons la peine de le faire constamment auprès des médias.*

Ce chapitre sur Aurore a donc pour but de montrer la distance entre le cas de la fillette de Fortierville (de 1918-1920) et celui de l'adolescente de Milan (de 1997-2001). Mais aussi peut-être, et je le dis sans la moindre prétention car je n'en suis que le dépositaire, un certain don que j'ai et que des événements paranormaux ont démontré au cours de ma vie. Le don de communiquer par delà l'écrit, par delà la parole, par delà la gestuelle. Et je suis obligé d'ajouter : moins le don de communiquer que celui de recevoir certains messages. Comme mon amie qui possède de longues antennes de réception intuitive, peut-être que les miennes sont d'une autre sorte, branchées sur une aptitude que nous développons tous trop peu encore. Comment seulement aborder ces choses-là avec les sceptiques ne jurant toute leur vie que par le simplisme de la logique pure ? Est-ce pour cela que je n'en ai jamais parlé dans mes livres avant maintenant ?

Toujours est-il que le 12 juin 1990, me voici dans le cimetière de Fortierville à la recherche d'une pierre tombale à la mémoire d'Aurore. Je n'en trouve pas, mais je découvre celle de son père Télesphore. Et je braque aussitôt l'objectif de mon caméscope droit dessus. Alors je sens venir quelqu'un et aperçois un petit homme âgé, chauve, sanguin, souffreteux qui s'approche de moi, et finalement si proche que nos visages sont à quelques pouces et qu'il postillonne un peu, ce que je ressens comme une pluie indésirable sur ma peau. Je lui rends la pareille sans doute. C'est la trop faible distance entre nous qu'il faut accuser.

–C'est que tu fais icitte, toé ?

–Je commence l'écriture d'un livre sur Aurore et je viens faire de la recherche.

–Ces gens-là, mon cher monsieur, on les met dehors de Fortierville.

–Fortierville, c'est pas dans un pays libre ?

–Suis gardien du cimetière pis...

–Pis où il est, le monument d'Aurore.

–Y en a pas, monsieur.

–Eh bien !

L'échange se poursuit. Bien peu agréable. Je songe à Aurore et je lui dis mentalement :

"Tu connais mes intentions. Tu sais que je veux écrire ce livre pour que les gens soient plus alertes quand des enfants sont agressés. Tu sais que je veux bien faire. Que je veux que mon livre permette de sensibiliser les gens encore plus sur la question des enfants battus et que par conséquent il aidera à soulager la misère de plusieurs certainement. Et tu sais que je veux que le Québec sache enfin le fond des choses à ton sujet, ce qui fut toujours occulté... (ce dont je me doute sans toutefois être en mesure de

85

le prouver...) Aide-moi, Aurore..."

C'est la première fois que je prie depuis 1965. Une prière par 25 ans, ce n'est pas une très bonne moyenne. Je ne crois pas que Dieu intervienne ou bien il aurait de sérieux maux de tête à distribuer les petites faveurs santé ou argent d'un côté et à refuser son aide aux 35,000 enfants qui meurent de faim chaque jour dans le monde. Mais j'ai tendance à croire que ceux qui ne sont plus sont toujours là, pas loin, de l'autre côté du miroir. Et que leur esprit peut souffler sur le nôtre. (Si j'avais donc le temps de vous raconter les étranges phénomènes qui sont survenus dans ma vie et qui échappent à toute forme d'explication scientifique, logique ou psychologique...)

Mais voici que les mots pesants et qui portent me viennent en bouche tout naturellement, comme sortis d'un ailleurs en moi :

–J'ai rendez-vous avec monsieur Demers, un homme qui est allé à l'école avec Aurore. Il en a beaucoup à me dire.

–Demers, c'est qu'il connaît là-dedans ?

–Il va me le dire. Faut que je commence quelque part.

L'homme se radoucit, s'identifie : c'est Anthyme Gagnon, le cousin propre de la petite Aurore et fils d'Anthime décédé à 33 ans le même hiver qu'Aurore et enterré au même endroit. L'Anthyme que j'ai devant moi a 70 ans et il est né le 10 avril 1920. Donc deux mois après le décès de la petite martyre et quelques jours avant son enterrement. Car les morts de l'hiver faisaient l'objet d'une inhumation générale au printemps, au dégel de la terre. De plus, il m'est aisé de retenir sa date de naissance, le 10 avril, puisque c'est aussi la mienne.

–Ben moé, tout ce qui concerne Aurore, j'ai tout ça à la maison. Les découpures de journaux, les portraits. J'ai le seul portrait avec Aurore dessus. Elle avait pas 2 ans. Pis j'ai le portrait de noce de ses parents. Télesphore, je l'ai ben connu, j'ai été dans le bois avec. Pis j'ai ben connu Marie-Jeanne qui est morte en 86...

–Marie-Jeanne ?

–Ben la soeur d'Aurore... deux ans de différence.

–Pis j'ai ben connu Marguerite Leboeuf itou. Elle, c'était la cousine d'Aurore. Elle a resté quelque temps su' Télesphore durant le martyre...

–Morte ?

–Oui... Mais il reste Véronique au foyer de Lotbinière.

–Véronique ?

–Ça, c'est la soeur de la mère d'Aurore.

–La tante d'Aurore ? Vivante ?

–Oui... elle a proche 95 ans... pis j'pourrais te la faire rencontrer...

Je comprends vite que cet homme a tout ce qui m'est nécessaire. Le judiciaire de l'affaire d'Aurore m'intéresse moins et je me servirai des journaux de l'époque pour couvrir cet aspect. Ce qui m'intéresse avant tout, c'est l'humain. Et tout ce qui sort de la bouche d'Anthyme, c'est du profondément humain. C'est mon homme. Mais je n'ai pas un sou noir à lui offrir : je suis pauvre comme Job. Je sors misérablement d'un gouffre financier où m'a plongé mon diffuseur qui a fait faillite sans me payer une grosse somme que je devais à mon imprimeur. Et ce dernier m'a mis le couteau sur la gorge sans considérer que je ne suis pas du tout responsable de la situation et n'ai aucune prise sur elle.

Anthyme a connu la crise économique; il est proche de ses sous. Mais il ne m'en demande pas et jamais ne me demandera un seul. Je vais même, après la parution du livre, lui inspirer l'idée d'une fondation pour ériger une pierre tombale à la mémoire d'Aurore et je saurai plus tard qu'il y aura mis de son propre argent.

Aurore pourrait-elle être l'explication à ce paradoxe ?

Et Aurore pourrait-elle aussi expliquer cette heureuse volte-face du vieil homme dans son attitude à mon égard ? Il n'a jamais collaboré avec personne et pourtant, au fil des ans, les demandes ont afflué. Et voici que survient le petit romancier pauvre qui publie à compte d'auteur, non subventionné, et l'homme s'ouvre. Ouvre bien grandes les portes de son coeur et de sa documentation abondante. Et ce, malgré une certaine réprobation qu'il anticipe de la part de ses concitoyens et du curé du temps, ce qui du reste se produira.

Revenons un moment à la réalité du 23 août 2004. Je fais un arrêt à un restaurant de Victoriaville avec ma compagne de voyage. Et nous parlons d'Anthyme qu'elle a connu à peine et qui est décédé voilà quelques années seulement. Il est question aussi de Julie et Jean-Paul que je devais aller prendre à Beauceville pour les amener sur ces lieux émouvants où vécut et mourut la petite martyre de 1920, mais je n'ai pu le faire, car après mon entrevue de Fortierville, je dois filer droit à Montréal pour une participation à l'émission radiophonique de Paul Arcand mardi matin. En compensation, je leur ai promis par courriel de les emmener sur le plateau de tournage d'Aurore où je serai bienvenu en tout temps ainsi que me l'a dit le réalisateur Luc Dionne la veille. D'ailleurs, je dois rencontrer Luc le lendemain quelque part à Verdun.

Nous revoici en 1990. Le 12 juin.

Après mon entrevue avec monsieur Demers qui a fréquenté la même école que la petite Aurore, je retrouve Anthyme chez lui. Et alors tout m'est donné. Photos, articles de journaux, reportages et tutti quanti, surtout un long témoignage verbal incluant beaucoup de ce qu'il a entendu naguère de la bouche de témoins comme Marie-Jeanne Gagnon, Marguerite Leboeuf, Oréus Mailhot... Tout m'est donné ou presque. Il me manque une clef et je sens que Véronique pourrait me la donner. Le surlendemain, Anthyme me la fait rencontrer à Lotbinière. Non sans mal, il a réussi à la convaincre de me recevoir. Elle se tient sur la défensive dans sa petite chambre si étroite, et parfois même se dresse sur ses ergots usés. Devant le mur de résistance qu'elle m'oppose, je fais appel à Aurore une fois de plus.

Mais cette fois, je crois bien qu'Aurore ne m'entend pas. Véronique refuse de me dire le moindre mot à propos de la petite fille et de son martyre. Des années et des années de fermeture des gens de Fortierville et environs sur l'affaire lui ont cimenté les lèvres. Par contre, elles se décousent pour me parler abondamment de son frère Charles, un aventurier qui partit pour le Montana vers 1913, se retrouva dans les tranchées européennes de la Première Guerre mondiale et en revint vite porteur de la terrible tuberculose...

–Que voulez-vous, elle ne veut pas en dire plus, dis-je à Anthyme qu'elle a fusillé du regard à quelques reprises pour lui faire reproche de m'avoir amené là.

Nous repartons vers Fortierville. Au beau milieu du chemin, tout s'éclaire. La clef que je voulais, je l'ai. Elle a pour nom Charles. Le Charles Caron si joyeux, si exubérant, si rêveur au dire de Véronique. Charles qui a connu Aurore, qui s'intéressait à elle (chose rare chez un adulte masculin de cette époque), qui lui a montré à marcher... Charles, celui par qui le bonheur arrive... avant de finir par causer la perte de la petite fille pour avoir probablement ramené la tuberculose à Marie-Anne, la mère d'Aurore.

Et je retourne chez moi, clef en main.

La clef du bonheur dans la vie d'Aurore.

Et qu'on le croie ou non, j'écris si fébrilement que c'est presque de l'écriture automatique. Et puis j'ai cette sensation si intense quant à la présence à mon côté d'une petite fille rieuse, petite fille semblable à celle de la seule photo incluant Aurore.

Comment expliquer ce phénomène unique dans ma vie d'écrivain, du moins en pareille intensité ? Les littéraires diront que c'est traverser le miroir très loin. Les scientifiques parleront de survoltage de mon cerveau trop branché... (attention, je n'ai jamais consommé la moindre drogue et ne fume ni ne boit). Les croyants penseront qu'il y avait contact d'âme à âme. Et les adeptes du Nouvel Âge qualifieront cette expérience de 'channeling'.

Mais il y a rupture le 15 juillet.

Black-out.

Plus un seul mot ne jaillit de ma plume (clavier d'ordi). Sèche. La clef qui m'a ouvert une immense porte et permis de visiter l'espace de bonheur dans la vie d'Aurore ne m'est plus utile.

Je n'ai jamais bloqué autant. Parfois une heure. Toujours en milieu d'après-midi, mais le fil est retrouvé le lendemain et je poursuis. Là, c'est le noir total. L'enfant rieuse n'est plus assise sur mon bras gauche, sa tête couchée sur mon épaule. Je me sens vide comme le néant. Abandonné.

Le 16, toute la journée, je regarde l'écran opaque de mon téléviseur à la recherche d'une autre clef. Je demande à Aurore de m'aider. Je n'ai pas l'habitude d'être à vide ainsi et ça m'effraie. Cette fois, Aurore reste bien muette. Et je me couche presque désespéré.

Le 17 au matin par un vent à écorner les boeufs, je monte dans ma fourgonnette. Direction : Fortierville. Là-bas, je vais aussitôt dans le cimetière et m'assieds dos contre l'enveloppe de tôle de la cheminée, les pieds à une proche distance de l'emplacement de la tombe d'Aurore, c'est-à-dire selon moi à ce moment-là, voisin de la pierre tombale de madame Durant-Laliberté.

Trois minutes ne se sont pas écoulées que survient Anthyme qui m'a vu stationner mon véhicule devant l'église. Et dans pas même trois autres minutes, je sais que je viens de trouver la clef de la seconde partie du livre. Sans que je ne lui pose de questions, et je ne saurai jamais pourquoi, Anthyme me parle du curé Massé. Autour de sa naissance, sa mère, veuve de fraîche date, fut hébergée au presbytère. Anthyme en ses mots simples m'a dressé un portrait moral de ce prêtre qu'il n'a pas connu mais dont on lui a parlé abondamment.

Le clef a pour nom le curé Massé.

Celui par qui le malheur se glisse vers Aurore. Celui qui n'intervient jamais en sa faveur. Mais celui aussi dont le silence permettra à Aurore de trouver sa liberté éternelle. L'abbé Massé, l'antithèse vivante de l'oncle Charles.

Puis Anthyme m'explique que je me trompe en situant la tombe d'Aurore comme le lieu jouxtant l'emplacement de madame Durant-Laliberté. Il sait exactement où fut enterrée Aurore, là, au bout de mes pieds. Marguerite Leboeuf y était comme représentante de sa mère en relevailles de lui. Gédéon Gagnon et son épouse y étaient aussi. Il fut décidé nonobstant l'avis des parents d'Aurore, tous deux emprisonnés, d'inhumer la fillette avec son oncle Anthime, son petit cercueil sur le grand.

Puis Anthyme me propose d'aller au fond du cimetière pour une raison que j'ai oubliée. Je me lève, heureux de tenir entre mes mains la clef de la seconde partie du livre. Je marche sur la tombe d'Aurore et il se produit alors un bien étrange phénomène. Tandis que je fais un pas avec ma jambe gauche et que ma droite est en retrait, je sens tout le long du mollet de celle-ci jusqu'au talon quelque chose qui glisse en me touchant. Et je pense aussitôt au revers d'un doigt humain. Mais c'est plus frais et plus doux. C'est si intense et si insolite que je me retourne pour voir. Moi, je recherche une tige de foin. Le cimetière est rasé au sol. Une goutte d'eau peut-être. Je relève la jambe de mon pantalon : aucune humidité.

Je salue Aurore en souriant :

–Ce n'est sûrement pas toi, mais c'est au moins quelque chose pour me faire penser à toi.

Hey, avec ma logique masculine implacable, je suis sûr que cela s'explique par la circulation du sang, par des neurones qui ont fonctionné d'une façon à créer cette sensation ou je ne sais quoi d'autre qu'une science quelconque pourrait sûrement décoder.

J'aimerais bien qu'un gros cerveau m'explique.

Bon. Et je retourne chez moi et retrouve la même fébrilité que dans la première partie. Maintenant, je sens à ma droite une fillette douloureuse qui se tient là sans bouger et qui regarde mes doigts pianoter sur le clavier.

Je communique très fort avec les personnages réels de mes livres. Comme Donald Morrison dans *Le bien-aimé*. Comme Bigot, Montcalm, Wolfe, la Corriveau dans *Au premier coup de canon*. Comme Benedict Arnold dans *La sauvage* et *Le trésor d'Arnold*. Comme Marie Allaire dans *La forêt verte* et *La maison rouge*. Mais jamais je n'ai établi contact aussi profond, aussi intense qu'avec Aurore. J'ai au moins souffert son martyre moral en écrivant la seconde partie du livre.

Et on se retrouve maintenant face à face, Joane Prince et moi dans la sacristie de Fortierville, au-dessus d'une grille condamnée qui nous rappelle à tous les deux certains souvenirs. Cette femme possède une beauté rassurante. Beauté physique et morale. Ce sera de loin la meilleure entrevue que j'aie jamais donnée jusqu'à ce jour. (Mais on n'en utilisera que deux ou trois minutes dans les trois émissions des jeudis de septembre consacrées à Aurore.)

Et quand c'est terminé, pendant que l'on me remercie, je me surprends, moi, à remercier Aurore.
Quel sceptique je fais !

Mieux encore, je lui demande de me guider dans
l'écriture de mon livre sur Julie Bureau. Et lui demande aussi de m'ouvrir les portes de ses parents
que je puisse réaliser mon rêve de rendre tous ces
gens plus heureux grâce à cet ouvrage, ainsi que je
l'ai exprimé dans ma première lettre aux parents et
dans mes conversations avec Julie et Jean-Paul.

Ce n'est pas aveu de faiblesse, je crois, c'est simplement qu'après avoir fait de mon mieux, ce petit
ou grand coup de pouce que j'ai senti à plusieurs
reprises dans l'écriture d'Aurore serait hautement le
bienvenu dans celui de Julie.

La tâche est encore bien plus délicate du fait que
les intéressés sont vivants. Mais elle est allégée du
fait que les cas d'Aurore et de Julie n'ont pas de
commune mesure. Ce que tout le monde sait déjà
au Québec.

*

Et nous reprenons la route pour Montréal.

Aurore et Julie sont dans ma pensée et nous en
parlons longuement jusqu'à notre arrivée là-bas,
chez ma soeur qui m'héberge depuis nombre d'années chaque fois que je vais en ville.

Ce qui ressort de nos propos du soir sera cette
phrase de ma soeur en parlant de Julie :

–Ce dont elle a besoin, cette petite fille, c'est pas
de se faire massacrer, c'est de se faire aimer. Serre-
la sur ton coeur et protège-la.

Elle parle sûrement au sens figuré car elle sait à quel point je déteste les étreintes voire les simples poignées de main.

Mais le message contraste avec d'autres entendus à Lac-Mégantic ou lus dans mes courriels et qui s'en prennent à Julie, parfois avec violence. (On y reviendra dans un autre chapitre.)

*

Le jour suivant, c'est une entrevue avec Paul Arcand. Il me semblait que le seul sujet serait Aurore à cause du film en développement. Mais on a abordé deux autres sujets : Julie Bureau et les aléas du métier d'auteur chez nous.

Arcand respecte son invité mais le scrute jusqu'au fond de l'âme. Il n'interrompt pas, sauf si l'invité bloque, s'enfarge ou s'égare. Au risque de passer pour flagorneur, je dirai simplement que c'est un homme honnête. C'est si rare de nos jours. Surtout, surtout dans les médias...

Luc Dionne n'est plus disponible. Réunion de production. Remaniement de scènes. Planification, planification et encore planification. Le résultat sera sûrement à la mesure des efforts investis dans Aurore. Et puis, dès 1990, quand me fut soumis un premier projet d'adaptation de mon livre, j'ai demandé l'aide d'Aurore. Pourtant, le projet ne s'est pas réalisé alors. Je ne pouvais pas accepter. Ça ressemblait bien trop au film sorti en 1952 et qui a si mal vieilli. Le réalisateur d'alors refusait les quatre saisons, refusait la partie heureuse (relativement) de la vie d'Aurore, refusait le contexte politique, refusait le train, refusait la responsabilité du curé Massé, ne trouvait aucun lien entre la guerre et le martyre d'Aurore, bref, il voulait faire un 'remake' de cette abomination de France-Film de 1952 tout en passant par quelques lieux émouvants de mon livre. On voulait faire le plus d'argent possible aux moindres coûts.

J'ai alors refusé ce projet et l'argent qui allait avec.

J'étais toujours pauvre comme Job en 1990.

Qui dira que je suis un opportuniste parce que je vais écrire le livre de Julie Bureau ? Seulement ceux dont une grosse cloche dans la tête sonne trois fois par jour au moins et tous les jours de leur vie, l'angélus du signe de piastre. Et ça, ça fait du monde pas mal.

C'est d'abord un projet d'adaptation emballant qui me fut exposé par Luc Dionne à partir de mon livre. Il m'a parlé de toutes les scènes qu'il voulait utiliser et de l'esprit général. J'ai pensé qu'il pourrait à son tour établir le contact avec Aurore. Et c'est seulement après des heures d'échange que je fus contacté par Cinémaginaire, le producteur. Et j'ai signé parce que le projet était –en théorie du moins– profondément en accord avec mon inspiration dans l'écriture du livre. Qui sait si la principale intéressée n'a pas une fois encore soufflé sur mon esprit ?

*

Retour au bercail dans la journée du mercredi le 25. J'ai en poche un contrat virtuel avec un diffuseur pour l'ensemble de ma production dont le livre de Julie Bureau. Seul point qui me chicote, on m'a dit qu'on allait me proposer moins qu'à un éditeur qui leur rapporte un million par année. J'ai toujours trouvé ça bizarre, ce capitalisme sens dessus dessous et qui a érigé en règle qu'on donne plus aux plus riches parce qu'ils ont les moyens. Et on utilise le mot naturellement pour le dire comme si c'était la chose la plus naturelle du monde.

Un capitalisme à visage humain ne devrait-il pas proposer : on va t'en donner un peu plus parce que tu en as moins ? Ce monde est drôle, trouvez pas ?

C'est pour ça que ça va bien, dans le monde !...

Ce soir, si je ne suis pas trop fatigué de mon voyage, je vais appeler les parents de Julie Bureau. Enfin ! Au pire du pire demain soir, jeudi.

Je sais que j'aurai bon accueil : je l'ai demandé à Aurore et elle m'accorde tout ce que je lui demande, cette petite espiègle-là... tout... ou presque.

**

Chapitre 6

Volte-face

Jeudi soir, dix-neuf heures, le 26 août. Je suis enfin reposé de 10 jours de course effrénée. Le moment arrive pour moi de poser le geste le plus important de ce projet de livre.

Je décroche le téléphone et compose le numéro des parents de Julie à Milan. J'ai une dernière pensée envers Aurore avant de finir de pitonner. Je lui fais un clin d'oeil et lui demande son soutien comme chaque fois et je sais que celle-ci, elle viendra à mon aide comme elle l'a fait si souvent depuis 1990. C'est le père qui répond.

–Monsieur Bureau, c'est André Mathieu.

–Oui.

–Bon, vous avez appris par les médias que j'ai signé avec Julie et Jean-Paul pour l'écriture de deux livres, l'un sur la vie de Julie et l'autre sur celle de Jean-Paul. Et comme vous le savez, je vous ai adressé une lettre à ce sujet lundi matin de la semaine passée, la veille de l'ouragan médiatique ayant suivi le seul et unique communiqué de presse envoyé. D'ailleurs, vous devez avoir reçu ce communiqué avec ma lettre ?...

Je parle tout d'une traite. La nervosité. J'ai peur de recevoir une brique et un fanal. D'un autre côté, je suis conscient de ma sincérité et je garde en tête les deux lettres que je leur ai envoyées récemment.

–On l'a eu, oui.

–Ben c'est ça, vous avez pris connaissance de ma lettre. Vous savez sûrement dans quel esprit j'aborde l'écriture de ce livre... Il ne s'agit pas de détruire, il s'agit de construire. Et pour le mieux faire, j'aurais besoin de votre participation et de votre collaboration. Pour faire voir tous les aspects si possible... J'aurais beaucoup de questions à vous poser; vous répondrez à celles que vous voudrez. Et le tout se fera dans le respect des personnes.

–Quand est-ce que vous voudriez nous voir ?

–J'aimerais vous voir en couple d'abord, puis, si possible, individuellement. C'est pareil pour Julie et Jean-Paul...

–Quand ?

–Quand vous aurez un moment de liberté.

–Sais pas trop. Dites ce qui vous conviendrait, monsieur Mathieu.

–Que diriez-vous de dimanche à 1:30h de l'après-midi ?

–Oui, ça me paraît correct.

–Ça sera pas compliqué. Ça se fera amicalement. Comme le dit ma première lettre : *bien entendu que le public voudrait entendre des choses sensationnelles et de préférence noires, mais nous aurons autre chose à lui servir.*

–Ouè.

–Et ce que je veux, moi, c'est ce que je vous ai écrit : *qu'il y ait devant la foule du lancement une famille réunie, agrandie et grandie.*

–Écoutez, je vais consulter ma femme là, pis si j'vous rappelle pas, on va vous attendre dimanche.

–J'aurai peut-être quelqu'un avec moi... une personne à qui madame a parlé durant la disparition de Julie. Entre femmes, elles vont sûrement se comprendre mieux.

–Y aura pas de problème.

J'insiste pour montrer mes intentions profondes et le faire savoir aussi par le ton de la voix s'ajoutant à celui de la lettre :

–Julie me parlait d'une scène où son père la tenait dans ses bras pour qu'elle puisse accrocher l'étoile de l'arbre de Noël. (Il s'agissait plutôt de l'ange...) Voilà le genre de choses que je veux voir dominer dans ces livres. Et puis, comme je vous l'ai écrit, on va présenter le problème de fond comme une opposition entre les forces de l'amour et celles de la liberté. Personne n'en sortira amoindri ou amoché.

–Comme vous voulez.

–En acceptant de collaborer, vous allez contribuer à laisser à Julie un **héritage de liberté** en même temps qu'un héritage matériel qui ne vous coûtera en somme que quelques heures de votre temps. Remarquez que Julie ne fait pas ça pour l'argent, c'est le dernier point qui l'intéresse. Elle ne se fait pas d'illusions à ce sujet.

–Je le sais, on a communiqué avec eux autres durant les dernières semaines.

–En ce cas, à dimanche après-midi, chez vous, à Milan.

–Je consulte ma femme comme je vous l'ai dit pis si tout est correct, on va vous attendre.

C'est ainsi que prend fin cet appel. Le père de Julie s'est montré compréhensif, ouvert, accueillant, plein de bonne volonté.

Je raccroche et je remercie Aurore qui s'en est peut-être mêlé. J'appelle mon amie pour lui annoncer la nouvelle. Elle accepte de m'accompagner. On sera chez les Bureau dimanche peu après le dîner...

Et avec nous, notre double paire d'antennes.

*

Je sais qu'il y a eu des contacts téléphoniques entre les parents et leur fille ces derniers temps, que ceux-ci ne furent pas excellents, mais pas des pires non plus, et je compte bien agir comme une sorte de diplomate qui rapprochera les parties sitôt que je les sentirai s'éloigner ou s'opposer.

D'ailleurs, je me sens fort de cette idée maîtresse qui m'anime depuis le début : il y a eu choc entre les forces de l'amour et celles de la liberté. Les parents aimaient trop leur fille, ce qui les empêchait de la laisser grandir par elle-même. Julie, enfant précoce, avait le goût d'exercer ses petites ailes et le dirigisme maternel était un poids trop lourd qui l'empêchait de prendre ses petits envols autour de la maison. D'où ce grand et dangereux envol de septembre 2001.

"Ma mère vit dans sa bulle," nous a dit et redit Julie à notre rencontre du 8 août.

–Et ton père, Julie ?

–Mon père, il ne voyait rien. Il la suivait tout le temps...

L'échange s'est résumé en deux idées majeures.

1. Ma mère ne me lâchait pas la paix.

2. Mon père n'avait pas de colonne.

Comme on est loin des sévices corporels subis par Aurore et d'autres dans le passé ! Comme on est loin de l'agression physique ! Qu'on est loin de l'inceste !

Aux 2 données de Julie par rapport à ses parents, j'en ajoute une troisième à propos d'elle-même :

3. Et moi, j'ai soif d'air libre. Mes yeux, mon front, mes mains, mes pieds, mes nerfs, ma chair, ma peau, tout moi doit respirer l'air libre.

Je ressens un grand bonheur à penser que je pourrai regrouper dans l'harmonie ces grandes forces de l'amour et de la liberté qui, comme je l'ai exprimé dans ma lettre aux parents *en vertu de caractères bien typés, a fait éclater au sein de votre famille une situation inimaginablement douloureuse, je le sais.*

Ma joie sera de bien courte durée. Peut-être qu'à cette heure du soir Aurore dort et n'a pas pu entendre ma prière. Toujours est-il qu'une heure plus tard, le téléphone sonne de nouveau. C'est une voix masculine que je ne reconnaîtrais pas si l'interlocuteur ne s'était pas identifié tant elle est carrée, définitive, incisive voire agressive et un brin chevrotante, cette voix qui une heure plus tôt se faisait si bienveillante et posée...

–Ouais, c'est Michel Bureau... c'est pour vous dire qu'on vous recevra pas dimanche.

(Un bruit de ligne durant toute la communication me fera croire plus tard que j'étais peut-être enregistré. Quoi qu'il en soit, on me comprendra de reproduire le contenu de cet appel dans mes mots, des mots que ma mémoire n'a pas pu enregistrer dans toute leur exactitude. Loin de les exagérer ou de les ampouler, je vais les atténuer. Les idées seront toutefois les mêmes. Je les ai notées tout de suite après l'appel; et puis, elles sont vraiment, vraiment inoubliables...)

–Qu'est-ce qui se passe donc ? Tout à l'heure, vous...

–D'abord, on pense pas pantoute que vous voulez nous rencontrer...

–Qu'est-ce qui peut vous faire dire ça ? Écoutez, je vous ai envoyé deux lettres pour vous le demander et je vous ai appelé il y a une heure, et vous avez dit oui pour dimanche après-midi... C'est-il les manières de faire d'un homme qui n'a pas l'intention de vous rencontrer ?

–Ben nous autres, on croit pas ça pantoute. On vous l'a vu dans la face (sic) durant l'entrevue avec Josée Cloutier... que vous voulez pas nous rencontrer.

Je suis estomaqué. Assommé. Il me passe par la tête qu'on ne saurait être de plus mauvaise foi. L'homme reprend en poursuivant la même idée et il m'entraîne de force sur son terrain :

–Quand Josée Cloutier vous a posé la question de savoir si vous alliez rencontrer les parents, vous avez hésité... on vous le voyait dans la face que ça vous le disait pas...

Je me suis mis sur la défensive malgré tout l'insoutenable du jugement de surface de ce personnage qui fait fi de mes deux lettres, les froisse et les jette à la poubelle, et de mon appel de dix-neuf heures :

–Monsieur, je n'ai pas l'habitude des médias. J'ai pris une seconde afin de trouver les meilleurs mots pour le dire.

(En fait, je me souviens de cette seconde. C'est que mon petit ordinateur de matière grise, pas le plus performant du monde surtout sous le coup de l'émotion (causée par une entrevue médiatique), a dû analyser la situation en ce laps de temps si limité. 1. Si je dis à la télé que je n'ai pas pu les rencontrer encore (ce qui est vrai), des coupe-jarrets pourraient bien accourir à Milan, ce qu'ils feront d'ailleurs du côté de Beauceville dans les jours suivants (voir chapitre des vautours). 2. Comment résumer en quelques mots l'esprit de ma lettre du 16 août qui a fait l'unanimité autour de moi par sa teneur et son intention profonde ? 3. Je n'ai reçu aucune réponse à ma lettre de la veille de la part des parents et je savais même qu'un journaliste avait essuyé un refus de leur part.

Ce sont ces trois éléments que je devrai soupeser en cette seconde de blanc devant la question de Josée Cloutier, une hésitation qui me vaudra l'accusation de Michel Bureau sur mes intentions.

(Quand j'ai soumis la chose à ma fille Caroline, elle a dit : "T'es toujours de même quand tu parles... au début de tes phrases, t'as l'air de chercher tes mots et tes idées.")

Mais comment diable ma face pouvait-elle annoncer que je n'avais pas envie de rencontrer les parents alors que dans mon brouillon de contrat avec Julie, je posais un conditionnel : la collaboration et la participation des parents. Condition que m'a fait gommer Julie, soutenant que c'était chose impossible. J'avais même insisté auprès de Julie et Jean-Paul : je veux me mettre à la recherche de tes années heureuses, Julie, lesquelles seront sûrement dans le grand album à souvenirs de tes parents et peut-être aussi figés sur des photos... "Ils ne voudront pas," de me dire Julie alors. J'ai refusé de la croire. Il me semblait que des parents après trois années de souffrance ne pouvaient pas refuser ça à leur fille, même et surtout la considérant quelque part comme une fille prodigue.

Et maintenant, force est de me rendre à l'évidence.

Mais comment diable ma face pouvait-elle faire croire que je n'avais pas envie de rencontrer les parents alors que je leur adressais le 16 août la lettre d'intention reproduite en avant-propos et que le lecteur encore une fois ferait bien de relire pour s'en imprégner.

Et voici que l'échange prend une autre direction. Je trouve insupportable l'improbité qu'on me jette à la face sur cette ligne :

–Le seul point qui aurait pu vous inquiéter, c'est le fait que je sois aussi l'auteur d'Aurore... Je...

–Parlons-en ! Quoi c'est que le monde vont penser ? Dans leur tête, c'est automatique : Aurore, Julie, c'est pareil. Vous saurez que Julie a jamais été battue...

–Mais je le sais, monsieur, je le sais fort bien ! Elle est la première à dire qu'elle n'a jamais subi de mauvais traitements physiques dans sa famille. Et à chaque entrevue, les deux cas sont dissociés, à commencer par le communiqué de presse que vous aussi avez eu entre les mains...

–Ben voyons donc, monsieur Mathieu, vous savez ben que les gens font pas la différence.

–Monsieur Bureau, écoutez, le public est pas si niaiseux que ça quand même. Les gens savent que Julie, c'est pas Aurore l'enfant martyre.

Rien à faire une autre fois. Il bifurque :

–Le monde, ils sont à mort contre le livre à Julie. J'étais à Sherbrooke quand la nouvelle a sorti. Au radio, tout l'avant-midi, ça gueulait contre...

–Monsieur Bureau, j'en ai rien à cirer, moi, d'une émission de ligne ouverte qui présente une succession de voix anonymes de perroquets manipulés par l'animateur. Julie a pas à demander à personne la permission pour écrire son livre. Moi encore moins pour l'écrire...

–Tout le monde est contre ça...

–Tant mieux ! Dans ce cas-là, personne va l'acheter. Pis comme ça sera pas un livre subventionné comme les autres qui sortent au Québec, personne va y perdre excepté moi. C'est pas beau, ça ? Qui sera lésé ?

Le personnage bifurque de nouveau :

–Julie, c'est notre fille pis on l'aime...

(Je pense, moi, que ses parents sont en train de lui refuser, à leur fille, ce morceau d'héritage de liberté dont j'ai parlé dans ma lettre. Et d'héritage tout court via les sous qu'elle touchera grâce à la vente du livre, ce qui ne leur coûtera pas une vieille cenne noire... mais je ne vais pas sur ce terrain... j'ai les bras et la voix morts de ce que j'entends...)

–À sa conférence de presse, Julie a dit qu'elle veut la paix pis trois semaines plus tard, elle change d'idée...

–C'est moi, monsieur Bureau, qui lui ai fait changer d'idée. (En réalité, Julie n'a pas fait un virage à 180 degrés comme son père est en train d'en faire un devant moi, lui qui voilà une heure m'accueillait et qui maintenant me ferme sa porte au nez. Ou bien il n'a pas fait volte-face tout à l'heure, ce qui implique qu'il me manipulait lors de ce premier appel. Il accuse donc sa fille de ce qu'il est précisément en train de me faire. Deux poids, deux mesures.) (J'ai persuadé Julie qu'elle ne trouverait jamais la paix à moins d'écrire un livre, paix face aux médias et paix intérieure. Elle fut donc conséquente avec elle-même, avec sa décision annoncée à la conférence de presse.)

–En plus de ça, reprend-il, des livres, moé, j'en lis pas.

Ne suis-je pas en droit ici de me dire que des parents qui lisent des livres de psychologie sur les adolescents se donnent une meilleure compétence pour les élever, ce faisant ? Et que quand on s'intéresse de près à la psychologie de son ado, on court un peu moins de risques de le voir fuguer un jour ou l'autre ?

Selon Julie, sa mère lisait beaucoup de livres, elle. Des livres de développement personnel...

Enfin, l'échange se terminera sur les mots suivants par monsieur Bureau :

–On le sait, ça, que Julie était pas ben avec nous autres. On le sait, ça, que Julie était pas ben à Coaticook. Pourquoi c'est faire continuer à brasser tout ça, là ?

–C'est votre idée. C'est votre choix. Ce n'est pas l'idée ou le choix de Julie. Ni les miens. Vous admettrez au moins qu'elle est libre de ses gestes et moi aussi. Je vous remercie de m'avoir écouté. On va écrire le livre autrement, forcément, que si vous m'aviez donné votre collaboration. Si je n'entends pas votre version, comment pourrai-je la faire entendre au public ?

En refermant l'appareil, je me dis que le Québec qui a payé (ce qui lui a quand même rapporté gros comme on le verra plus loin) pour les recherches de Julie a plus que le droit de savoir, il a aussi celui de comprendre. Les médias ont fait savoir les choses; un livre les fera comprendre. Mais on veut faire taire Julie. Les parents les premiers. De quoi ont-ils donc si peur ?

J'ai voulu écouter leur version des faits. Et comme on dit en informatique, la 'merger' ou fondre avec celle de Julie pour en arriver à rapprocher les deux parties. En vain.

Et je me pose une autre question grave. Comment des parents qui ont soi-disant souffert pendant trois ans peuvent-ils, après que leur fille soit reparue, ne pas prendre tous les moyens pour renouer des liens d'affection avec elle, des liens inconditionnels puisqu'elle est maintenant libre comme l'air ? Ils ont déclaré sur les ondes qu'ils avaient considérablement évolué ces trois dernières années ? Je fus le premier à les croire. Julie, dans le tout premier entretien que j'ai eu avec elle, m'a dit le contraire. J'ai refusé de la croire, elle. Je suis bien obligé de me rendre à l'évidence une fois de plus suite à cet appel.

D'autant que ces deux dernières semaines, une nouvelle rupture s'est faite entre les parents et leur fille. (Julie ne veut plus leur parler. "Ma mère vit toujours dans sa bulle." "Et mon père croit tout ce qu'elle dit.")

Pourquoi, suite à ma lettre d'intention, ne m'ont-ils pas reçu pour me raconter ce qu'ils ont vécu ? De quoi ont-ils donc si peur, je ne le redirai jamais assez ! Julie n'est pas Aurore, l'enfant martyre, et tout le monde le sait. S'il en est un qui peut dissocier les deux, c'est bien André Mathieu, non ?

Dans ma lettre, je leur ai parlé d'une *famille réunie, agrandie et grandie* au lancement du livre de Julie. Comment pourrais-je en arriver là en lançant des pierres d'un côté ou de l'autre ? Les premiers mots de Julie à notre rencontre du 8 août (la première) furent :

–Je ne veux caler personne, là...

Qui ferme la porte sur l'idée d'une famille réunie, agrandie et grandie ? Par intuition, car je n'ai pas encore, avec Julie, creusé les choses d'avant sa fugue, je me dis qu'il n'y a de blâme à jeter à personne devant cet événement malheureux que je perçois comme un accident psychologique. Mais maintenant que Julie est retrouvée, qu'elle est heureuse, qu'est-ce qui compte plus chez les Bureau que le bonheur et la liberté de leur fille, liberté qui pour

Julie requiert l'écriture de ce livre qu'elle veut respectueux des personnes ? Est-ce bien la liberté et le bonheur de Julie qui compte le plus à leurs yeux ou alors leur image publique qui leur vaut tant de sympathie de tous bords tous côtés ? Et ce silence de Julie lui vaut à elle tellement de mépris, tellement de haine... Si vous saviez les courriels que je reçois, les lettres anonymes qui nous sont adressées. Pourquoi les parents et un certain public frustré veulent-ils tant la faire taire ? Ce certain public qui se reconnaît si spontanément dans les parents de Julie aurait-il donc des reproches à se faire dans sa façon d'élever les enfants ? Ces opposants se sentent-ils donc des parents incompétents comme le dirait le Dr Mailloux, tout en refusant de s'interroger devant leur miroir ? Et en donnant toute leur sympathie aux parents de Julie sans vouloir comprendre à fond le litige entre leur fille et eux, s'en tirent-ils à bon compte, d'où tant de hargne envers Julie ?

Après un tel appel, ne suis-je pas en droit de me poser toutes ces questions ? Je compte sur les confidences de Julie et l'analyse de son cas à l'aide de nombreux livres pour comprendre. Et pour éclairer le public.

Je dis non aux éteignoirs. Tout comme dans toute ma carrière d'auteur, j'ai dit non aux éteignoirs du monde du livre qui ont des intérêts occultes à défendre.

Ne suis-je pas en droit aussi de dire à Aurore à qui j'ai demandé son aide avant d'appeler les Bureau : dormais-tu donc, ce soir, ma petite Aurore ? J'ai demandé ton aide et voici que je reçois la porte des Bureau sur les doigts : ça fait mal, ça, Aurore...

Mais qui sait, peut-être qu'Aurore ne dormait

pas... Qui sait ?...

Elle qui m'a donné les deux clefs du livre que j'ai écrit sur elle en 1990 ne vient-elle pas de me donner la clef du livre de Julie ?

***

Chapitre 7

Mon erreur

Dans mon plan initial du livre, il était prévu qu'en ce chapitre, je ferais remonter mon lecteur dans l'enfance de Julie. Pour cela, il eût fallu que les parents consentent à me parler. Peut-être le feront-ils dans un autre livre écrit par quelqu'un d'autre. Peut-être vont-ils se contenter de déclarations à l'emporte-pièce dans les médias, histoire de livrer leur propre version d'un bloc, en deux temps trois mouvements, en misant sur le manque de profondeur d'un vaste public qui n'aime pas les livres et croit tout comprendre quand il ne fait que savoir.

Par ce chapitre, j'aurais fait ressortir les caractéristiques de l'enfant Julie Bureau. J'aurais essayé de montrer qu'elle aussi –et comment– fut une enfant à part entière, bien typée.

Un vieux sage de Fatima (partie de Mégantic) me disait ceci l'autre jour : "Un enfant et à plus forte raison un ado est comme un ressort plein d'énergie et que les parents ont pour devoir de retenir. Et contenir. Mais ils se doivent de le laisser se détendre doucement, de relâcher la pression tranquillement. Qu'ils le tiennent trop serré, quand ils vont le relâcher ou s'ils l'échappent, tenez-vous bien, le ressort risque de rebondir..."

J'ai ajouté : "Et dans le cas de Julie Bureau, il a rebondi aussi loin qu'à Montréal."

C'est en me penchant sur les jeunes années de Julie que j'aurais pu examiner la force de son ressort. Les parents m'ont refusé ça, à moi et au grand public. C'est leur choix.

Bon, puisqu'il n'est pas possible de remonter jusque dans les années 80 (Julie est née le 2 décembre 1986), nous allons remonter jusque dans les années 30. Faute de pouvoir vous entraîner dans un court voyage, je vous invite à me suivre de l'autre côté de ma naissance et peut-être aussi de la vôtre.

On est au milieu des années de la grande dépression économique. Une petite fille aux cheveux noirs comme du charbon grandit au sein d'une famille nombreuse d'un village de campagne. Son père est un homme brut, ce qui ne veut pas dire brutal. Il ne l'agresse pas. Il ne lui fait subir aucuns sévices corporels. Mais il ne lui parle jamais ou bien seulement pour lui crier des insultes : maudite sauvagesse, espèce de moutonne noire, la corneille etc... Quant à la mère, elle multiplie les comparaisons dépréciatives en faveur de ses soeurs.

La fillette a toujours froid dans cette maison mal chauffée et qui laisse passer le vent coulis par toutes les fenêtres. Elle s'assied tous les jours de la froide saison sur une petite chaise au-dessus de la grille de la 'fournaise' et quand il l'y surprend, son père lui crie :

"Tasse-toé de là, la sauvagesse !"

Je pourrais ici multiplier les affligeantes anecdotes du genre qui me furent racontées aujourd'hui même par cette fillette maintenant âgée de 73 ans et qui me disait avec colère dans la voix :

–Si j'avais vécu au temps de Julie Bureau, moi, j'aurais fait comme elle. Les marques infligées dans la peau finissent par s'effacer; celles dans le coeur demeurent éternellement.

Je suis né dans la même maison que cette fillette et des mêmes parents onze ans plus tard. Mon père a toujours préféré mon frère, plus âgé que moi de deux ans. Il était plus fort, plus alerte, plus drôle. Mais ça ne m'a pas laissé –enfin je le crois– de séquelles psychologiques.

J'ai un frère qui est parti de la maison à 15 ans. Je revois ma mère un beau matin descendre l'escalier et annoncer à mon père qui était à la table : "L'oiseau s'est envolé." On ne l'a pas recherché. Ce n'était pas l'époque des grandes inquiétudes au sujet des enfants. On savait qu'il était parti gagner sa vie. Mon père n'a pas dit un mot et il a mis un peu plus de sucre blanc sur la crêpe qu'il était à manger.

Là où je veux en venir avec ces vieux souvenirs, c'est de dire que chaque enfant est unique. Chacun n'a pas les mêmes énergies dans le ressort que l'on évoquait en début de chapitre. Pour certains, une situation est tolérable; pour d'autres, la même situation ne l'est pas. Aux parents d'être vigilants et de traiter chaque enfant sur mesure autant que faire se peut.

Et puis les marques faites à l'âme sont indélébiles. Plus de soixante ans après avoir été imprimées en l'être profond d'une fillette à cheveux noirs, elles demeurent vives.

"Et puis j'ai enduré des choses avec mon mari que je n'aurais jamais endurées si j'avais été élevée autrement, dans un plus grand respect," de conclure cette personne.

Que nous voilà loin de Julie Bureau !

Julie Bureau ne fut jamais traitée de cette façon par son père. Il ne s'est pas moqué de ses taches de rousseur comme cet homme des années 30 riait de la couleur, trop noire à son goût, des cheveux de sa quatrième fille.

Julie Bureau était à des années-lumières de la jeune Aurore, on l'a bien assez dit déjà... Mais... et si, à bien y songer, je donnais dans l'erreur quelque part...

Pourquoi en effet avoir intitulé ce chapitre "mon erreur" ?

Si la fillette aux cheveux noirs des années 30 avait vécu au temps de Julie Bureau, elle aurait levé les feutres, de son propre aveu. Et je sais que ce ne sont pas des mots en l'air, faciles à lancer 60 ans plus tard. Qu'aurait-elle rencontré sur sa route ? Peut-être pas la drogue : ce n'était pas dans l'air du temps. Peut-être l'alcoolisme. Peut-être la prostitution en ces années de misère où le pain se faisait si rare et si dur à gagner. Peut-être pas non plus... Peut-être la déchéance, peut-être la tuberculose ou quoi encore ?

Ce qui m'amène à déclarer ce qui suit. Le père de cette fillette à cheveux noirs n'était pas Télesphore Gagnon, père d'Aurore. Jamais il ne l'a frappée, jamais il ne l'a agressée. Mais il la détruisait psychologiquement et il aurait pu, en une autre époque, provoquer sa fugue. Fugue qui eût ouvert la porte à toutes sortes de pièges : drogue, prostitution, misère, agressions de toutes sortes et même, possiblement, la mort au bout du chemin.

Si des parents, par leur négligence, leur incompétence, leur malveillance, leur absence morale même, échappent le ressort qu'est un adolescent et que celui-ci rebondit au loin, au beau milieu de pièges de toutes sortes dont il ne peut se défendre parce qu'il n'a pas encore développé ses lignes de défense, ces parents-là ne sont, somme toute, pas si éloignés que ça de ceux d'Aurore. Car le résultat risque d'être le même pour l'enfant.

Comment situer les parents de Julie Bureau qui n'ont pas voulu se situer eux-mêmes dans ce livre, ce qui déjà contribue à les situer en fait ? Il faudra nous en remettre aux seuls témoignages de Julie et nous poser des questions sur la psychologie des adolescents.

D'autres points de comparaison entre le cas d'Aurore et celui de Julie peuvent se faire, toujours en dehors bien entendu des abus physiques.

Le père d'Aurore était manipulé par sa femme.

Ce que Julie a toujours affirmé de son père.

En une heure entre deux appels téléphoniques, l'homme gentil et compréhensif qu'il était est devenu, après avoir consulté sa femme, incisif et malveillant envers moi. Indice de manipulation.

On faisait tout pour qu'Aurore se taise.

On veut que Julie se taise plutôt que de l'encourager à se libérer dans le respect des autres par un livre qui aura par ailleurs pour effet de la soustraire à la voracité médiatique. Et dans ces tentatives de bâillonnement, on peut compter sur l'appui complice d'un certain public. Comme naguère à Fortierville, dans l'affaire d'Aurore. Il est tellement plus facile de contrôler les choses quand on les tient cachées.

J'ai commis un impair en soumettant à mon lecteur qu'il y avait un monde entre l'affaire d'Aurore Gagnon et celle de Julie Bureau. En dehors des sévices corporels et de la mort, les similitudes sont nombreuses entre les deux. De nouvelles apparaîtront au fil des pages.

Un loustic de Mégantic me parlait de l'affaire Julie Bureau un bon matin. Je ne lui tordais pas le bras pour qu'il aille dans une direction ou dans l'autre et mes questions ne comportèrent aucune forme de jugement préfabriqué. Je fus animateur de radio naguère, il est vrai, mais jamais je n'ai 'piloté' une ligne ouverte...

Voici donc devant moi un personnage volubile, au langage pour le moins verdoyant :

–Je l'ai vu, moé, le père à Julie Bureau, trois semaines après la disparition de sa fille. Cet homme-là a cherché, cherché, cherché... des journées de temps... dans le bois... c'est un homme de bois... dans les rivières... partout... Il a perdu j'sais pas comment de poids... Terrible !... Il est venu maigre comme un bicycle à force de chercher pis de pas manger... J'te le dis, je l'ai vu, moé...

–Et qu'est-ce que tu en dis, toi, de la fugue et de la disparition de 3 ans de Julie ? Ça te dit quoi sur elle ?

–Ben écoute-moé un peu, là, faut être logique en sacrifice pis arrêter de juger avec les sentiments. Pour qu'elle parte de même pis qu'elle donne pas de ses nouvelles durant 3 ans, fallait qu'elle ait son 'ostie' de voyage. Le fer dans la plaie, là, il devait pas être rien que rouge, il devait être rendu blanc. Tu sais c'est quoi un fer rendu blanc ?

–Mon père était forgeron de campagne : je pensais que le fer dans son plus chaud virait au bleu avant de fondre.

–Non, non, c'est blanc... blanc, blanc...

En fait, cet homme a simplement énoncé dans son langage enflammé la définition généralement admise dans les livres de psychologie de la fugue. En voici quelques-unes.

« *La fugue, au même titre que la consommation de drogue ou le suicide, est perçue par celui qui la fait comme une solution à un* **stress insupportable**. *La fugue prive l'enfant de la protection de ses parents et elle rend publique la dysfonction de la famille."* ››

Source : Les adolescents, les encourager, les protéger, les stimuler par Geneviève Hone et Julien Mercure, Éditions Novalis, 1996.

« *La fugue est une fuite en avant, sans autre but que la fuite d'une situation ressentie comme* **intolérable**. *L'adolescent part sans projet, ne tenant nul compte* *du fait que ce départ ne peut conduire à rien et ne résoud rien.* (Julie Bureau pourrait bien être l'exception à cette règle.) *Il part parce "qu'il en a marre"...* ››

Source : Le mal-être des adolescents par Didier-Jacques Duché, Éditions Hermann, 1993.

‹‹ *La fugue se caractérise par un départ de courte durée* (voilà pourquoi j'ai toujours dit que la fugue de Julie Bureau s'est transformée en disparition et qu'il ne faut pas prendre une pour l'autre) *après lequel l'enfant revient presque toujours au foyer* (ce qui fut le cas de Julie Bureau qui, un mois après son 'envol' de Coaticook, était sur le chemin du retour chez elle quand elle s'arrêta à Beauceville... on y revient dans le fil des événements plus loin). *À la différence du vagabondage. Le Dr Neron la définit (la fugue) comme "une tentative couronnée ou non de succès de résoudre un état de tension. Pour Roubier, la 'vraie' fugue est impulsive, elle tranche le noeud de la crise sans rien résoudre, sans autre objet que d'échapper à ce qui est devenu insupportable et auquel il est impossible à l'adolescent de faire face.* ››

Source : La cause des adolescents par Françoise Dolto, Éditions Robert Laffont, 1988.

J'aurais pu attendre au chapitre des questions-commentaires pour livrer ce témoignage de mon loustic qui correspond en tous points aux définitions de la fugue telles que données par les psychologues, mais voici que dans ma recherche, je n'ai trouvé que bien peu de gens pour faire montre d'empathie dans les deux directions. En ce pays manichéen, fanatique des matchs, qu'il s'agisse du sport ou de la politique, il est rare d'entendre quelqu'un qui soit capable de regarder des deux côtés de la médaille avant de porter un jugement.

D'ailleurs, qui sommes-nous pour porter un jugement ? Constater peut-être, chercher la vérité au fond des choses, voilà qui est souhaitable, mais les jugements, ne doit-on pas laisser ça aux cours de justice terrestres ou à la grande cour divine ?

Mon loustic fut quasiment le seul qui ait fait un effort –et puis c'était si spontané que ça n'avait pas l'air d'un effort– pour comprendre à la fois la douleur des parents et la décision de leur fille.

Toutefois, dans les deux cas, il s'est lui aussi, par la force des choses, fondé sur les apparences. Pour aller au fond du coeur des parents, il aurait fallu qu'ils collaborent à ce livre; ils ont préféré la nuit du silence. Non sans me prévenir qu'ils savaient certaines choses et au besoin feraient des révélations. Comme s'ils me rejetaient dans un camp ennemi...

Pour atteindre le fond du coeur de la Julie de 14 ans, il faut au moins entendre la vraie Julie Bureau de maintenant. C'est ce que nous allons faire dans les prochains chapitres avant de revenir par la suite au fil des événements, soit à la jeune adolescence de Julie, à sa fugue et à ses trois années d'absence.

Dans les chapitres qui suivent, je vous ferai donc livraison de ses confidences du vendredi, le 27 août, l'avant-midi précédant l'arrivée de la sympathique équipe de *Dernière Heure*... qui traversera un peu trop à mon goût les frontières de son mandat. Ce que je leur pardonne, mais n'oublie pas.

***

121

Chapitre 8

Juger Julie

Je devais dans ce chapitre livrer les confidences de Julie, mais j'ai changé d'idée. La nuit porte conseil. Il arrive à Julie de changer d'idée, on le sait. Il arrive à son père de changer d'idée, on l'a vu. Il m'arrive aussi de le faire, on le voit. Et à vous, cela vous arrive-t-il ? Et si vous le faites, vous le pardonnez-vous à vous-même plus qu'à Julie qui déclarait dans sa conférence de presse vouloir rentrer dans l'anonymat et qui, persuadée par mes arguments, décidait trois semaines plus tard de prendre le raccourci d'un livre pour le trouver, cet anonymat auquel elle tient beaucoup ?

On n'a pas à se pardonner de changer d'idée. On appelle ça l'évolution personnelle. C'est légitime. Et sain. Pourquoi tant le reprocher à la plus célèbre fugueuse du Québec ?

Mais lisons dans ce chapitre des courriels que j'ai reçus parmi les plus représentatifs. On me comprendra de faire réponse à d'aucuns ou à des parties de ceux-là. (Je reproduis des textes corrigés de leurs fautes de français.)

Mardi le 17 août

« Moi, je crois que Julie, pour qu'elle parte sans laisser de nouvelles comme elle a fait, c'est qu'elle a subi des abus et qu'elle n'était pas comprise ou qu'on ne la croyait pas tout simplement. »

Carole H.

Commentaire de l'auteur.

Julie n'a subi aucun abus physique, aucune agression (physique) de la part de ses parents. Elle me l'a dit; ils l'ont déclaré dans les médias. Je l'ai toujours cru, moi.

Jeudi le 19 août

Bonjour ! Eh bien moi, j'ai suivi l'histoire de Julie Bureau dans les médias depuis le début jusqu'à ce jour, et je ne crois pas qu'elle devrait faire un livre. Et pour ce qui est du bon Samaritain, encore bien moins... Pour l'instant, Julie est bien jeune et je ne crois pas que la vérité sorte dans son livre, alors là pas du tout... Le message qu'elle a laissé au public, c'était "je me fiche de l'opinion des gens" et elle a ajouté "je ne suis pas un animal de cirque, je tiens à ma vie privée". Le fait de sortir un livre montre bien qu'elle n'est pas solide sur ses décisions. Le public, selon moi, serait certainement très intéressé de lire un livre sur cette histoire, mais avant tout, ce que le public veut savoir, c'est la vérité et je ne crois pas que Julie livre la marchandise... Je crois que le meilleur livre qui pourrait être écrit serait une espèce de mélange de points de vue de Julie, sa mère et son père, en tout cas, c'est mon idée. Pour ce qui est de ma part, je ne ferai pas l'achat de ce livre. Et je peux constater encore une fois que c'est l'appât du gain qui mène le monde. Et ce, peu importe si c'est la vérité ou non qui sort. C'est triste, n'est-ce pas ? ››

Suzette B.

Commentaire de l'auteur

Vous dites qu'elle ne devrait pas faire un livre, mais vous savez sûrement que nous vivons dans un pays dit 'libre'. Au moins nous reste-t-il à tous encore cette liberté d'écrire (ou faire écrire) le livre qu'on veut pourvu qu'il ne soit pas diffamant. En fait, l'État par tous ses engrenages et leviers à subventions réduit les auteurs à une forme d'esclavage comme on l'a vu dans un chapitre précédent en ne leur consentant même pas 2$ l'heure pour un travail qui n'est pas sans mérite. Mais même réduite à sa plus simple expression, cette liberté d'écrire un livre existe encore. Et pour tous. Même pour les pires criminels incarcérés et qui n'ont pas payé toute leur dette à la société. A fortiori pour quelqu'un comme Julie Bureau dont le seul crime fut d'avoir quitté le nid familial trop tôt en croyant que c'était la seule façon pour elle de trouver sa liberté d'être elle-même.

Mais consolez-vous, chère Suzette, vous aurez pleine liberté, vous, de ne pas acheter le livre qui de plus ne sera pas subventionné, contrairement à la plupart de ceux que vous lisez... si vous lisez des livres bien entendu.

De plus, piraté légalement via le prêt public, non seulement le livre de Julie ne ponctionnera aucune somme sur vos taxes mais il rapportera beaucoup de sous à cette société qui aime si peu ses créateurs (de livres).

Enfin, prendrez-vous ombrage si votre voisin, lui, se le procure ? Brandirez-vous le drapeau de la grande armée qui défend les pauvres gens exploités par la vilaine Julie ? Ah, Suzette, c'est peut-être vous, l'héroïne que devrait célébrer *Dernière Heure*...

Vous dites aussi : "*Pour l'instant, Julie est jeune et je ne crois pas que la vérité sorte de son livre.*" Est-ce à dire que plus on est jeune, plus on est menteur ? Ne croyez-vous pas qu'un auteur qui a fouillé l'âme humaine en 54 ouvrages à ce jour puisse aller chercher pas mal de la vraie Julie Bureau ? Exigez-vous toute la vérité ? Comme à la cour de justice. Chacun, y compris Julie, n'a-t-il pas droit à ses jardins secrets ? Ne me croyez-vous pas capable de vous conduire à la porte des jardins secrets de Julie ? Quoi, faudrait-il donc que je fasse l'autopsie de sa personne pour livrer la vraie Julie ? Je me crois capable de vous livrer la vraie Julie tout en respectant certains de ses territoires qu'un public intelligent est capable d'imaginer sans se tromper.

Contourner un problème de légalité abusive, est-ce entacher la vérité quand on a devant soi des gens capables de lire un livre et donc de comprendre mieux que le commun le fond des choses sans qu'il soit pour autant requis de lui mâcher tous les mots coupés en dés ?

Un public lecteur de livres est généralement mieux nanti intellectuellement et je le dis avec tout le respect que je dois aux autres; mais ce n'est pas aux autres que ce livre s'adresse puisque de toute façon, ils ne le liront pas...

Vous ajoutez, chère Suzette : *"Le fait de sortir un livre montre qu'elle n'est pas solide sur ses décisions."*

Vous oubliez que comme fugueuse en tout cas, elle fut 'assez solide' sur sa décision. Et si on ne l'avait pas retracée, elle tiendrait encore sur sa décision.

Bien au contraire, Julie aspire à l'anonymat autant maintenant que lors de sa conférence de presse et avant. Et ce lui livre le lui vaudra. L'appétit féroce des médias sera rassasié. Son image fera moins vendre ondes et pages. On la laissera tranquille. Le phénomène médiatique aura vécu. Ce sera la paix pour elle sur la terre à bois. Voilà ce que je lui ai fait valoir.

Et puis finissons donc par dire ce que j'entendais souvent dans ma prime jeunesse : y a que les fous qui changent pas d'idée.

Et croyez-moi, Julie est loin d'être une folle...

Vous ajoutez encore... *Je crois que le meilleur livre qui pourrait être écrit serait une espèce de mélange de points de vue de Julie, sa mère et son père...*

Là, vous misez juste ! Mais les parents préfèrent cacher la vérité, en tout cas leur vérité en réponse aux propos de Julie. Une cour de justice les condamnerait in absentia. Je ne le fais même pas. Tout au long, vous verrez que je vais toujours dire et répéter que l'événement Julie Bureau fut causé par le choc de valeurs et qu'il est une sorte d'accident psychologique... Non, je ne condamne pas in absentia, mais je suis déçu. Déçu pour les parents. Déçu pour la vérité à laquelle ils ont tourné le dos en me fermant la porte de leur coeur.

Vous terminez en disant : "*Et je peux constater encore une fois que c'est l'appât du gain qui mène le monde.*"

Je peux vous dire que Julie Bureau n'a jamais songé aux avantages financiers avant que je ne lui en parle. À ce compte-là, quand les vautours sont passés, elle aurait changé d'idée pour ouvrir sa bourse à leurs offres bien plus alléchantes que la mienne. (Rappelez-vous comme elle change vite d'idée... selon vous.) Quelqu'un m'a dit que c'est parce qu'elle n'en a jamais vraiment manqué. Qu'en sais-je ? Et qu'importe ! Julie n'est pas une fille d'argent, c'est une fille de liberté.

Et pour ce qui est de moi, ne confondez pas 'gagner son pain' et 'appât du gain'. Grâce aux politiques gouvernementales, j'ai exercé ce métier de peine et de misère pendant 27 ans, allez donc parler d'appât du gain aux oiseaux de proie du milieu du livre. Ce n'est ni le cas de Julie ni le mien.

J'espère enfin, chère Suzette, que mes commentaires assécheront vos yeux mouillés par la tristesse de cette histoire. Mais la tristesse étant une richesse si on sait en tirer parti, voici que le livre de Julie Bureau qui vous a permis de vous défouler, déjà vous enrichit. Chanceuse !

~~~~~~~~~~~~~~~~~~~~~~~~~~~~~~~~~~

Lundi le 23 août
Bonjour André.

Je vous trouve bien brave de vouloir écrire une bio-graphie sur Julie Bureau. Lorsqu'elle parle de la ville de Coaticook, si j'ai bonne mémoire, n'y a-t-il pas eu un suicide collectif il y a quelques années avec le résultat de la mort de plusieurs étudiants. Y aurait-il une certaine connection ou coïncidence ?

Je suis responsable d'une bibliothèque et nous atten-dons vos prochaines publications avec grand intérêt. ››

Commentaire de l'auteur

Ce ne fut pas un suicide collectif mais plutôt une série noire de suicides. Et il s'agissait d'étudiants de la polyvalente et non du collège fréquenté par Julie Bureau.

~~~~~~~~~~~~~~~~~~~~~~~~~~~~~

Mardi le 24 août

Je suis une personne qui réside non loin du village natal de Julie. Je demeure à Scotstown, donc à 15 minu-tes de Milan.

Je ne peux croire qu'elle soit partie comme ça, du jour au lendemain, sans penser que ses parents ne s'inquiéte-raient pas. Elle dit que jamais elle n'a pensé que ses pa-rents puissent la rechercher. Voyons, ça se peut pas par-tir comme ça sans donner de nouvelles et croire que per-sonne ne la recherche. De plus, elle dit qu'elle n'a ja-mais vu aux nouvelles télévisées ou sur les journaux qu'on la recherchait. Pourtant, toute cette histoire a été médiatisée énormément... Il faut remarquer que de gros-ses sommes d'argent ont été dépensées pour effectuer les recherches. Beaucoup de personnel policier, enquêteurs... un autobus complet a été déplacé dans le rang Dell à Scotstown pour la rechercher. Des repas au restaurant

*de toutes ces personnes, des bateaux, des VTT et autres...
Je ne sais pas quelles relations il y avait entre Julie et ses
parents, mais mon opinion, c'est je crois qu'elle voulait
faire souffrir ses parents pour faire ce qu'elle a fait pendant trois ans sans donner de nouvelles. Elle aurait pu
au moins leur téléphoner afin que le doute cesse chez ses
pauvres parents qui ont souffert si longtemps, toujours
dans le doute et l'incertitude. J'aimerais aussi ajouter
que dans des circonstances comme celles-là, les gens ne
devraient rien dire quand ils ne sont pas certains de ce
qu'ils disent (le monsieur qui disait la voir morte dans
la rivière Coaticook).*

*Merci d'avoir pris le temps de me lire et j'espère que
votre livre fera la lumière sur toute cette histoire.*

Sabrina

Commentaires de l'auteur

Les retombées, Sabrina, les retombées, qu'en fai-
tes-vous ? Quand il est question de subventionner
la Formule 1 ou les sports professionnels, on parle
toujours de retombées. La société a investi des sommes qui ont rassuré bien des parents qui se sont
dits : on fera le maximum si notre enfant disparaît.
Ça ne vaut pas rien, ça, Sabrina.

Et tout l'argent que l'affaire Julie a fait gagner.
Oh la la ! Ondes, ondes, ondes, pages, pages, pages. Journaux. Revues. Émissions de télé. Ce livre
qui donnera du travail aux gens d'imprimerie, de
diffusion, de librairie, de bibliothèques. Et (chut, ne
le dites pas) à l'auteur itou... Vous parlez de repas
de restaurant, eh bien déjà, on a fait plusieurs tour-
nées, Julie, Jean-Paul, ma compagne et moi et on a
dépensé dans les restaurants. C'est du 'gagne' pour

ces gens-là. Vous oubliez les retombées... Beaucoup de gens ont fait du bénévolat : c'est bon pour le coeur, ça. Ça n'enlève rien à personne, du bénévolat, ça rapporte à l'être profond.

Secondement, il ne faut pas demander à une petite fille de 14 ans qui fuit une situation qu'elle trouve insupportable de penser que ses parents puissent s'inquiéter. À cet âge, on n'a pas la capacité de songer à ses parents comme des adultes peuvent le faire. Surtout si les parents ne sont pas attachants de la bonne manière comme le soutient Julie, ce qu'on verra dans son témoignage plus loin.

Je vais vous confier un secret que vous ne répéterez à personne ou bien le Québec tout entier me traitera de sans-coeur. Et ça me ferait mal au coeur d'entendre ça. Voyez-vous, le 31 mai 1957, je venais tout juste d'avoir mes 15 ans et ma mère se mourait dans la maison. J'étais alors en congé du pensionnat. Quand on avait diagnostiqué son cancer en février lors d'une opération inutile autrement que pour confirmer le prononcé de sa condamnation à mort, elle m'a dit qu'elle voulait mourir dans le mois de Marie (mai). Aussi, elle m'a dit qu'elle voulait mourir quand je serais à la maison. Le seul jour où elle pouvait mourir, c'était donc le 31 mai. Ce serait encore le mois de Marie et je serais à la maison depuis la veille pour le congé dit de l'Ascension.

Il faisait beau ce jour-là. Ma mère était grabataire et n'ouvrait même plus les yeux. Son souffle soulevait à peine sa poitrine. Et pourtant, après le repas du midi, je suis parti... jouer à la balle molle derrière le cimetière avec un groupe de jeunes.

Je n'étais pas un adulte. Je ne raisonnais pas en adulte. Je ne vivais pas en adulte. J'étais à l'âge du jeu. Qui me dira que c'était le comportement d'un enfant sans-coeur ? Sûrement pas les lecteurs de mes livres en tout cas, surtout d'Aurore. Toute ma vie, on m'a dit que je possédais une sensibilité peu commune pour un homme.

Et pourtant, ma mère se mourait et je jouais à la balle derrière le cimetière.

On ne peut pas attendre d'un enfant de 14 ou 15 ans ce qu'on est en droit d'attendre d'un adulte que diable !

Elle a rendu l'âme à 10 heures moins le quart ce soir-là. C'était le mois de Marie et j'étais dans sa chambre, près du lit. Et j'ai pleuré, pleuré et pleuré encore...

Mais dans l'après-midi, espèce de sans-coeur, je jouais à la balle derrière le cimetière.

Sabrina, vous dites que Julie aurait pu téléphoner. On l'aurait repérée et elle ne le voulait pas. C'était son choix. À un certain âge et peut-être même à tout âge, les parents n'ont pas la même valeur dans le coeur des enfants que les enfants ont dans le coeur des parents. C'est la nature qui veut ça. Et c'est aussi à considérer dans notre recherche de la vérité.

Enfin, vous parlez du médium qui a fait accourir tant de gens aux abords de la rivière Coaticook. Les parents furent les premiers à y croire, c'est donc dire qu'ils ne se voyaient pour rien dans la ou les causes de la fugue de Julie. Je ne suis pas ici en train de les juger défavorablement, bien au contraire. Cela me fait penser qu'ils ne se rendaient pas compte de ce qui s'était passé avec Julie. Avouez que ce dragage de la rivière Coaticook sur la foi d'un pendule relevait plus du désespoir des parents que de l'espoir !

Votre lettre, Sabrina, est respectueuse et vous êtes en droit de vous poser les questions que vous énoncez. Vous verrez plus loin que d'autres que vous posent les mêmes questions, mais dans la violence, la haine et la hargne. Tout n'est pas que mesure, douceur et bonté en ce monde...

~~~~~~~~~~~~~~~~~~~~~~~~~~

Le 4 septembre

« *Moi, j'aurais des tas de questions à poser à Julie. On n'abandonne pas ses parents comme ça. Elle comprendra quand elle sera maman à son tour. C'est de l'égoïsme pur et simple. Je lui botterais le cul... Imaginez l'enfer vécu par sa famille durant ces trois ans. En a-t-elle conscience au moins ? Au fond de vous, dans votre coeur de parent, approuvez-vous son attitude ? Il ne faut pas la prendre pour une héroïne, ça va inciter les autres à faire la même chose.* »

Huguette P.

Commentaire de l'auteur

En disant "*elle comprendra quand elle sera maman*", vous vous répondez à vous-même dans votre question de la phrase précédente : *On n'abandonne pas ses parents comme ça.* Si vous jugez qu'elle ne comprend pas, comment pouvez-vous l'accuser d'égoïsme pur et simple. Vous vous contredisez, chère Huguette.

Vous écrivez ensuite : *Imaginez l'enfer vécu par sa famille durant ces trois ans. En a-t-elle conscience au moins ?*

Vous êtes forte en supputations, Huguette. En effet, on ne sait pas quel enfer ont vécu les parents, on ne peut que l'imaginer. Et chacun aura alors sa propre vérité, pas celle des Bureau. Or, ils ne veulent même pas en parler. Ne venez pas me dire que c'est trop dur pour eux maintenant que le soi-disant enfer a pris fin.

"Je lui botterais le cul..." Huguette, Huguette, franchement... C'est ça, votre façon de faire comprendre quelque chose à quelqu'un ? Avez-vous éduqué vos enfants grâce à cette méthode plutôt... archaïque ?

Enfin, personne ne prend Julie Bureau pour une héroïne, mais je commence à penser qu'il faudra qu'elle le soit pour traverser la vie dans un monde qui lui est aussi hostile.

~~~~~~~~~~~~~~~~~~~~~~~~~~~~~

Le 4 septembre

‹‹ *Bonjour !*

J'ai lu aujourd'hui dans Dernière Heure l'histoire de Julie. J'ai bien hâte que le livre sorte pour surtout confirmer ce que je soupçonne. J'ai l'impression que cette jeune fille vient d'un milieu assez dysfonctionnel. Et même je pense sûrement qu'elle a dû être abusée par son père d'où son silence à lui. Je sais car j'ai déjà été dans la même situation qu'elle lorsque j'ai quitté la maison à l'âge de 15 ans. Mais mon histoire n'a pas fait de vagues comme elle. J'ai aussi été quelques années sans donner de nouvelles à ma famille. Par contre, elle savait que j'étais en vie, car j'avais gardé contact avec un ami proche. Donc j'espère que si c'est le cas, elle n'hésitera pas à porter plainte contre lui. Les médias se sont acharnés à faire d'elle une méchante et ses pauvres parents des victimes. Moi, je crois que c'est le contraire. Cette jeune fille semble très heureuse et peu importe si elle dit que son ami n'est pas son conjoint, ça, je ne le crois pas et elle fait bien d'attendre 18 ans pour ne pas le mettre dans le trouble. Moi, à 15 ans, je sortais avec un jeune homme de 33 ans (ça me fait rire maintenant, j'en ai 36). Donc je comprends leur histoire. Bref, la seule chose que je voudrais transmettre à Julie, c'est que si elle a été abusée de porter plainte. Ne pas attendre trop tard car mine de rien, ça finit toujours, toujours par nous ronger en dedans et ressortir plus tard. Merci de m'avoir lue et soyez sûr que je vais être la première à me procurer votre livre. ››

Nathalie T.

Commentaires de l'auteur

Non, mille fois non, Julie ne fut pas abusée par son père. Si les Bureau n'ont pas voulu participer à ce livre, je crois que c'est bien plus pour préserver leur image publique, source d'un immense capital de sympathie, que pour cacher des choses aussi sordides.

Le père est un homme travaillant. Aimable avec les gens, sauf avec moi, mais il avait ses raisons même si je ne les comprends pas. J'ai questionné Julie de toutes les façons à ce propos et elle ne m'a pas laissé l'ombre d'un doute sur la probité de son père. Les deux seuls reproches qu'elle lui fera dans ses confidences, c'est premièrement qu'il ne lui ait à peu près jamais parlé durant son adolescence, et deuxièmement de s'être laissé manipuler par sa mère. On verra au chapitre de ses confidences.

Les gens ont tendance à juger à travers leur propre vécu : ne tombez pas dans ce piège, Nathalie.

En dehors de cette problématique inexistante que vous soupçonnez, je crois que vous misez juste par le reste de votre lettre. Je suis d'accord pour dire qu'on a diabolisé Julie et divinisé ses parents dans les médias et partant chez le grand public. C'est ça, le Québec manichéen. On ne peut pas s'empêcher de vouloir transformer toute opposition en combat de coqs. On jouit devant la guerre tout en la condamnant et pourvu qu'elle ne nous atteigne pas. Voyez les téléromans, c'est de la chicane les trois quarts du temps et le public en dévore encore et encore. J'ai à quelques reprises proposé aux décideurs de la télé des textes fondés sur autre chose que la hargne et la colère, on m'a dit merci, ce n'est pas excitant. Et pourtant, 300,000 exemplaires de mes livres furent vendus malgré leur contenu presque vierge de querelles domestiques. Oui, j'ai couvert la guerre dans certains romans comme *Au premier coup de canon*, mais il s'agit là de réalités historiques et non des fruits de mon imagination.

Il y a diverses colères, je sais bien, mais ce serait hors contexte d'élaborer là-dessus ici.

Merci, Nathalie ! Comme vous visez juste en certains points de votre lettre !

Le 4 septembre

(J'ai choisi parmi beaucoup d'autres de publier la lettre qui suit comme un exemple de dureté extrême...)

‹‹ 1. *Comment peut-on être aussi cruelle envers ses parents ?*

2. Aurais-tu vécu l'inceste pour en vouloir tant à tes parents ?

3. Ton histoire est cousue de fils blancs avec Jean-Paul. Tu prends les gens pour des imbéciles ou quoi ? Serais-tu à la veille de dire que tu viens tout juste d'en tomber amoureuse ? Quelle fumisterie !

4. Désires-tu des enfants ? J'espère que tu ne donneras jamais la vie à un enfant. Ainsi, tu pourras être totalement libre de faire tout ce que tu veux et sans attache. Et tu ne vivras jamais le calvaire que tu as imposé à tes parents. Ils t'ont donné la vie et toi, tu leur as donné la mort. Et en plus une mort lente. Ils agonisent.

5. Tes parents devraient faire le deuil de toi puisque tu as fait le deuil d'eux. Et tu as le culot de leur demander des photos de ton enfance. La drogue t'aurait-elle brûlé les cellules affectives ? En tout cas, moi je souffre pour tes parents. Toi, tu as choisi et tu assumes bien tes choix. Tu as la dureté des femmes islamistes. Je te verrais dans une secte style raéliens ou les apôtres de l'amour infini ou encore Témoins de Jéhovah quand on demande de couper les ponts avec sa famille.

6. Est-ce que l'argent t'aurait délié la langue ? Toi qui désirais te retirer et ne plus parler en public... ››

Signé Aline L.

Commentaires de l'auteur

(Pour n'avoir pas à répéter les phrases virulentes de notre chère Aline, je vais répondre en me référant aux numéros de ses questions-jugements.)

1. Cruelle ? L'événement est cruel envers les parents sûrement, pas l'enfant qui fuit une situation qu'il ressent comme intolérable. Lui a le sentiment de sauver sa peau. Il n'y a pas de cruauté à chercher à sauver sa peau parce qu'on la croit menacée (moralement).

2. Inceste ? Aucunement. C'est déjà établi que non.

3. Se protéger n'est pas prendre les gens pour des imbéciles et ça arrive dans toute vie. Vous faites une supposition et vous déclarez ensuite 'quelle fumisterie ! comme si votre supputation était la vérité. Cela n'est pas honnête, Aline.

4. Julie déclare ne pas vouloir d'enfants avant au moins quelques années. Mais il aurait fallu voir son regard quand des voisins avec jeunes enfants se sont attablés dans notre entourage au restaurant. *J'espère que tu ne donneras jamais la vie à un enfant.* (Avez-vous évalué le degré de cruauté de votre phrase, Aline ? Vous en êtes, il me semble, incapable.)

Ils t'ont donné la vie... Quel enfant a jamais demandé la vie à ses parents ? Comme ce vieux cliché m'a toujours déplu.

Et toi, tu leur as donné la mort... Ils agonisent...

Hier, j'ai vu la maman de Julie sortir d'un magasin de vêtements du Carrefour Frontenac, les bras encombrés de paquets. Je n'y ai pas songé, mais vous m'éclairez, Aline, c'étaient peut-être les vêtements qu'elle a choisis pour se faire exposer. Cet avant-midi, je l'ai vue au comptoir des cosmétiques chez Jean-Coutu en face de chez moi. Encore là, c'était peut-être pour acheter le maquillage qu'elle veut porter dans son cercueil. Encore que c'est là généralement un choix des thanatologues. Mais voyez-vous, Aline, je n'ai vraiment pas vu madame Bureau comme quelqu'un en train d'agoniser dans le mail du Carrefour et à la pharmacie au comptoir des cosmétiques. Quel aveugle je fais !

5. *Et tu as le culot de leur demander des photos de ton enfance...*

Mais comment savez-vous cela, Aline ? Seriez-vous quelqu'un de l'entourage des parents ? On ne l'a déclaré dans aucun média, qu'on aimerait des photos de son enfance, ni Julie ou Jean-Paul, ni moi. Bizarre !

En tout cas, moi, je souffre pour tes parents.

Vous devriez commencer par souffrir pour vous-même, Aline, car je n'ai jamais vu pareille intolérance, pareille fermeture, pareille agressivité dans une lettre. Non, je me trompe, je l'ai lu dans une autre, mais elle ne paraîtra que vers la fin de ce livre, près de sa conclusion.

Tu as la dureté des femmes islamistes...

J'ignorais complètement que les femmes islamistes avaient pareille dureté. Je ne peux donc commenter cette phrase qui au premier abord me semble excessive...

Je te verrais... témoin de Jéhovah...

J'en connais qui n'aimeront pas vous lire, là, vous...

Est-ce l'argent qui t'a délié la langue ?

J'ai expliqué les motivations de Julie déjà... Si c'était l'argent en premier, elle aurait accepté bien d'autres offres que la mienne.

Tu désirais te retirer et ne plus parler en public.

Elle le désire toujours, mais pour y arriver, il fallait vider la question ou bien tout aurait toujours été à recommencer avec les médias assoiffés.

~~~~~~~~~~~~~~~~~~~~~~~

Le 8 septembre

« J'ai une question pour Julie. Pourquoi a-t-elle laissé ses parents dans l'inquiétude et l'incertitude pendant trois ans ? »

Réponse de l'auteur. C'est ce que ce livre essaie de faire comprendre en profondeur.

« Qu'ils aient les défauts qu'elle voudra, ce sont ses parents; elle n'a pas de coeur... »

Réponse de l'auteur. Je vous fais une réponse générale –qui ne vise aucunement les parents de Julie– à une prémisse que je considère fausse et dont vous vous servez pour conclure qu'elle n'a pas de coeur. Chère Édith, on ne peut pas tout tolérer de ses parents. Demandez à Aurore s'il vous arrive de traverser votre étroit miroir du monde matériel pour explorer un peu les vastes territoires du monde spirituel. Il est fini le temps où les parents se comportaient en propriétaires de leurs enfants. Les enfants possèdent leur propre vie. Il faut les guider certes, mais pas les conduire comme on conduit son auto. Et quand on fait des enfants, on a également le devoir de se donner la compétence de les élever le mieux possible. *Père et mère tu honoreras...* si père et mère sont honorables... Alors qu'ils aient les défauts

140

qu'on voudra... Édith, vous êtes dans le champ de patates...

« *Alors ne la traitez pas en héroïne !* »

Où avez-vous vu que je traitais Julie en héroïne. Est-ce parce que je cherche à circonscrire la vraie Julie Bureau, ce qui implique de ne pas la crucifier comme vous le faites sans l'entendre ?

« *Je connais Beauceville pour y avoir demeuré et il y a là la télé, la radio et les journaux...* »

Vous m'en direz tant ! J'ai bien vu des appareils là-bas, mais j'ignorais qu'il s'agissait de... téléviseurs. Ça se modernise, à Beauceville oh la la !

« *Elle savait que ses parents la recherchaient...* »

Entre vous et moi, elle n'avait pas besoin de la télé pour s'en douter un peu. Mais elle ne voulait pas retourner vers ce qu'elle considérait comme un *purgatoire* à Milan après avoir vécu *l'enfer* à Montréal puis avoir entrevu un morceau de *ciel* à Beauceville. Sa vie lui appartenait et continue de lui appartenir. Ou bien qu'on passe une loi pour dire : les enfants sont la propriété exclusive des parents.

« *Alors à d'autres ses mensonges ! Je ne suis pas une valise et elle ne me fera pas croire qu'elle ne savait pas.* »

Un être humain a le droit plein et entier de protéger ses choix, son bonheur, sa liberté. Et il appartient à ceux qui s'offusquent à croire qu'on les prend pour des valises de trouver au fond de la dite valise la jugeote pour comprendre et... sourire. La vie est si courte... Il faut rire avant que d'être heureux de peur de mourir sans avoir ri...

« *Elle n'a pas de jugeote. Quand elle aura des enfants, elle comprendra peut-être...* »

Après ce qui lui est arrivé, elle aura sûrement assez de jugeote pour se donner la compétence d'élever des enfants. Comme quoi encore "tout ce qui ne tue pas fait grandir".

« *Et lui, il était dans les vaps, ramasser une fille de 14 ans et la garder chez lui... un autre idiot...* »

Ceux qui ne pensent pas ou n'agissent pas comme vous sont des idiots pour vous... Ben coudon...

Jean-Paul est comme un petit garçon qui trouve au bord de la route un petit animal blessé, ensanglanté. En bon Samaritain, il le ramasse, l'amène chez lui, le soigne... Puis le petit animal s'attache par reconnaissance et n'a pas le goût de s'en aller. Et le petit garçon s'attache au petit animal qu'il a guéri et n'a plus le goût de le laisser partir. Tout n'est pas aussi simple et légaliste que vous le hurlez, Édith. Ni aussi bêtement adulte non plus.

Édith, un conseil : mettez donc une bonne dose de compassion dans votre valise et vous verrez la frustration en sortir et se sauver loin de vous. Vous serez bien plus heureuse grâce à la compassion que grâce à la frustration.

~~~~~~~~~~~~~~~~~~~~~~~~~~~~~~~~~~

Le 9 septembre

« *Je vais vous dire quelque chose que vous avez sans doute déjà entendu. L'argent que Julie fera avec le livre devrait aller aux gens qui l'ont cherchée durant ses 3 années de fugue. Je continue à dire qu'elle a mal agi. Ses parents devraient mettre leurs culottes... Il n'y a pas de raisons au monde pour justifier son geste. J'en reviens tout simplement pas. Son petit frère a dû avoir de la* } *peine.* ››

Huguette P.

<u>Commentaires de l'auteur.</u>

Tiens, tiens, voici Huguette qui récidive.

Je vous répondrai ce qui fut déjà exprimé et le sera en conclusion. Seulement en retombées $, l'affaire Julie Bureau aura été cent quarante fois plus profitable au Québec que ce qu'elle aura coûté. Et vous-même, Huguette, qui êtes tenancière de bibliothèque serez l'une des premières à en profiter car vous prêterez son livre ad nauseam et pourrez même le louer sans que ça ne rapporte plus de 2$ ou 3$ à Julie (et encore moins à André Mathieu) tandis que vous pourriez en retirer plus d'une centaine de dollars par année. N'est-ce pas une belle récompense pour vous, Huguette ?

Ou peut-être voudrez-vous prendre l'argent que le livre de Julie rapportera à votre bibliothèque pour l'envoyer aux gens qui l'ont cherchée durant les trois années de sa disparition ?

~~~~~~~~~~~~~~~~~~~~~~~~~~~~

Nous allons terminer ce chapitre qui fait le tour des récriminations envers Julie avec trois lettres qui lui sont favorables. Bien entendu, on a moins à dire quand on aime que lorsqu'on déteste.

Le 6 septembre

‹‹ *Bonjour. Si j'avais une question à poser à Julie Bureau, j'aimerais plutôt lui dire que j'admire la force que tu as eue de te battre pour survivre ! Je te souhaite*

143

une vie de bonheur et surtout... la tranquillité d'esprit.

Bonne chance ! ››

Marie-H.

~~~~~~~~~~~~~~~~~~~~~~~~~~~~~

Le 7 septembre

‹‹ *Bonjour.*

Ça va ? Moi, ça va bien. Bonne journée aujourd'hui. Alors pour Julie Bureau, je trouve... elle est très très gentille. Moi, je suis malentendant en Estrie. Elle est pas méchante. Tu peux dire à Julie salut, merci, bonne journée. ››

~~~~~~~~~~~~~~~~~~~~~~~~~~~~~

Le 8 septembre

‹‹ *Bonjour Julie, André et Jean-Paul,*

J'ai suivi l'histoire de Julie depuis le début. Je viens tout juste d'acheter la revue Dernière Heure et j'ai lu avec beaucoup d'intérêt les quelques pages de ton histoire; j'attends avec impatience la sortie du livre qui racontera ta véritable histoire de la fugue.

Julie, je suis un ex-professeur de la Montérégie à la retraite. Je suis le fils d'un Beauceron de Saint-Joseph, donc je suis un petit demi-jarret noir.

Je suis très heureux de pouvoir te poser une question.

Quand j'étais professeur, j'ai toujours aidé les élèves en difficulté en leur disant que l'avenir leur appartenait tout autant que les plus 'bollés' qui se croyaient toujours plus brillants que les autres, ce qui m'a valu bien de la reconnaissance de la part de ces étudiants en difficulté.

Voilà ma question.

"Quand tu étais au Secondaire, à la polyvalente de Mégantic, région que je connais en passant, à quel moment as-tu vraiment décroché dans tes cours et quel a été l'élément déclencheur qui t'a vraiment amené à détester l'école ? " (L'école doit être réinventée.)

Je sais que le livre qui sera en librairie à la mi-novembre dévoilera la raison qui t'a amenée à te réfugier chez ton protecteur de Beauceville. Pourquoi aussi avons-nous été autant mis dans l'inquiétude entre ta fugue et la découverte de ta belle 'cachette' ?

Julie, je te comprends et je ne veux pas te juger, mais j'ai très hâte de connaître ton histoire; dis-nous tout.

Dernier point. Mon plus grand souhait serait de posséder un livre de ton histoire avec une dédicace de ta propre main et celle de ton éditeur André Mathieu dont je suis un très fidèle lecteur (Je possède plus de 20 livres de lui.)

Julie, veux-tu demander à ton éditeur si le livre sera disponible dans la librairies des Galeries de Granby quand il sortira.

Julie, André et Jean-Paul, toutes mes salutations.

Clément L.

Commentaire de l'auteur.

Enfin une lettre compatissante ! Comme dirait Claire Lamarche : ça fait du bien ! Voici quelques réponses à votre courriel, Clément.

1. Félicitations d'être un demi-jarret noir ! Jean-Paul et moi en sommes des vrais à cent pour cent. Disons lui à cent dix et moi à quatre-vingt-dix...

2. Julie n'était pas une élève en difficulté et plu-

tôt une 'bolée' à l'école. Elle avait de très bonnes notes, mais ne recevait pas souvent de félicitations pour ça à la maison.

3. Vous avez posé les mêmes questions que d'autres, Clément, mais vous l'avait fait dans la bonne mesure, dans la douceur et la bonté d'âme. Relisez quelques courriels fielleux qui ont précédé le vôtre dans ce chapitre et vous serez édifié par la 'grandeur d'âme' d'une majorité...

4. *Julie, je te comprends et je ne veux pas te juger, mais j'ai très hâte de connaître ton histoire: dis-nous tout.*

Cette phrase mériterait de se trouver en couverture du livre si cela était possible. Que de coeur vous avez, monsieur ! Vous êtes un homme de paix, dispensateur de sérénité.

5. Pour avoir un livre avec dédicace, il vous faudrait être des nôtres au lancement à Mégantic en novembre.

6. Le livre, oui, sera disponible à la librairie des Galeries de Granby.

~~~~~~~~~~~~~~~~~~~~~~~~~~~~~~

Voilà qui mettra presque fin au chapitre **Juger Julie**.

Non, il n'est pas question dans ce livre de juger Julie Bureau, encore moins ses parents. Il est question de constater, d'analyser, de chercher la vérité, pas de prononcer verdicts et sentences.

En lisant tous ces courriels que je reçois et dont je n'ai publié que les plus représentatifs dans l'ensemble, j'avais l'impression forte de me trouver au vieux Far West au temps des cow-boys devant une foule en colère qui a le goût du sang, le goût de la corde, le goût de lyncher. J'en avais des frissons dans le dos. Que de peur chez les gens ! Je suis bouche bée, vraiment !

Et si vous ne partagez pas cette impression, il se pourrait bien que vous soyez au beau milieu de la foule devant le gibet...

Savez-vous qu'avant de contacter Julie (et Jean-Paul) pour l'écriture de leur livre, j'ai moi aussi 'songé' à une question pour elle. En fait, c'est une lettre que je me suis permis de composer dans ma tête pour elle et que voici, adressée à ses parents et postée anonymement quelque part dans une boîte postale de Québec, disons...

Mes parents,

Je suis vivante.

Je suis bien.

Je suis libre.

Je suis heureuse.

Je ne veux pas revenir.

Cherchez-moi pas.

Je suis bien loin du lieu où je poste ma lettre.

Je voulais vous rassurer.

Je vous reverrai quand je vas être prête.

La voilà, ma grande question, à moi, l'auteur André Mathieu, avant même que j'en vienne à penser à proposer à Julie d'écrire un livre sur sa vie extra-ordinaire.

Le loustic de Mégantic dont je parlais dans un précédent chapitre a en partie répondu à cette question. Julie elle-même y répondra plus loin quand elle se livrera en entrevue. Je dois dire que j'ai sondé beaucoup de gens et que bien peu y ont songé. On dit : elle aurait dû téléphoner. Et se faire aussitôt repérer. On dit : elle aurait dû écrire. Et aussi se faire repérer. La seule façon de ne pas l'être, ç'eût été de poster la lettre loin de Beauceville dans une boîte rouge anonyme...

Mais si des 'tonnes' de gens n'y ont pas songé, comment exiger d'une adolescente de 14 ou 15 ans qu'elle l'ait fait ?

Et vous, y aviez-vous pensé ? Dites-moi la vérité vraie, là !...

***

Chapitre 9

Propos et confidences

Nous y voici enfin !

C'est vendredi matin le 27 août. Dès mon arrivée chez Julie et Jean-Paul à Beauceville, je leur fais part de l'appel reçu de la part du père de Julie la veille. À chacun son tour. "Ça m'étonne pas du tout," de me dire Jean-Paul à qui je parle devant le garage sans que julie ne soit présente ni ne puisse entendre depuis l'intérieur de la maison où elle se trouve encore.

Quand elle sort pour nous rejoindre un bon dix minutes plus tard, je ne laisse pas la parole à Jean-Paul et répète à Julie ce que je viens de lui raconter. "Ça m'étonne pas du tout," dit-elle.

Peut-on dire ici, comme la mère de Julie le soutient, qu'il l'influence ? Ils ont pris les mêmes mots pour exprimer une même idée, un même sentiment, sans le savoir.

–Il va falloir que tu m'en dises pas mal sur ton

enfance et ton adolescence, Julie. Je pense à ta vie de tous les jours. En dehors de tout ce qui se rattache directement à ta fugue et ta longue disparition. Vas-tu pouvoir ? Je ne peux pas inventer, moi. Il va falloir que je rencontre tes amies de jadis. Que je leur parle...

Elle fronce les sourcils. Signe d'inquiétude. Signe de réticence. Un travail de persuasion s'annonce à ce chapitre. Il pourrait s'avérer plus complexe que celui de la convaincre d'écrire un livre. Ou même deux. Bon, je remets à plus tard. Ce jour-là, il y a une entrevue de fond avec Julie. Je vais tout enregistrer. Je serai fin seul avec elle dans la cuisine de la maison tandis que Jean-Paul sera questionné dehors par mon adjointe. Je suis pourvu d'une longue liste de questions. Et puis les gens de *Dernière Heure* vont s'amener quelque part vers la fin de l'avant-midi.

Il fait beau. Il fait bon. Moi qui suis certainement l'homme qui souffre le plus de la chaleur au Québec, je n'appréhende pas du temps au soleil excessif. La fraîcheur du matin est garante d'heures supportables à venir.

Nous avons donc pris place, Julie et moi, elle dos à la porte de patio et moi à sa droite. Je lui installe un micro-cravate et c'est parti, tandis que le bon Samaritain est déjà lancé depuis un bon moment dans toutes sortes de sparages et des éloquences qui se voient à travers la vitre par ses bras et ses mains capables de faire comprendre tout ce qu'il dit à un malentendant pas même féru du langage des sourds.

(Dans l'entrevue qui suit, on me passera l'entorse grammaticale par laquelle je ne vais pas ouvrir les citations par les « suivis de la majuscule. Voici un exemple. *Elle m'a dit : «Julie, appelle-moi ! »* On pourrait trouver dans le texte qui suit plus simplement: *elle m'a dit 'Julie, appelle-moi'.* Il s'agit de simplifier le texte qui est en fait un texte parlé à la base...)

André — *Ta date de naissance, Julie ?*

Julie — Le 2 décembre 1986.

André — *Où ?*

Julie — À l'hôpital de Lac-Mégantic.

André — *Où tes parents vivaient-ils alors ? Ils vivaient à Milan ?*

Julie — Non, ils vivaient à Nantes. Je m'en rappelle pas si ils vivaient dans un logement, à Nantes ou dans une petite maison, là. Ils restaient dans une petite maison blanche. C'est ça que j'sais pas... (rire désolé). Mais d'après moi, c'était dans un logement.

André — *Si tu connais pas la réponse, c'est pas un problème, j'suis pas un enquêteur. Je ramasse le plus de matériel que je peux pour écrire le livre. Ce que tu peux pas répondre, on passe par-dessus et on y reviendra ou ben on y reviendra pas.*

Julie — Ben... pas le choix, hey...

André — *Quel âge avait ta mère lorsque tu es née ?*

Julie — Elle avait 28 ans.

André — *Ton petit frère a 2, 3 ou 4 ans de moins ?*

Julie — 7 ans. 7 ans de moins. Ben ma mère, elle, sa fête, c'est le 1er décembre. Elle a eu 28 pis elle m'a eu le 2 décembre... 86.

André — *Ton père, il avait quel âge, lui ?*

Julie — Heu... je le sais pas s'il est né en 60 ou 61. Il avait 26, 27... Oui, oui, il est plus jeune que ma mère. Ma mère est née en 58. Lui, en 60 ou 61.

André —*Est-ce qu'il y a des photos... évidemment... bizarre de question... tu vas me dire oui, je le sais d'avance, mais en tout cas... Y a des photos de toi bébé... Y en ont en masse...*

Julie —Ben oui, y en ont en masse, eux autres (les parents)...

André —*(rire) on pourra pas les voir...*

Julie —Ben c'est ça, on pourra pas. Moi, j'étais pas sûre, j'ai dit peut-être qu'ils vont vouloir.

André —*Je vas peut-être jusqu'à mettre deux pages blanches au milieu du livre et écrire 'voici les photos de Julie bébé, une gracieuseté des parents'.*

(Il m'arrive aussi des moments de colère devant quelque chose que je ne comprends pas comme cet enfermement des parents dans un mutisme qui nuit à leur image bien plus qu'il ne la sert, surtout après qu'ils aient pris connaissance de ma lettre d'intention du 16 août.)

On n'a pas eu leur collaboration. Y avait deux héritages qu'ils pouvaient te faire, là. Comme je l'ai écrit dans la lettre. Un héritage de liberté...

Julie —O.K.

André —*En quelque part, c'est un héritage d'argent, là... Si ce livre-là te rapporte X milliers de dollars, c'est une forme d'héritage... C'est-à-dire que c'est pas eux qui te le donnent à même leurs biens et capitaux, mais en collaborant, ils auraient contribué à ça.*

Julie —Ah, mais eux autres, ils veulent pas...

André —*Ils t'aiment trop encore une fois, ça doit ben... Bon, j'ai écrit photos de toi avec eux... Tu sais, j'ai rédigé ces questions avant de recevoir le téléphone de ton père hier soir.*

Julie   —O.K. O.K. J'comprends...

André   —As-tu eu des maladies d'enfant ?

Julie   —Heu... des maladies d'enfant ?

André   —La varicelle, la rougeole...

Julie   —J'ai eu ça... attends un peu... qu'est c'est j'ai eu à part de ça... heu... Une gastro de temps en temps... À un moment donné, j'sais que j'avais été malade pas mal... j'faisais... j'm'en rappelle pus c'était quoi le nom... j'pense que c'était une amygdalite, de quoi de même. À un moment donné, ça a arrêté...

André   —Y a une chose qui est un peu plus délicate... Moi, j'trouve que c'est très beau chez toi, même charmant, mais des fois, les enfants, ça les complexe... tes taches de rousseur, est-ce que ça te complexait quand t'étais petite, ça ?

Julie   —Pas quand j'étais petite là... mais (rire) fait ben s'habituer... on peut pas changer ça...

André   —Non, non, mais...

Julie   —J'peux pas dire j'aime pas ça, là, mais... pas grave. Ça me dérange pus asteur. Mais avant, là, ça me dérangeait pas mal. Je me suis fait écoeurer souvent...

André   —Certains étaient méchants ?...

Julie   —Ah oui !

André   —Pourtant, c'est beau... As-tu un souvenir lointain de quelque chose d'heureux ?

Julie   —Heu... très loin...

André   —Tu m'as parlé de ton père qui te prenait dans ses bras pour accrocher l'étoile dans l'arbre de Noël...

153

Je l'ai écrit dans la lettre à tes parents...

Julie   —Ouais...

André   —J'sais pas si tu t'en souviens...

Julie   —Je m'en souviens pas (de la scène). C'était sur des photos... Je l'avais vu sur des photos. Heu... Hey monsieur... Du plus loin que je peux remonter, là ?

André   —Oui, oui, oui...

Julie   —Me souvenir de même...

André   —Pas grave... Souvenir malheureux...

Julie   —Malheureux ? Dans... quel âge à quel âge ?

André   —Le plus loin que tu peux aller... 7, 8 ans...

Julie   —Ça été plus ma m... ça été plus après que mon frère est né, là. C'est là que ça a commencé.

André   —Le... harcèlement de ta mère, là ? (Il fut question de ce harcèlement dans un entretien préalable et je ne mets pas la parole dans la bouche de Julie qui y fait allusion d'elle-même.)

Julie   —Ouais. C'est là que ça a commencé.

André   —Y a des grosses patentes là... J'vas te donner un exemple... moi, j'ai eu mon beau-frère, j'avais 5 ans, qui est décédé... dans un accident, la tête écrasée par un camion... j'ai vu ça dans la rue... c'est un souvenir malheureux et frappant... qui reste même si t'as rien que 5 ans... mais t'as pas eu de gros événements comme ça...

Julie   —Non...

André   —*En passant, c'est... ça devrait venir plus loin, mais... j'te dis ça parce que je suis allé, ça fait une couple de jours, sur le chemin de la Yard en revenant de*

Montréal... (chemin où habitent les parents de Julie)

Julie   –Ah oué ?!

André   –J'ai situé la maison... Tu devais t'ennuyer là... isolée... c'est isolé...

Julie   –Oui, c'est sûr... mais j'avais, j'avais quelques amis, mais j'avais pas le droit d'aller les voir. Ça fait que... c'était juste eux, là... Je m'en rappelle, je prenais une marche dans le rang pis ma mère, elle me suivait en auto.

André   –Effectivement... tu m'avais dit ça...

Julie   –Fait que... J'avais pas de liberté... tu sais... C'est sûr... J'vas voir des amies, de quoi de même, c'est dur. J'avais une amie, j'me rappelle, elle restait... le rang de la Yard, il débouche sur la 161 pis juste en face, mon amie restait dans le fond de ce rang-là... le rang, j'pense que c'est la Languette... pis des fois j'allais pour la voir, fallait que je pédale... je prenais mon bicycle à pédales... hey, c'est loin en tabarouette... peut-être dix, douze kilomètres, là... j'pédalais, j'pédalais... mais j'avais pas le droit de la voir. Ça fait que... en tout cas...

André   –Est ce que t'as... pas grave si tu réponds pas ou si tu sais pas la réponse... As-tu le sentiment que tu pleurais... pas beaucoup, beaucoup ?

Julie   –Beaucoup !

André   –Ah ?

Julie   –Une journée que j'pleurais pas là, y avait quelque chose de bizarre. C'était pas normal.

André   –Est-ce que selon toi, t'avais une bonne santé, enfant, relativement une bonne santé ? À part les quelques petites maladies ?

Julie   –Ah oui ! J'étais correcte. La santé, oui...

André —Est-ce qu'il t'arrivait... puis ça... tu me le dis, y a pas de problème... confiance que je vais savoir quoi faire avec ça... je te pose la question parce moi aussi, je m'en pose des questions sur ce que j'ai vécu... moi (rires) je piquais des crises de colère quand j'étais enfant... une ou deux par année, mais des 'maudites'... Ça t'arrivait-il, toi... ou non, jamais ?

Julie —Heu... oui, c'est sûr que ça arrive. Parce que voyons, ça aurait pas été normal, là, de... Si tout avait été normal... mais quand je pétais une crise, au lieu de fesser sur quelqu'un, je m'en allais dans ma chambre pis j'pleurais. C'est ça que j'faisais. He... parce que j'pouvais pas rien faire... j'pouvais pas essayer de parler à maman... j'y parlais pis elle comprenait pas... j'arrivais, je me refermais pis je m'en allais dans ma chambre...

André —Et tout ça, c'est devenu évident après la naissance de ton frère... j'me souviens plus de son nom...

Julie —Dany. C'est là que ça l'a changé.

André —He... t'as fait la maternelle...

Julie —Oui.

André —Où ?

Julie —À Nantes, à l'école primaire, là...

André —Aimais-tu ça ?

Julie —Oui, j'aimais ben l'école.

André —Te souviens-tu de certains professeurs que t'as eus ?

Julie —À la maternelle, attends un peu... c'était une Margot quelque chose... En première année, ça été Nancy... Nancy qui, je le sais pas, elle est grassette. En deuxième année, c'était Sylvie...

André —Est-ce que tu gardes des bons souvenirs ?

Julie   —Ouais ! Ouais, à l'école, j'aimais ça. Surtout, oui, au primaire, oui. J'avais des amies pis tout ça.

André   —Te souviens-tu de ta première journée quand t'es partie quand on t'a reconduite à l'école maternelle. As-tu des souvenirs ? Étais-tu triste ? Avais-tu peur ? Y a beaucoup d'enfants qui pleurent comme tu sais...

Julie   —J'peux pas vous dire, j'm'en rappelle pas. Mais j'sais que j'aimais ben l'école.

André   —Jeune donc, avant la polyvalente, dans ton enfance, t'avais des amies que t'aimais bien ?

Julie   —Oui, oui, j'avais pas mal d'amies.

André   —Et qui étaient de Nantes et qui allaient à l'école avec toi ?

Julie   —Ben Milan aussi là...

André   —Je vais revenir avec les mêmes questions plus tard.

Julie   —O.K.

André   —T'aimais ça jouer comme tous les enfants.

Julie   —Oué... (rires) Ça, c'est sûr.

André   —Tu jouais à quoi... différents jeux...

Julie   —Ah... Barbie... n'importe quoi, là... (rires) je le sais pas.

André   —T'as jamais manqué de rien à la maison... des jouets, t'en as eu autant que les autres enfants. T'as jamais eu aucun problème du côté matériel.

Julie   —Non... he...

André   —T'as toujours bien mangé...

Julie   —Ah oui, ça, le manger... oui...

André   —T'as toujours été habillée correctement...

Julie   —Ouais... habillée, là... en tout cas... Ben mettons à part ça, oui, c'était correct...

André   —Qu'est-ce que tu veux dire par 'ouais'... tu veux pas aller plus loin ?

Julie   —Ben... l'habillage... Ma mère, comment j'te dirais ça... elle a commencé à travailler dans une boutique de linge... j'étais en Secondaire 1 ou Secondaire 2... j'pense que j'étais en Secondaire 1...

André   —Le Vagabond où elle travaille encore (au Carrefour) ?

Julie   —Ouais... si elle travaille encore là, je le sais pas. Pis... elle disait... pis ça c'est commencé en sixième année. Je vas tout le temps m'en rappeler. Comment j'te dirais ça... Elle me sortait du vieux linge. Pis je grandissais tout le temps, un enfant, ça grandit tout le temps. Pis y a du linge qui me faisait plus. Là, j'y disais... pis là, elle me sortait des gilets, toutes sortes d'affaires... Chaque fois que j'arrivais à l'école, y avait tout le temps de quoi de pas correct. Genre... mes shorts étaient trop courtes ou ben mon gilet, il avait... Y avait tout le temps de quoi. Pis là, j'y disais : maman, crime, pis je sais... en tout cas, sont pas riches, riches, pis tout ça... pis j'essayais de comprendre. Pis là, après ça, j'ai... quand elle s'est mise à travailler à la boutique de linge, elle a dit : ah, suis donc contente, ça va être le fun, tu vas pouvoir venir magasiner avec moi parce qu'elle travaillait là pis qu'il y a des rabais, là, pour les personnes qui travaillaient là. Pis ah, elle a dit ça va être le fun peut-être j'vas pouvoir t'acheter un petit morceau de linge à chaque mois pis en tout cas. Elle mettait ça beau pis tout. Ça fait que ah, mais j'ai dit c'est le fun. Pis en tout cas, quand elle a commencé à travailler, là, hey monsieur, ça été spécial. Elle 'flaubait' pas mal de ses payes dans du linge pis tout ça. Tu voyais que sa garde-robe était pleine. Moi, je m'en rappelle...

André   —Pour elle-même...

Julie   —Oui, oui, oui... Moi, j'm'en rappelle, en tout cas dans ma garde-robe, c'était... j'avais 2, 3 paires de culottes. À la polyvalente, j'portais tout le temps la même affaire. Tout le temps, tout le temps, tout le temps... J'avais 2, 3 paires de culottes, là, peut-être 2 gilets, pas ben ben... C'est quoi j'allais dire, donc... Quand elle avait quelque chose... à un moment donné, j'vas tout le temps m'en rappeler, ça m'avait fâché, là, j'y demandais : maman, passe-moi ta chemise, passe-moi quelque chose... tu sais j'aimerais ça changer de linge un petit peu pis tout ça. Là, elle disait non, non, j'veux pas que tu touches à mes affaires. Fallait pas que j'y touche parce que... si j'prenais un morceau de linge, elle allait à l'école pis elle allait me l'ôter Ça marchait de même. Fait que... ben la passe des souliers, j'te l'avais contée.

André   —He... quelqu'un me l'a contée, mais c'est pas toi, j'pense.

Julie   —Ah oui ? Quelqu'un vous l'a contée.

André   —Quelqu'un me l'a contée à Mégantic.

Julie   —C'est qui qui vous l'a contée ?

André   —T'avais pas pris supposément les bons souliers...

Julie   —Ah oui, oui... j'vas vous la reconter tantôt...

André   —Et elle est allée à l'école pour te faire changer de souliers...

Pause...

André —*Quelqu'un nous a dit que... (j'sais pas si c'était une façon de te purifier, je connais pas grand-chose là-dedans) qu'elle mettait de l'eau de Javel dans ton bain.*

Julie —Ouais, ouais... mais attends un peu, je peux-t-il finir avec ma passe ? J'en ai assez à conter qu'à un moment donné, on perd des bouts. Pis ouais, c'est ça. Pis là, à un moment donné, ça je m'en rappelle... c'est pas grand-chose, mais c'est parce que c'était fâchant. Ben c'est ça, j'pouvais pas rien faire pis tout. Pis à un moment donné, elle dit... j'étais dans le sous-sol... parce que la moitié du sous-sol est finie. Pis là, elle descend en bas pis dans la moitié des marches, elle dit : Julie, j'peux-tu prendre ta paire de culottes. C'était quasiment la seule paire de culottes que j'avais... des beaux pantalons là... ils étaient verts... Elle dit : pourrais-tu me les passer ? Ah, j'ai dit : ben non, tu me passes jamais de linge, toi, pourquoi je t'en passerais, là. J'ai deux paires de culottes, là, pourquoi que tu les veux ? J'ai dit non, je te les passe pas. Là, elle descend en bas, elle les avait sur le dos. Ça m'a fâchée. Elle est partie à rire. Ah oui, ça, c'est vrai... y a des affaires qui me remontent. Pis je m'en rappelle pas... Comme l'eau de Javel. Tu vois quand la personne m'a dit ça, j'ai dit : c'est vrai. Mais je l'avais pas conté. C'était dans ma tête, mais ça remontait pas en surface. Y a des affaires que je me rappelle pas tout de suite.

À un moment donné, j'avais un manteau d'hiver. Pis ça faisait... j'pense qu'elle m'avait acheté ça, j'étais en troisième ou en quatrième année du primaire. De quoi de même. Pis là j'ai dit... en Secondaire 2, j'ai dit là maman, faudrait que je change de manteau d'hiver. Le mien est troué. Il commence à être taché. Il était magané. Elle m'a dit : non, on n'a pas d'argent pour ça. Mais tu sais, je la voyais, elle, en tout cas... elle s'habillait pas mal, là. Bon, fait que bon, j'ai dit voyons... Bon à un moment donné quand ils m'ont envoyé au collège... pis là, je l'ai su par après qu'ils ont emprunté, qu'ils ont emprunté cinq ou six mille piastres pour m'envoyer au collège... J'ai dit maman, tu vas m'expliquer quelque chose : t'as six mille piastres pour m'envoyer au collège, mais t'as pas cent piastres pour m'acheter un manteau d'hiver. J'ai dit : comment ça. Peux-tu m'expliquer ça? J'ai dit là, j'vas avoir froid cet hiver : peux-tu m'expliquer ça. Elle répondait pas. En tout cas. Je l'ai dit par deux trois fois, j'ai dit maman... Je le sais pas ce qu'elle veut...

À un moment donné, ça, c'était grave, je vas te le conter. À un moment donné, on est allé magasiner à Sherbrooke pis je les ai encore, ces culottes-là. Pis y avait j'pense que c'était deux... j'pense une paire de culottes vertes pour 25 $, de quoi de même. La laine était pareille. C'était des belles culottes, je les ai encore. Pis elle dit... parce qu'il fallait que je m'habille, j'avais pus de linge... elle a dit : achète-toi une paire de culottes pis elle dit : moi, je vas t'en acheter une autre. Tu sais... sont beige pis j'en avais des bleus pareils à la maison... Pis là, à un moment donné, j'ai vu une camisole pis elle coûtait pas cher, 5 ou 10 piastres. J'ai dit maman, j'ai dit : check ben la camisole, j'ai envie de me l'acheter. Elle m'a dit : pas de trouble. Là, ça reste de même, j'étais tout contente. Pis je les aimais pas ben ben, les culottes qu'elle m'avait achetées. Mais en tout cas. Là, je mets ça dans sa chambre pis là, j'pars pour mettre ma camisole... pis en tout cas mes culottes, tout ça. Elle dit : non, tu mets pas ça. J'ai dit : comment ça ? Mais elle dit : tu me les as pas payées. J'ai dit : voyons, maman, tu sais ben que j'travaille pas. Comment veux-tu que je te les paye. Des fois, je gardais des enfants pis tout ça, mais j'en avais pas. Elle a dit là, tu vas garder ton frère, elle dit pour 0,50¢ de l'heure pis tu vas laver les murs pour 0,25¢ de l'heure. J'ai dit : voyons, maman, j'vas en avoir pour comment de temps pour payer ça. Elle a dit : ça, je m'en fous. Qu'est-ce que je veux, elle a dit je veux que tu me payes tes affaires. Pis tes culottes pis ta camisole... elle avait ôté ma camisole... elle me l'avait ôtée un mois ou deux facilement après que je l'aie achetée... Elle l'avait accrochée dans sa chambre. Ah, pis là, je savais que si je la mettais, elle reviendrait la rechercher à l'école. Ça, je le savais. Ça, c'était de même, là. Fallait pas que... Ça fait que là, je mettais mes vieilles affaires. J'avais pas le choix. Ça, c'est une passe. C'est pas important, là, mais c'est une passe.

André   –C'est-à-dire que c'est pas important en soi, mais quand tu fais la somme de toutes sortes de choses semblables plus leur attitude depuis que t'es revenue, ça parle. C'est toutes sortes de choses qui ensemble parlent...

Julie   –C'est pour ça que je le conte : j'veux que ça arrête.

André   –He... y avait... tant qu'être là-dedans, y avait un troisième fait... Ah, les yogourts...

Julie   –Ouais.

162

André —*Quelqu'un a dit qu'elle te défendait aussi de manger des yogourts à cause des bactéries. Ça te dit rien ? Aurait-elle pu dire ça à quelqu'un ? Est-ce qu'elle t'empêchait de manger des yogourts ?*

Julie —Elle en faisait des yogourts à la maison.

André —*Donc c'est pas vrai, c'est du placotage.*

Julie —Peut-être un bout de temps qu'elle a dit ça... mais quand, j'peux pas te le dire. Mais je sais qu'elle en faisait un bout de temps. Ça, je le sais.

André —*On était toujours dans l'enfance. Les animaux, t'as l'air d'aimer les animaux, ça devait être la même chose, j'imagine.*

Julie —J'pouvais pas en avoir, ma mère pis mon frère sont allergiques. Pis aujourd'hui, ils ont une petite chienne. J'comprends pas.

André —*T'aurais aimé en avoir.*

Julie —Ah oui ! ! J'aimais les chats. Les chats, là, hey... Dans ma chambre, j'avais juste des posters de chats pis c'était épouvantable. J'en voulais un, pis à un moment donné, à ma fête, suis arrivée pis y avait un chat sur le divan. Je capotais. Il était tout petit. Pis après une journée ou deux, sont allés le reporter parce qu'ils étaient allergiques. Pis à un moment donné, j'ai eu des oiseaux. A fallu s'en débarrasser, ça itou.

André —*Le chien est arrivé quand ? Le chien qu'on voit sur les photos ? Étais-tu là encore ?*

Julie —He... quand quand suis partie, là, ils se sont achetés un petit "Poméranien". Je sais pas si c'est le même. Il s'appelait Nicky. Pis là, ils en ont un autre, elle s'appelle Miquette. Pour moi, c'est pas le même.

André   –J'pensais que c'était un Labrador sur les photos. C'est pas ça ?

Julie   –Hein ? Non, non, lui qu'ils ont là, c'est un petit 'Poméranien, de quoi de même. Mais en parlant de Labrador... mon père itou, il veut un chien. Il avait acheté un chien. Un Labrador beige. Il avait un an. Il était assez gros, tu sais. Pis on l'avait attaché après la remise, là, en arrière. T'as la maison, pis t'as... pis quand on s'approchait de lui, il sautait sur nous autres. Pis là, à un moment donné, je vas tout le temps m'en rappeler... je jouais, je jouais aux blocs lego avec mon frère. À un moment donné, j'entends paf, un coup de fusil. J'ai dit voyons, c'est quoi qui se passe. J'ai sorti pis j'ai demandé à mon père : c'est quoi qu'il se passe. Il m'a dit : j'ai tué une mouffette. Là j'arrivais où le chien, le chien était pus là. J'ai dit papa, j'ai dit c'est quoi qu'il s'est passé ? Ça fait que là, je voyais l'auto à mon mon oncle qui était où le fossé là. J'ai dit voyons, qu'est-ce qui c'est passé ? Le chien s'était détaché pis il avait été dans le chemin. Y a une auto qui l'avait frappé. Colonne cassée. Mon oncle, il tiré dessus. Ça fait que mes expériences avec les animaux, là... l'enfer...

André   –Heu... te souviens-tu que tu rêvais d'évasion... de t'en aller...

Julie   –Souvent...

André   –*De regarder... y a pas de montagnes qu'on voit de chez vous, mais... souvent y a des jeunes qui regardent une montagne et se demandent ce qu'il y a de l'autre bord et qui veulent partir...*

Julie   –Ça faisait longtemps que je voulais partir. J'ai prié longtemps. Pour partir. Pour être ben. Ça... ah oui, j'ai prié longtemps.

André   –*Aimais-tu ça, les fleurs ?*

Julie   –Oui, oui... (rires). Comme d'autre chose.

André   –*Arrivons à la polyvalente. De Mégantic évidemment. Montignac. Ils disaient dans La Tribune... tes parents... que tu n'aimais pas aller à la polyvalente. Un, est-ce que c'est vrai. Deux est-ce que ce fut tout le temps que tu as été à la polyvalente ?*

Julie   –Non, j'ai tout le temps aimé l'école, moi.

André   –*Le...*

Julie   –J'ai tout le temps aimé l'école. J'étais bonne à l'école. En Secondaire I, je me rappelle, j'avais une matière... j'étais "bolée" là... "bolée" vraiment... je l'dirai pas trop parce que j'veux pas me vanter. La première étape de l'année... t'as quatre étapes... c'était à la fin de l'année, en tout cas, j'avais 100% dans mon étape... Ma moyenne à la fin de l'année –j'étais enrichie partout– j'pense que c'était 98 ou 99. Alors j'étais contente. J'arrive à la maison. Je dis ça à ma mère : j'ai eu 100% à mon étape. C'est plusieurs examens. J'étais assez contente. Elle dit platement : c'est le fun. J'ai dit : tabarouette ! Mes chums de fille, quand elles avaient 60%, leurs parents, ils viraient fous. Moi, j'dis que j'ai eu 100%; elle dit c'est le fun. J'ai dit maman 'check'... j'avais mon bulletin dans les mains, j'ai dit 'check' comment j'sus bonne à l'école. Elle s'en foutait. Elle... en tout cas, je vas te conter d'autres passes tantôt à propos de l'école... elle, j'aurais lâché l'école pis ça aurait fait son bonheur. Elle s'en foutait là. Elle s'en foutait comme de l'an quarante.

Pis en Secondaire 2, c'est ça. Ça s'est détérioré.

Quand ça marchait pus. Pis j'me rappelle quand j'arrivais, je me levais le matin et je me disais : là, c'est le fun, là, je m'en vas à l'école. Là, je vas voir mes amis. Pis enfin, je vas sortir d'ici. Quand j'arrivais pour prendre l'autobus le soir, tu sais, j'aimais ça parce que je voyais encore mes amis mais quand j'étais pour débarquer, j'me disais : j'ai hâte que ça recommence. La fin de semaine arrivait pis je disais : maudit que c'est plate. C'était de même que ça marchait.

André —*Pouvais-tu sortir les fins de semaine ? La petite fille de Mégantic qui a parlé de l'eau de Javel, elle a dit ça... elle a dit que tu étais tenue comme prisonnière à la maison...*

Julie —Non, j'pouvais pas sortir pantoute.

André —*Donc tu te sentais quelque part isolée par rapport aux autres parce que les autres pouvaient sortir et toi tu pouvais pas.*

Julie —Mets-en ! Hé...

André —*Y a-t-il des professeurs qui t'ont laissé un souvenir de la polyvalente ?*

Julie (Moue)

André —*Pas beaucoup. C'est pas grave. Si ça te vient pas spontanément, ça veut dire que pas un n'a été marquant.*

Julie —Ben moi, un professeur en tout cas que j'ai ben aimé, c'était la professeur de sciences physiques. Pis justement la passe des souliers, là, ben c'était elle, le professeur. Elle était là. Son nom, je te dirai si tu veux l'interroger, je le sais pas si elle s'en rappelle... Le matin. L'autobus a passé. Là, j'étais en train de me brosser les dents. Pis il avait mouillé le matin dehors. J'ai dit : faut que je me dépêche. Là, là, je voyais l'autobus. J'ai mis ma brosse à dents là. Là, j'ai pris une paire de souliers. C'était les souliers à ma mère. Moi, c'était des 8, elle c'était des 9. La pointure, c'est la seule différence. Ça fait que je prends ces souliers-là pis je m'en vas. Là, j'étais en pieds de bas. Fait que là, les pieds de bas, tu sais, ils étaient mouillés, ça fait que là, j'ôte mes bas dans l'autobus pis je mets les souliers. Fait que là, j'arrive à mon premier cours le matin –c'était le premier, oui parce qu'à la récré, je l'avais dit à une de mes amies– premier cours, je m'en rappelle, j'étais un petit peu en arrière de la classe, tu sais comme l'avant-dernière, pis je parlais avec un gars, j'étais dévirée en arrière... Pis là, à un moment donné, je me dévire, pis je vois une fille, pis elle me regardait la bouche grande ouverte pis elle était là en voulant dire il se passe de quoi. Là, j'avance pis je dis 'quoi c'est qu'il y a' ? Elle me fait signe : check en avant. Hé Seigneur, je checke pis ma mère était là. Là, elle me fait un 'speech'. Elle a fait un 'speech' là de quinze à vingt minutes facilement. En tout cas un vrai show, là. Un vrai de vrai show. Elle dit : bon, devinez c'est qui qui me ressemble dans la classe pis tatata. Pis là elle dit m'a tout vous conter le petit spectacle que ma fille m'a fait à matin.

André   *–Ah, devant les élèves, ça ?*

Julie   –Ben oui ! Ben oui ! Hey, la professeure, là, de sciences physiques, elle était emmanchée de même sur son bureau, la bouche ouverte. Elle en croyait pas ses oreilles. À un moment donné, j'ai dit maman, là, sors. Là, j'ai dit on va régler ça dehors. Hey, j'avais-tu honte, là, tu penses ! Elle contait tout, tout, tout... Pis là, c'est ça, j'ai dit sors. Pis là, elle voulait pas sortir. Je l'ai accrochée par le manteau, j'ai dit sors, j'suis pus capable. Ça fait que là, elle sort dehors. Là, je ferme la porte et je lui dis : pourquoi t'as fait ça, là ? C'est quoi ça t'a donné de faire ça, là ? J'ai dit 'pourquoi que t'as monté à Mégantic premièrement ? Elle me dit 'j'allais travailler.' Ça, c'était pas vrai. Quand elle allait travailler là, elle s'habillait vraiment chic. Là, elle était habillée pareil comme si elle allait laver les planchers. Du vrai linge de semaine. Tout pour me faire honte... Ben j'lui ai dit : pourquoi que tu m'as fait ça ? Elle a dit : j'allais travailler. Ça fait que là, le soir, là, mon père, il était assis à table... Mon père pis moi, on se parlait jamais. C'est vraiment rare qu'on se parlait. J'ai dit papa, sais-tu ce qu'elle a fait, elle ? Elle est venue me voir dans ma classe pis elle m'a fait honte devant tous les élèves. Pis il a continué à manger. Ça l'a pas stressé pantoute. Pis au bout de deux jours, la professeure, là, j'pense que c'était Josée Morin, son nom, là, elle faisait de la surveillance du bord du Secondaire 1. J'suis allée de ce côté... elle m'a dit : Julie, viens donc ici. Je m'en vas la voir. Elle a dit ouais, ta mère là, ça l'air d'être quelqu'un de spécial. Ça doit pas être facile de vivre avec quelqu'un de même. Ben là, j'avais honte, moi. J'ai dit 'c'est ma mère, c'est quoi que tu veux que je fasse'. Elle a dit 'si tu veux en parler, je vas être là.' Ça, c'en est un témoin...

André   —*Pas besoin de ben ben des témoins... La passe des souliers, c'est connu... Des gens en parlent... En as-tu d'autres qui te viennent tout d'un coup ?...*

Julie   —Ouais... J'en ai une autre. Ça s'est passé encore en Secondaire 2. Le matin, c'était l'hiver de quoi de même. Elle voulait pas que je me maquille.

Je lui ai dit 'maman, crime, laisse-moi me maquiller, j'fais pas de mal à personne'. C'est comme si je voulais m'habiller, ben en tout cas. Ça fait que là, là, j'arrive pis je me maquille tout. Elle dit non, tu prends pas l'autobus à matin. J'ai dit 'maman, j'ai deux examens à matin... maths pis sciences physiques, deux examens de fin d'étape. Si tu passes pas ça, là, tu passes pas ton étape. J'ai dit 'j'ai deux examens de fin d'étape avant-midi, pis les deux autres périodes après-midi, c'est pas grave si je les manque. Elle dit ' tu prends pas l'autobus pareil.' J'ai dit 'voyons, maman, je vas manquer ça, là, j'peux manquer mon année à cause de ça.' Elle s'en foutait comme de l'an quarante. Elle m'a jamais fait prendre l'autobus. Ça fait que là, j'étais déprimée. J'ai dit 'comment je vas faire pour reprendre ça pis tout là ?' Pis là, le midi, je dis ça à mon père. Je dis 'papa, elle m'a fait perdre deux examens, j'peux manquer mon année à cause d'elle, juste parce qu'elle voulait pas que je me maquille.' Ça fait que là, le midi, est venue me reporter à l'école. Finalement a fallu que je reprenne les examens après les heures de cours pis j'ai eu du trouble. Elle m'a fait manquer ces examens-là. Elle est venue me porter pour les deux cours qui étaient pas importants. En tout cas. Ça, c'en est une, une autre passe. À part de ça, là...

André   –Si y en a d'autres qui te reviennent, tu les notes. On va faire d'autres entrevues, ça, c'est sûr... Je dois te poser la question... Consommais-tu un peu à la polyvalente.

Julie   –J'ai pris à peu près 2 ou 3 joints dans ma vie. J'étais pas quelqu'un qui consommait là. Pas pantoute.

André   *–C'est pas le scandale du siècle. Deux présidents américains ont fumé des joints : Bush et Clinton.*

Julie   –Ah oui ?! (étonnement et rires) Ben ça, je le savais pas. J'ai essayé ça comme tout le monde. (Ici, Julie exagère car André Mathieu n'a jamais essayé ça de toute sa vie.)

André   *–La cigarette ?*

Julie   –Oui. Un bout de temps, oui, je fumais. Ça, c'en est d'autres passes, oui. Là, j'en ai à conter, c'est l'enfer. À un moment donné, mes parents, ça, c'est ma mère, elle m'a donné la permission de fumer. Elle dit 'je vas t'acheter un paquet par semaine'. Pis à un moment donné, elle a dit 'clac, j'arrêta ça, ça coûte trop cher, c'est de la paille..." À un moment donné, le dernier été que j'étais là, mon père, il faisait une clôture autour d'un lac en arrière de la maison. Ma chambre, elle donnait en arrière. Y avait une fenêtre d'ouverte. Il dit 'Julie, viens icitte, je veux te parler.' J'ai dit 'caline, pour qu'il me parle, lui, faut qu'il se passe de quoi'. Ça fait que je m'en vas le voir. Fait que là, il dit 'ouais, j'ai pensé à ça pis tout ça... il dit je le sais que t'aimes ça faire du sport, pis tu sais tout ce que ça fait, la cigarette : t'auras pas de souffle, t'auras pus de souffle. Il dit ' veux-tu vraiment fumer' ? J'ai dit 'oui, je veux fumer'. J'ai dit 'j'ai le droit pis tout ça'. Il dit 'O.K., il dit je vas te donner le droit pis tout ça. Ça fait que j'ai dit 'c'est beau'. Ça fait que là, il me donne une cigarette. Pis là, plus tard, je vas m'acheter un paquet au dépanneur. Là, je reviens... en même temps, j'avais une chicane avec ma cousine... il m'ôte le paquet de cigarettes. Il dit là, je vas te le redonner quand tu vas rappeler ta cousine pis que ça s'ar-

170

range. J'ai dit ' c'est beau'. Là, je rappelle ma cousine. On se parle pis tout ça. Et là, j'ai dit 'papa, redonne-moi mon paquet.' Il dit 'non, j'te le redonne pas'. J'ai dit 'pourquoi'. Ah, il dit ' ta mère, elle veut pas'.

André   —*Entre parenthèses, tes parents fument-ils ?*

Julie   —Mon père fume. Ma mère fume pas...

(Pause pour tourner la cassette d'enregistrement.)

Julie   —Mon père... On s'avait chicané moi pis ma mère le matin. Mon père, il travaillait dans le bois, il bûchait dans le bois. Pis là, en tout cas, est arrivée pis elle m'a fessé. J'm'en rappelle pus comment que ça commencé, elle est arrivée pis elle me fessait. Dans ce temps-là, elle s'entraînait dans un gymnase, là, pis elle commençait à être forte, là, t'sais. Une claque dans face, à un moment donné, ça vient que ça fait mal. J'ai dit arrête. Là suis arrivé pis je me suis débattue. Là, suis arrivée pis je l'ai pas fessée, je l'ai accrochée juste un peu de même. Là, elle m'a regardée, elle a dit 't'es rendue que tu fesses ta mère'. J'ai dit 'es-tu malade, toi, j'faisais juste me débattre.' Suis pas arrivée pis la fesser. J'y ai pas donné une claque rien. Elle dit 't'es rendue que tu fesses ta mère, t'es rendue que tu bats ta mère'. J'ai dit 'maman, je t'ai pas battue, oublie ça, c'est pas vrai.' J'suis pas une bagarreuse pas pantoute. Ça fait que là, est arrivée, elle a dit : 'là quand ton père vienne dîner, j'vas lui en parler de ça'. Ah, j'ai dit 'non, ça va être le free-for-all...' Là, mon père est arrivé. Elle dit 'c'est ça, c'est rendu que ta fille, elle me fesse pis tout ça'. Là, mon père, il en fait pas trop de cas. Ça fait que là, elle dit 'Michel'... (mon père est bûcheron pis il m'a jamais emmenée dans le bois, jamais) elle a dit 'tu vas l'emmener dans le bois'. Là, mon père a dit non. Parce que lui, les filles, comment j'te dirais ça, les filles, c'est dans la maison, ça fait la vaisselle....

André —*Le rôle traditionnel...*

Julie —C'est en plein ça... Papa, là... les filles, ça va pas dans le bois. Il dit 'ben non, je l'emmène-rai pas dans le bois, voyons donc'. Elle dit 'tu vas l'emmener dans le bois...' Ça fait que là, ils se sont obstinés un peu de même. Là, elle a dit 'si tu l'em-mènes pas dans le mois, à soir quand tu vas reve-nir, j'serai pus là'. Elle dit 'si tu l'emmènes pas dans le bois, j'te quitte'. Elle dit ça drette de même. Ah ben tabarnouche ! Là, mon père, il se fâche. Il dit 'ben maudit', il dit 'comment ça que tu me dis ça' ? Là, il était pas fâché après elle, il était fâché après moi. Elle, il se fâche jamais, là, après. Il était fâché après moi. Ça fait que là, il dit bon, c'est beau d'abord, il dit 'Julie, viens-t'en'. Là, il sort par la porte patio; son pick-up était parqué en arrière pis toutes les fenêtres étaient ouvertes. Ça fait que ma mère s'en va dans sa chambre pis là, elle était cou-chée sur le ventre. Je vas tout le temps m'en rappe-ler. Là, j'ai rentré dans la chambre pis j'ai dit 'ma-man, sais-tu c'est que t'es, t'es juste une maudite manipulatrice'. J'ai dit 'c'est juste ça que tu fais'. J'ai dit 'c'est sale c'est que tu fais là'. J'ai pas dit ça de même, là. J'ai dit 'c'est pas correct c'est que tu fais là'. J'ai dit 'mon père, là, j'ai dit tu vois c'est que tu fais avec, j'ai dit 'tu le rends malheureux'. J'ai dit 't'es juste une manipulatrice'. Drette de même. Elle était couchée pis elle disait pas un mot. Elle était ben contente, là, que je m'en aille avec mon père.

Là, mon père, là, c'est là qu'il m'a dit ça, là –il était sérieux– on était embarqués dans le pick-up...

172

il m'a dit là, tu vas t'en aller dans une famille d'accueil. Là, il dit 'suis écoeuré de m'obstiner avec toi pis de m'obstiner avec ta mère, là, tu vas aller dans une famille d'accueil'. Pis ça, je lui en ai reparlé, pis il a dit 'je t'aurais jamais envoyée dans une famille d'accueil'. J'y en ai reparlé après que qu'on soye...

André   —Retrouvés...

Julie   —C'est ça... Il dit 'je t'aurais jamais envoyée dans une famille d'accueil'. J'ai dit 'papa, j'sais que t'étais sérieux, là, j'ai dit 'par deux fois, il a failli appeler à la DPJ pis tout ça... pour m'envoyer dans une famille d'accueil... il était tanné... Ça fait que là... il m'emmène dans le bois pis quand il est arrivé dans le bois, il me dit 'emmanche-toi pour que je te voye... assis-toi là, pis reste là'. Ça fait que j'ai passé la journée à rester là. C'est ça qui s'est passé.

André   —Un bel après-midi.

Julie   —Pis icitte, hey, on sort des vannes de billots. C'est lui qui m'a montré à travailler dans le bois. C'est Jean-Paul qui m'a montré à travailler dans le bois. C'est pas mon père... ben hey !

André   —Qu'est-ce que tu fais dans le bois ?

Julie   —Heu... on bûche, on fait de la pitoune, on fait des billots de quatre pieds... sapin, épinette. On fait des billots de huit pieds.

André   —À la chain-saw ?

Julie   —Oui, oui (enthousiasme), lui il s'occupe de la chain-saw, moi, je m'occupe de tout ce qu'il y a sauf la scie à chaîne. Comment je te dirais ça... j'peux mesurer les billots, corder les billots, j'passe en arrière, j'y fais des chemins, on charrie les billots. C'est pas avec une chargeuse qu'on charrie les billots, c'est à la main. On poigne des billots, là, de

8 pieds 4, huit pieds 6... on poigne ça pis on met ça dans le trailer... pis c'est pesant, là. C'est... c'est tout lui (Jean-Paul) qui m'a montré à faire ça. Quand j'suis arrivé icitte, j'connaissais rien là-dedans. On travaille fort dans le bois, on se fait de quoi de beau.

André   –Bon, on va revenir au présent dont tu me parles, là... Plus tard, sinon aujourd'hui, on va revenir...

Julie   –O.K.

André   –C'est correct, ce que t'as dit. Heu... je reviens à une question que je t'ai posée tantôt. A la polyvalente, tu rêvais aussi d'évasion, mais pas à cause de la polyvalente, mais à cause de...

Julie   –(éclat de rire) Mes parents, mes parents. La polyvalente, ça...

André   –Eux autres, ils disent que tu voulais plus aller à la polyvalente, c'est pas vrai ?

Julie   –Non !

André   –He... avais-tu un journal intime ?

Julie   –Ouais, mais j'écrivais pas ben ben.

André   –En un sens, est-ce que c'est pas Internet qui te servait de journal intime ?

Julie   –Non, non, non, non... c'était un journal...

André   –C'était quoi pour toi, Internet ? Tu avais Internet chez vous ou à l'école ou les deux ?

Julie   –Les deux.

André   –Passais-tu pas mal de temps sur Internet ? Ça te servait d'évasion, ça ?

Julie   –Non !

André   –Non ?

Julie   –Non, non, pas Internet. Je lisais beaucoup par exemple. Ça, là, ça, je lisais beaucoup. Ma

mère, elle disait au monde que j'étais dans la drogue pis tout ça... Elle a dit que j'étais partie à cause
d'une peine d'amour. Ça m'a fait rire. En tout cas.
Elle disait que moi, j'étais dans la drogue pis que je
consommais. J'ai fait remarquer une affaire aux enquêteurs. Ouais, c'est ça, y a un monsieur, il a dit
'j'ai lu ton journal intime... j'ai pas appris grand-
chose, t'écrivais pas ben ben'. Ça fait que là, il est
arrivé... j'ai fait remarquer ça à l'enquêteur... j'ai dit
'regarde, le dernier été que j'ai là, tu sais les petits
livres Harlequin, là... quelqu'un dans la drogue, ça
passe pas ses journées à lire des romans Harlequin.

(Temps d'arrêt. Je sors pour aller voir de quoi il
retourne à l'extérieur. Le magnétophone qui enre-
gistre Jean-Paul n'a pas été remis en marche...)

Julie   –La passe de Louiselle. (Louiselle Bureau, tante de Julie, a construit un site sur sa nièce.
Un site élaboré. La fugue. Ses alentours. Les noms
des responsables de la recherche. Les impressions
de Louiselle, d'autres témoignages recueillis sur
courriel.)

Ben moi, je le savais pas qu'il y avait un site sur
moi. En partant là... Quand je l'ai su ben là j'ai été
voir... Pis mon père, il m'a conté qu'elle avait dit
des affaires sur eux autres pis... en tout cas, il avait
fallu qu'il envoie une mise en demeure... ça lui avait
coûté, j'pense, 700 $ d'avocat. C'est parce qu'elle
avait marqué des affaires... Mais moi, j'suis pas trop
au courant de ça...

*André   –Moi, j'ai pensé que ton père voulait con-
trôler. De la manière que Louiselle disait ça, c'est que
l'existence de ce site-là empirait les dangers pour toi...
parce que si tu voyais ça, tu te sentirais traquée quelque
part... pis je trouvais ça très abracadabrant. En tout cas,*

c'est l'explication qu'elle donne.

Julie   —Ah, elle, comment je te dirais ça. Moi, cette madame-là, c'est ma ma tante pis je l'ai vue à peu près deux fois dans ma vie. Je la connais pas. J'pense que je lui ai jamais parlé, à cette madame-là. Pis elle, quand elle a su qu'il y avait quelqu'un qui avait fait un site sur moi, pis elle, ça lui a donné l'idée d'en faire un. En tout cas, moi, j'pense que c'est plus pour son profit, là... Parce quand j'suis arrivé icitte (au retour de Julie de Sherbrooke après sa réapparition), elle m'a envoyé un bouquet de fleurs. En tout cas... Elle a dit 'contacte-nous, pis tout ça, pis d'après moi, qu'est-ce qu'elle a en arrière de la tête, c'est... elle veut écrire un livre avec moi.

André   —Ah oui ?

Julie   —Ah ben oui.

André   —Elle a l'air ben ben altruiste, tournée vers toi...

Julie   —Elle est pas de même... Ma mère, elle contait ça, mon père quand il était jeune, elle le laissait des grandes journées dehors sans manger pis tout ça. Elle est spéciale, la madame... Moi, je la connais pas ben ben... c'est mon père qui a conté ça. J'peux pas ben ben m'avancer là-dessus, je la connais pas. Mais... j'y fais pas confiance...

André   —Non.

Julie   —Non, pas du tout.

André   —Que faisais-tu en dehors de l'école le soir, les amis, tu me l'as dit, ça. Difficile : isolée. Ta mère te refusait des sorties. C'est ce qui m'a été dit...

Julie   —Ah non, elle voulait pas.

André   *–Quand il y avait une fête à la polyvalente, tu pouvais pas y a aller non plus ?*

Julie   –Une fête ?

André   *–Y avait-il des fêtes, des fois, à la polyvalente ?*

Julie   –Des discos. C'est une affaire, ça, c'est pense un vendredi. J'y ai demandé pour y aller. J'ai été là 2, 3 fois, mais... j'avais donc du trouble pour pouvoir y aller, hé...

André   *–Pis c'était quoi, ça, la passe de l'eau de Javel ? C'était-il pour te purifier de quelque chose ?*

Julie   –Ouais, je lui ai demandé... pourquoi que tu mettais de l'eau de Javel dans mon bain. Elle dit 'c'est parce que j'avais entendu dire que y avait des vers... sais pas si t'as déjà entendu parler de ça, là, des vers... pas comme des poux là, mais c'est des vers en tout cas en dedans de toi, pis tout ça...

André   *–Parasites.*

Julie   –Oui... de quoi de même. C'est parce que j'ai entendu dire qu'il y avait des petits oeufs de vers pis qu'il fallait pas que ça se reproduise. Ça, elle a dit 'je mettais ça dans ton bain pour... manquable les tuer, là'.

André   *–Étais-tu proche de t'en aller quand ça se produisait ? Ou si t'étais beaucoup plus jeune ?*

Julie   –Ça fait... ça fait longtemps. Non, non, c'est tout le temps. Elle est de même. Elle doit le faire encore avec mon frère.

André   *–Ça, c'est, c'est son excès de propreté.*

Julie   –Ouais.

André   *–En certaines circonstances.*

Julie   –Ouais.

André —*Elle peut aussi ben aller à l'école, faire un petit cours aux élèves... toute 'slapée'...*

Julie —Comment tu dis ça ?

André —*Elle est très propre, très perfectionniste, mais comme tu dis...*

Julie —O.K. quand elle était arrivée. Ah, ouais... En tout cas... (soupir). Je le sais pas... moi, je la comprends pas (rires d'impuissance).

André —*Quand est-ce que l'idée... nette de t'en aller est arrivée ?*

Julie —He... moi, pour commencer, moi, j'ai pas pensé à la fugue. Pour commencer, là. J'étais tellement découragée que... moi, c'était le suicide. Pis je me disais... mon père, il avait une cache dans le bois... pis j'allais là... C'était haut, ça devait avoir peut-être vingt pieds de haut... c'était deux, trois planches de bois, j'allais m'assire là... Pis là, je me disais, c'est pas drôle, j'me pitcherais en bas, pis j'me casserais le cou, pis ça dérangerait pas personne. Pis j'ai dit 'moi... je le savais que j'étais pas heureuse... j'ai dit 'me semble que je mériterais d'être heureuse... j'ai dit 'j'sus juste venue au monde, là, c'est-il trop demander'... Pis là, j'me suis mise à penser à ça... pis j'me suis dit : moi itou, je mérite d'être ben. Pis c'est là que l'idée de la fugue, elle a comme venu. Pis là, c'est ça, j'ai pensé, j'ai dit 'ouais peut-être donner une dernière chance de m'en aller, d'être ben, j'ai dit peut-être que je vas leur échapper, là. En tout cas...

André —*Dans le fond, on peut dire que c'était une forme de suicide.*

Julie —Une fugue (incrédule) ?

André —*C'est-à-dire que tu coupes... Quand on*

parle d'un suicide, c'est de couper avec toutes sortes de choses qui nous conviennent pas. C'est comme je te disais au sujet de l'émission de Claude Poirier... pour la drogue. Y a des jeunes qui au lieu de se suicider, prennent de la drogue. Ça fait moins mal fumer. Sais pas si tu comprends ce que je veux dire. C'est une évasion, autrement dit. Une fuite de quelque chose.

Julie   –Ben oui ! J'voulais m'en aller. Ça, c'était clair.

André   –Le suicide est une fuite. Et...

Julie   –Une fugue, ça en est une autre. Hé... Je voulais m'en aller, ça, c'était clair. J'étais pus capable.

André   –Ça t'es venu, t'étais à la polyvalente ?

Julie   –De ?

André   –De fuguer.

Julie   –De fuguer ?

André   –Ou suicide ou fugue ?

Julie   –(Long soupir) Ça faisait longtemps que je voulais m'en aller. Mais quand ça m'est venu, là, ça, c'était clair dans ma tête que j'étais tannée, ça faisait longtemps... mais la fois en tant que telle, là, ça été vers l'été (2001). Mais ça faisait longtemps que je pensais : là, là, va falloir que je fasse un 'move', va falloir qu'il se passe de quoi parce que j'suis pus capable. Mais la fugue, là, ça été clair, là, ça été plus à l'été.

André   –Donc ça a été une seule fois. Je veux dire ... quand t'es partie... t'as jamais dit 'je pars' pis changé d'idée.

Julie   –Non... hey non ! Quand je pars, moi, je pars. C'est fini. Suis pas une fille qui aime revirer d'idée.

André   –*Donc t'aurais voulu rester à la polyvalente finalement ?*

Julie   –Ben oui !

André   –*Eux autres* (parents), *ils disent le contraire.*

Julie   –Ben non, ils voulaient m'éloigner parce que je me tenais avec une fille pis ils disaient qu'elle était dans la drogue pis tout ça. Pis c'est pas vrai. On a pris 2, 3 joints comme je te le disais... on les a pris ensemble. On était pas... ils l'aimaient pas cette fille-là pis aujourd'hui, c'est encore de même. Pis en tout cas heu...

André   –*T'aimes autant pas la nommer que je la rejoigne pas, non.*

Julie   –Ben oué... Vous pouvez ben la voir. Elle m'a contactée. Elle est venue icitte, ça fait un petit bout pis j'étais pas là.

André   –*C'est qui ?*

Julie   –M. L. T. qu'elle s'appelle. Elle que je te disais dans le rang en face là. C'est ça, c'est elle. J'peux même te donner son numéro de téléphone. Je l'ai pas encore appelée. C'est 1-819-5?7-3??4.

André   –*3??4*

Julie   –C'est ça.

André   –*Penses tu que tes parents peuvent me donner du trouble à vouloir la rencontrer ?*

Julie   –À rencontrer qui, M.L. ? Ça a pas rapport... (ton à l'évidence)

(Je dois admettre que ma question était parfaitement idiote.)

André   –*Elle, elle 17, 18 ans ?*

Julie   —Elle va avoir 18 ans une semaine après moi. (rires) Elle, ça été mon amie. Ah oui, elle là... je l'ai pas encore contactée, je le sais pas si je vas le faire.

André   —Le goût de partir... associée à la fuite loin de ta mère... est-ce qu'il y aurait, en dehors de ta mère, le goût d'explorer... Ils disent que les Sagittaire comme toi sont voyageurs et aiment ça partir à l'aventure. Est-ce que tu penses que t'avais ça ? L'as-tu aujourd'hui ? Ce goût-là, aujourd'hui ou si tu préfères le cocon...

Julie   —Oui, c'est sûr que j'aimerais voyager, ça, c'est sûr. On a un rêve peut-être s'acheter un Wannebago, vendre ça, ici, pis se promener partout. Ça serait un rêve. Mais pour dire qu'à 14 ans, je parte juste pour le goût de l'aventure, là, non. Hey j'avais pas les moyens, là, moi.

André   —Parlons-en, de ça. On t'envoie donc à Coaticook...

Julie   —Ouè...

André   —Malgré ta volonté.

Julie   —Ouè...

André   —T'arrives là... heu... et là, t'aimes pas ça.

Julie   —Non.

André   —Pourquoi ? Qu'est-ce qu'il y avait ?...

Julie   —Pourquoi, hey, c'est une prison... une prison. Je le sais pas si on va à Coaticook, on va-t-il rentrer là ? On va-t-il avoir droit ?

André   —(Rires) Si c'est une prison, peut-être pas.

Julie   —C'est une prison, c'est...

André   —Plus ça avance, là, moins ça va être problématique, notre voyage, là. (Nous devons nous rendre, les jeunes et moi à Coaticook, Sherbrooke et Lac-Mégan-

tic.)

Julie　　–O.K.

André　–Parce que durant le voyage, je voulais aussi te poser une série de questions. J'ai dit à elle, j'ai besoin du voyage pour 'ouvrir' Julie, pour qu'elle soit à l'aise avec moi... mais tu l'es...

Julie　　–Ben ouais. Pas de problème !

André　–Mais on ira quand même faire un tour, peut-être le midi, Jean-Paul, toi pis moi... pour peut-être prendre des photos... Puis à Sherbrooke, te souviens-tu... T'aurais été à deux places à Sherbrooke ? DPJ et... centre d'accueil ?

Julie　　–J'ai été au poste de police pis pas loin, c'est l'Accalmie que ça s'appelle. Ça se trouve être une grosse maison...

André　–T'as été là, rien que là ?

Julie　　–Oué.

André　–Tu te rappelles un peu où est-ce que c'est dans la ville ?

Julie　　–Hey... attends un peu... C'est une grosse rue... parce que j'ai été faire une commission avec une fille. C'est une grosse rue. Je le sais pas si c'est la King.

André　–Ah, t'étais pas retenue heu...

Julie　　–Ah oui, j'étais retenue. J'avais pas le droit de sortir, rien, mais c'est parce que à un moment donné, y a une intervenante –j'étais toute seule de personne retenue– pis elle, fallait qu'elle se rende faire une commission... d'habitude sont tout le temps 2, 3. Pis c'était la seule intervenante... fallait qu'elle fasse une commission à la pharmacie. Pis elle m'a dit : viens... Mais, non, j'avais pas le droit... Non, pas du tout ! J'avais pas le droit d'aller prendre une marche dehors. J'avais pas le droit de rien faire.

André —*Ce qu'on pourra faire, c'est prendre une photo. Peut-être que t'auras plus à dire. Peut-être même qu'on pourra te prendre en photo...*

Julie —Où ça ? À Coaticook ou ben à Sherbrooke ?

André —*Les deux.*

Julie —O.K. À Sherbrooke, on peut ben rentrer là. Moi, ça me dérange pas.

André —*Parce que là, des photos de chez vous (rire), y en a pas beaucoup.*

Julie —Non ! Non, hey... moi, je le croyais pas. Je vas vous dire de quoi, moi, je le crois pas. Parce que j'en ai parlé à mon père. J'ai dit 'le monsieur, là, il est honnête'... j'ai dit 'je le connais pas ben ben, mais il a l'air honnête pis il veut écrire la vérité'... Ben là, il a dit 'tu vas dire qu'on t'a maltraitée'... J'ai dit 'non, je dirai pas ça', j'ai dit 'je vas dire ce qui s'est passé'. Pis c'est ça, j'en parlais pis il (mon père) avait pas l'air contre de vous rencontrer. À un moment donné, j'ai dit 'il va vous contacter... vous rencontrer'... Pis c'est ça, je lui expliquais l'affaire de l'ange (*dans ma lettre aux parents, j'ai parlé d'étoile*). Je lui ai dit que je vous avais conté ça. Pis là, j'ai dit de vous montrer les photos, là, quand j'étais jeune. Ah, il a dit 'oui, oui, pas de trouble'. Pis là, vous m'arrivez avec ça (*le volte-face des parents au téléphone la veille au soir*)... Moi, j'comprends pus rien. En tout cas, moi, j'vois une affaire, c'est ma mère...

André —*En plus que d'abord, il était très doux, très ouvert...*

Julie —Ben oui, il est ouvert...

André —Il a dit (au premier appel) 'je vais consulter ma femme pis si il y a quelque chose, je te rappelle'...

Julie —Elle, elle lui a pété une coche...

André —Une heure après, c'était pus ça...

Julie —Non, elle, qu'est-ce qu'elle a fait, elle l'a vraiment crinqué contre vous pis il est arrivé pis il vous a appelé. Parce que mon père, là, juste mon père, là, y a pas de problème, y a pas de problème. Mais câlife, elle... En tout cas (soupir de désolation) ma mère...

André —Quand il m'est arrivé avec 'on t'a vu dans la face que tu voulais pas nous contacter'... aïe... j'ai donc des réponses à faire là-dessus, là. Même dans le premier contrat, j'avais mis 'participation des parents'...

Julie —... ben oui...

André —Pis toi, t'hésitais, je l'ai enlevé.

Julie —Ouais, c'est moi qui a hésité, tout ça, c'est pas vous, voyons donc.

André —Eux autres, ils le savent pas, ça... Deuxièmement, je l'ai dit dans tous les médias (que je devais les rencontrer). Troisièmement, je leur ai écrit une lettre... je l'ai lue à d'autres personnes...

Julie —Ben oui, je l'ai icitte, la lettre. (j'en avais envoyé une copie à Julie pour qu'elle sache à quoi s'en tenir sur l'esprit du livre et ma façon de le transmettre à ses parents) que vous vouliez les rencontrer.

André —Des gens m'ont dit 'c'est merveilleux, une lettre de même, c'est rassembleur...

Julie —C'est beau... c'est une belle lettre... mais... non... y a ben des choses que j'comprends pas...

André —*Alors on a parlé tantôt... j'ai écrit ici 'tes parents disent que ce ne fut pas facile de t'envoyer à Coaticook, qu'il leur a fallu emprunter'... Qu'est-ce que tu dis là-dessus ? Qu'ils auraient dû te laisser à Mégantic...*

Julie   —Ben oui ! (le ton à l'évidence). Ben oui, moi, je voulais rester à Mégantic, ça, c'est clair. En Secondaire 3, j'ai fait quatre jours à la polyvalente (de Mégantic). Elle (ma mère) m'a dit, le jeudi soir quand je suis arrivée... pis c'est là je te disais que j'avais pas beaucoup d'amies, ça, j'ai trouvé ça drôle parce que la dernière journée j'étais là, je le savais pas que j'allais aller au collège... Là, j'ai dit 'ça se peut que je parte au collège'. Hé ce que le monde ont ri de moi. C'est là que j'ai vu c'est qui mes vraies amies. Le monde, ça riait : ah, ça va être drôle, ça va être drôle... Là, M.L. a dit 'maudit, je vas m'ennuyer de toi'. C'est là j'ai vu c'était qui mes vraies amies... Là, elle (ma mère) arrive avec ça le jeudi soir, elle dit on a une bonne nouvelle... Elle dit 'y a une place au collège qui s'est libérée... elle dit 'lundi, on va aller visiter ça'... Là, après ça, (après qu'ont l'ait retrouvée en 2004) ils m'ont souvent renoté, mon père, il m'a souvent renoté, il m'a dit 't'en rappel-les-tu avant que tu ailles au collège, je te l'avais offert si tu voulais pas y aller de pas y aller' ? Papa, je le savais c'est qui s'en venait. Si j'allais pas au collège, j'aurais été placée dans une famille d'accueil. J'ai dit 'tant qu'à être dans une prison, j'aime autant l'être 5 jours par semaine pis arriver la fin de semaine pis pouvoir voir mes amies... mais hé mon doux, ça s'est pas passé de même. Ça, c'était supposé être un essai d'un mois... pis je le disais souvent à mon père 'j'aime pas ça le collège'. Pis il disait 'ah, là, continue, fais ton mois...' Pis j'ai resté là trois semaines.

André   –*Parle-moi de ton départ.*

Julie   –Pour la collège ou pour la fugue ?

André   –*Pour la fugue.*

Julie   –Heu... j'ai 'chatté' (clavardé), j'ai 'chatté' quand, là, j'peux pas vous le dire. J'ai 'chatté' à partir de mon domicile, j'ai 'chatté' au collège. J'ai 'chatté' avec du monde, là. Tabarouette, y en avait de toutes sortes. Au début, j'ai 'chatté' avec un vieux monsieur... il était assez âgé... en tout cas, j'avais une photo de lui dans mon ordinateur... ils l'ont retracé...

André   –*C'est lui qui était... (Jean-Paul m'avait conté ça déjà.)*

Julie   –(Rires). Il était tout nu. (Rires) Je l'avais, cette photo-là dans mon ordinateur. Ils l'ont retracé, j'ai trouvé ça drôle... (Le gars a passé quelques mauvais quarts d'heure avec la police...)

André   –*Mais ça, en as-tu eu connaissance avant de partir ?* (Quelle question de ma part !)

Julie   –Je le savais pas, je l'ai su après.

André   –*Toi, ta fugue, tu en as jamais entendu parler.*

Julie   –Non. La seule émission que j'ai vue dans ma fugue, moi, c'est Arcand. Pis mon père, il en a parlé de ça, à Arcand. C'est là que je l'ai appris.

André   –*Arcand avec tes parents.*

Julie   –Oué. C'est là que je l'ai appris.

André   –*O.K.*

Julie   –Ça fait que c'est pour ça, là, il disait...
j'sais pas si vous l'avez vue, l'émission... en tout cas,
il (mon père) disait qu'ils l'avaient retracé, le monsieur... qu'il était à poil... j'ai capté, là, moi. J'ai
'chatté' avec beaucoup beaucoup de gars. Pis finalement, j'en ai poigné un de Montréal. Pis je le disais, là 'moi, je veux m'en aller, pis tout ça'. Pis le
gars de Montréal, il savait que j'avais 14 ans, il savait que je m'appelais Julie Bureau. Il disait 'pas de
trouble', je viendrai te chercher, je pourrais te cacher... Il dit 'même j'pourrais te cacher chez une danseuse, j'ai plein d'amis, j'pourrais te cacher là. Ça
fait que là, il est arrivé. Je l'ai appelé une fois. Là, il
est arrivé. On s'était donné rendez-vous à tel jour,
mettons à telle place. Il m'a dit quel char qu'il allait
avoir.

André   –À Coaticook.

Julie   –Oui, oui, à Coaticook, tout le temps à
Coaticook. À Coaticook, j'avais droit à deux sorties
par semaine d'une heure. Ou un 5 à 7. Ça fait que
là, j'avais pris ma sortie. Suis allée marcher avec ma
'chum' de fille. Allé au MacDonald. Pis là, c'est ça,
l'enquêteur, il me posait des questions. J'avais acheté
un paquet de cigarettes au dépanneur... il me demandait 'c'est-il avant ou après'. J'ai dit 'j'me rappelle pas, ça fait trois ans'. Ça pas rapport... Ça fait
que le gars est arrivé. Là, quand je l'ai vu passer, je
me suis en allée. J'ai sorti. J'ai dit Caroline... on a
pété une chicane avant... elle me parlait tout le
temps de son chum, du gars qu'elle trippait dessus
pis qui s'en allait en ville. En tout cas, là, suis partie. Suis partie de mon bord pis elle de son bord.
C'est là que j'ai embarqué avec le gars pis on est
allés à Montréal.

André   *–Ils l'ont retracé, ce gars-là ?*

Julie   –Non, jamais !

André   *–Là, on est à Montréal. À ce moment-là, t'as... t'as aucun souci du passé, tu t'en vas vers demain, vers l'avenir.*

Julie   –Oui.

André   *–Tu peux me parler de Montréal un peu. T'as dit à la télévision qu'il s'était passé des choses...*

Julie   –(Soupir) Oui. Il s'est passé des choses.

André   *–S'il y des choses que tu veux dire, s'il y a des choses que tu veux pas dire... t'as qu'à me le dire.*

Julie   –Ouais. C'est parce qu'il faut faire attention, parce que là, lui, c'est vrai qu'ils l'ont pas retracé... Moi, premièrement, je le savais même pas où ce que j'étais à Montréal. Tu m'emmènerais en char pis tu me dirais 'montre-moi le' oublie ça, moi, Montréal, j'connais rien là-dedans.

André   *–Si y a des choses que tu veux me dire pis que tu veux qu'on arrête ça (le magnétophone), on va l'arrêter.*

Julie   –O.K. Tu peux ben l'arrêter.

André   *–Là, on l'arrête ?*

Julie   –Oui... (rire d'embarras)...

Ça adonne bien, car le temps est venu pour moi de laisser respirer un peu mon lecteur. Si c'était à la télévision, dans une revue ou un journal, je pourrais ici faire une pause publicitaire, mais dans un livre "ça se fait pas, voyons !" Un livre, c'est le produit des esclaves, pas question de publicité là-dedans, ben voyons donc ! Ça se fait pas !!! On peut vendre des ondes, des ondes et des ondes en exploitant l'image de Julie Bureau pis en vendant du savon, mais un livre, bien sûr que non, ce serait un crime de lèse-culture. La société préfère s'en emparer et le pirater. Ça, c'est ben normal !!!

Nous allons donc revenir avec la suite des propos et confidences de Julie dans le prochain chapitre. Ou peut-être le suivant, je n'ai pas décidé encore.

***

(Finalement, j'ai pris la décision de ne pas inclure une seule photo au texte. Vu que je n'ai pas eu la collaboration des parents de Julie et qu'il m'est impossible d'en utiliser pour la montrer enfant et jeune ado, aussi bien ne pas compenser par des bâtisses dont les façades ne parlent pas beaucoup ou pas du tout. Ce que je souhaite, c'est qu'un jour, les parents de Julie lui laissent au moins l'héritage de quelques photos de son enfance et de son adolescence... D'aucuns diront qu'elle les a trop fait souffrir et ne le mérite pas, et ne mérite que la vengeance... Oh la la...)

Chapitre 10

Le mur de Berlin

On reviendra plus loin aux propos et confidences de Julie de ce 27 août alors que viendront tout à l'heure, aux alentours de midi, les gens de la revue *Dernière Heure*.

Il me semble qu'il nous faut ici nous arrêter à Coaticook, à ce fameux collège que Julie considérait comme une prison. J'anticipe sur ses propos : elle me dira plus loin que l'encadrement est trop strict à Rivier (le pensionnat), en tout cas qu'il était trop rigoureux pour elle. Que déjà poussée par son passé à s'en aller (fuguer), le collège est devenu la goutte d'eau qui, pour elle et suivant son tempérament, a fait déborder le vase. L'image de la goutte d'eau est un euphémisme, il s'agirait plutôt d'une trombe d'eau.

Je vais donc laisser parler d'autres personnes que moi avant de poser quelques questions à mon lecteur à propos du Collège Rivier, institution privée de Coaticook. Peut-être, à bien y penser, que je n'aurai même pas à les poser, ces questions, et que le lecteur saura le faire lui-même ?...

Julie donc a parlé d'une salle d'isolement (physique et psychologique) servant de lieu de réclusion et réflexion pour les étudiants qui ont commis une faute aux yeux des autorités ou bien eu égard aux règlements. On y reviendra dans ses propos et confidences. Julie a du mal à définir l'atmosphère qui régnait là-bas. Elle y était de toute façon allergique. Elle donne des exemples concrets, mais ceux-ci me rappellent simplement le pensionnat de Saint-Raymond-de-Portneuf où j'étais en 1956-1959. Pas le droit de dépasser une ligne blanche en marchant ou bien le frère Ferdinand nous criait par la tête quand il ne nous lançait pas son trousseau de clefs, histoire d'attirer notre attention en nous assommant. Coups de sifflet derrière la tête. Souvent de 'l'immangeable' dans nos assiettes. (Par chance, ma mère était si mauvaise cuisinière que je ne m'en rendais pas vraiment compte.). Bon, je ne vais pas m'étendre sur le sujet si ce n'est pour dire que je n'en suis pas mort et que *"tout ce qui ne tue pas fait grandir"*...

Mais voyons donc ce qu'en pense une jeune femme qui a fréquenté le collège de Coaticook et me l'a exprimé dans un courriel que je reproduis intégralement ici.

Le 3 septembre
Bonjour à vous !

En lisant votre entrevue dans Dernière Heure, j'ai été surprise de lire que Julie considérait le pensionnat de Coaticook comme sa PRISON... J'ai fréquenté 5 ans ce même pensionnat, je suis d'accord avec elle, c'est une prison, sauf qu'elle n'a pas donné la chance au coureur... Elle y est restée environ 3 semaines si je comprends bien. Ce pensionnat m'a enlevé une liberté si importante dans la vie d'une adolescente et ce temps de liberté me sera jamais remis... Jamais au grand jamais j'enverrai mes enfants dans un pensionnat... Cependant, j'y ai vécu des moments extraordinaires avec mes amies de filles... J'y ai appris une discipline de vie... et je n'aurai jamais aussi bien performé si j'avais resté avec ma famille. Voici donc mon commentaire !!!

Ma question, la voici : quel trait de caractère ou quelle force de caractère peut permettre à une adolescente de 14 ans à rester 3 ans sans avoir aucune nouvelle de sa famille... Elle n'a jamais eu des moments de déprime, de nostalgie ?...

Merci de votre attention !

Une ancienne pensionnaire de Coaticook.

~~~~~~~~~~~~~~~~~~~

Commentaire de l'auteur

Je comprends Manon. J'ai vécu Coaticook à Saint-Raymond.

Mais ce que je comprends moins, c'est quelque chose qui me fut rapporté par une jeune fille qui fréquente en ce moment, cette année 2004, le pensionnat de Coaticook. Elle dit qu'on y interdit de parler de Julie Bureau là-bas. Ça, c'est très grave. Même à Saint-Raymond, on avait droit de parole sur n'importe quel sujet. Donner une discipline, c'est une affaire, diriger la pensée, en voilà une autre. Pire encore si un certain système de délation y règne comme l'a dit Julie. Car alors celle ou celui qui parlerait sur un sujet tabou risquerait la chambre d'isolement pour un temps indéterminé.

Faudrait vérifier. Jean-Paul m'a dit que les médias devraient aller mettre leur nez au pensionnat de Coaticook. On n'y découvrira sûrement pas des cas de sévices corporels, mais au plan psychologique que s'y passe-t-il ?... Si on défend là-bas de parler de Julie Bureau par crainte d'incitation à la fugue, on est à côté de la plaque. Big Brother voulait contrôler jusque la pensée des citoyens au nom de leur bien... Les gouvernements font mille conneries au nom de notre bien... Et quelque part, par exemple par la voie lénifiante des subventions, ils cousent bien des bouches.

Mais peut-être que cette étudiante a exagéré. Aux médias je crois de vérifier ! Je ne le ferai pas car ce n'est pas essentiel à l'écriture de ce livre. Poser la question ici est bien suffisant.

Voyons maintenant pour finir ce court chapitre sur la soi-disant prison de Coaticook, ce qu'en pense une mère dont le fils y fut pensionnaire. De nouveau, je reproduis intégralement le courriel reçu, fautes de français en moins.

Le 9 septembre

Bonjour à Julie. Je me prénomme M. et j'habite présentement à C.

Moi et mon fils qui aura 19 ans bientôt avons habité à Coaticook, il y a de ça quelques années. Tout ça pour te dire que j'ai été particulièrement sensibilisée à ton histoire puisque tu as disparu de notre ville peu de temps après notre déménagement. Mais il y a plus... Nous aussi avons fait l'expérience du Collège Rivier. Dans notre cas, le collège n'a pas été un choix mais plutôt une alternative suite à un événement dramatique.

Il a fréquenté le collège un peu plus d'un an jusqu'à ce que je l'en retire ou plutôt 'kidnappe'. J'aimerais savoir ce que tu as ressenti suite à ton passage dans cet endroit.

C'est sûr qu'il y a un malaise. Ça ne s'explique pas. On dirait que tout le personnel de direction et enseignant forme comme un genre de front commun. C'est-à-dire : lorsqu'un élève ne 'cadre plus', c'est tout le personnel qui se ligue contre lui. On a vécu à peu près toutes les situations (chantage, harcèlement, pressions etc...). Cela va bientôt faire presque 4 ans et malgré les années passées, je ne pourrai jamais oublier ce qui est arrivé. Il y a vraiment quelque chose qui cloche, de malsain à l'intérieur des murs.

Voilà pour l'instant. J'aimerais bien savoir ce que toi, tu ressens face à cela. J'en dirais plus en ce qui a trait aux événements qui nous ont conduits à cet endroit.

Bonne chance et sois heureuse : c'est ce qui compte.

M.L.

~~~~~~~~~~~~~~~~~~~~

Commentaire de l'auteur
Pas de commentaire.

Je continue de demeurer bouche bée à l'idée qu'on défende de parler de Julie Bureau au Collège Rivier. Ce n'est sûrement pas vrai. Ce serait de la pensée dirigée, du soviétisme de la belle époque, naaaaaaa... Le mur de Berlin est en poussière depuis 15 ans...

Je ne crois pas cela... je parle de ce mur autour de la pensée des étudiants du collège... En 2004, impossible !...

Et vous, qu'en dites-vous ?

**

Chapitre 11

Propos et confidences 2

Nous y revoilà donc ! On est au milieu de l'avant-midi du 27 août 2004. Julie me parle depuis une heure et demie. On attend toujours les gens de *Dernière Heure*. Jean-Paul est en train de raconter ses 38 ans à ma compagne dehors. On ne les entend pas. On les devine. Il a toujours l'air de bonne humeur et heureux, ce gars-là...

Julie   –J'ai pas pensé le repartir (le magnéto-phone)

André   –Moi non plus... En tout cas... En résumé, t'as eu des problèmes que t'as appelés des choses... à Montréal. À un moment donné, t'as réagi en te disant 'faut que je sorte de cet enfer-là'.

Julie   –Ouè.

André   –Et... t'es partie (de Montréal) au hasard... avec l'intention de te rendre éventuellement à Québec...

Julie   –Pis après ça Mégantic.

André —*Pis après ça Mégantic.*

Julie —Ouè.

André —*Donc t'avais quelque part l'intention d'en terminer avec la fugue.*

Julie —Ouais (soupir)

André —*Parce que rendue à Mégantic, t'étais (serais) automatiquement retracée.*

Julie —C'est ça, j'étais retracée. Je le savais pas, j'vas te dire une affaire, j'étais assez perdue que je le savais pus quoi faire. Je le savais pus pantoute. J'étais vraiment perdue là. Ça été un méchant hasard... j'y pense aujourd'hui, là... ouf ! Ça été un hasard de tomber sur ce gars-là (Jean-Paul). à ce moment-là. En tout cas, moi, j'ai de la misère à le croire.

André —*Tu t'es toujours bien entendue ?*

Julie —Avec Jean-Paul ? Tout le temps... Tout le temps, tout le temps... On est proches... comme frère et soeur là... Très proches...

(L'entente entre deux personnes comporte aussi son lot d'accrochages... Julie et Jean-Paul m'en raconteront un quand nous ferons le voyage à Coaticook le premier septembre.)

André —*Y a quelqu'un qui a dit que tu avais l'intention de fuguer (en 2001 ou avant) pour ne revenir qu'à 18 ans.*

Julie —Non, c'est pas vrai, ça.

André —*C'est faux, ça. C'est sorti sur l'Écho (de Frontenac).*

Julie —J'vois pas qui qui a dit ça. J'aimerais ça savoir c'est qui... mais...

André —*Ils l'ont pas nommé, j'pense pas.*

Julie   –Ah, sûrement pas ! Mais non, ça avait pas rapport.

André   –O.K. Ça, t'as répondu... Quelqu'un est venu te chercher pour t'amener à Montréal, comment ça s'est passé sur la route de Montréal, à Montréal, où es-tu allée. Combien d'argent avais-tu ? As-tu fait de la prostitution ? De quelle façon si oui ? Te protégeais-tu ? C'est trop intime, tu veux pas aller là-dedans... Quelqu'un a essayé de prendre le contrôle de ta personne. Est-ce qu'il essayait de tout contrôler, lui ?

Julie   –Ben oui. Il me contrôlait certain, là. Il me faisait faire tout ce qu'il voulait, là. C'est sûr, avec la drogue, c'est... comment je te dirais ça... t'es tellement mêlée que quand t'es gelée, là, tu sais pus trop qu'est-ce que tu fais. Pis moi, j'voulais pas... j'étais prête à endurer ben des affaires pour pas retourner là-bas (Coaticook). Je l'ai laissé faire trois semaines. Trois semaines à un mois. Là, je suis arrivée, j'étais pus capable, j'étais pus capable.

André   –C'était un Blanc, ça ?

Julie   –Un Blanc ?

André   –Un homme blanc... C'était pas... un homme noir ?

Julie   –Ah non non. C'était un Blanc, ouais.

André   –Quel âge qu'il avait ?

Julie   –Vingt-trois, vingt-quatre.

André   –Si jeune que ça ?

Julie   –Ah oui, oui, oui ! Ah non, il était pas vieux, là.

André   –Est-ce que tu mangeais ?

Julie   –Pas ben ben, pas ben ben...

André   –Ça t'arrivait de penser à chez vous à Mi-

lan ?

Julie   –Non. J'ai jamais regretté d'avoir fait ma fugue. Même quand j'étais là-bas, je l'ai jamais regretté.

(Mais elle aura l'intention d'y mettre fin puisqu'elle reprendra la route pour Mégantic donc Milan pour fuir l'enfer de Montréal.)

André   –En auto-stop, tu allais où ? On l'a fait. Comment es-tu arrivée à Beauceville, on l'a fait. Pourquoi sur le pont (de Beauceville) *? Jean-Paul, tu l'as 'flyé' avant le pont...*

Julie   –Oui. J'étais... tu sais là...

André   –Tu passais tout droit pour aller à Mégantic.

Julie   –Oui, oui. Je le savais pas où ce que j'étais. Je le savais pas que j'étais à Beauceville. La première question que j'y ai demandé c'est : où ce que je suis ? Il dit 't'es à Beauceville'. Moi, je le savais pas. J'connais pas la Beauce. Saint-Victor, c'est où, ça, Saint-Victor ? J'avais une ma tante à Saint-Georges. Pis j'avais un grand mon oncle qui est mort... Suis allé là une fois ou deux dans ma vie. J'connais rien dans la Beauce. Ben là, je connais plus, mais avant... j'étais pas forte dans la géographie (petit rire).

André   –Quand donc tes cheveux sont-ils devenus noirs ?

Julie   –Tout de suite quand j'ai fait ma fugue.

André   –Tout de suite après... à tes débuts à Montréal.

Julie   –Oué.

André   –T'avais pas communiqué avec Jean-Paul

sous le nom de Nancy St-Pierre sur Internet ?

Julie —Ben non (le ton à l'évidence). Ben non, je le connaissais pas, là.

André —En vertu de quelle fantaisie que t'as décidé.. Nancy St-Pierre... pourquoi pas, j'sais pas, Nathalie Gaudreau ?

Julie —Hasard. Pur hasard. J'ai poigné un nom de même pis j'ai dit 'j'm'en vas avec ça'.

André —O.K. Tu m'as parlé d'une Nancy tantôt, une Nancy de ton passé...

Julie —Ah, c'est un professeur, ça. Pas de rapport. Pas pantoute... J'pense que c'était Nancy Cas... Cassidy... De quoi de même.

André —Donc à Beauceville, t'avais pas cinq cennes dans tes poches.

Julie —Non, me semble que j'avais pas d'argent.

André —L'histoire du gars tout nu dans tes courriels, on en a parlé...

Julie —L'histoire du quoi ?

André —Du gars tout nu.

Julie —O.K. J'avais pas ben compris.

André —Est-ce qu'il t'arrivait durant ta disparition... est-ce que parfois tu te posais la question et qu'est-ce que tu répondais, si ça pouvait leur faire de la peine, les rendre tristes...

Julie —Que je parte ?

André —Non, que tu sois disparue.

Julie —Ben c'est ça, que je parte... Non.

Clic Le magnétophone s'arrête. Nous respirons un peu tous les deux. Et on remet ça...

André   –*Un, deux, un deux trois...*

Julie   –... j'ai pensé...

André   –*Une chance que t'es là !*

Julie   –(Rires)

André   –*Heu... c'était quoi ton impression sur Jean-Paul quand tu l'as vu dans l'auto pis que tu as embarqué pis qu'il t'a dit 'viens chez moi'. Comment tu l'as perçu, je dirais avec ton intuition de femme. Tu lui as fait confiance assez vite, immédiatement ou si tu y allais un peu... dans l'indécision.*

Julie   –Non. Il avait l'air honnête. Heu... mais ma première impression... heu... il avait l'air honnête... J'sais pas comment dire ça... Je lui ai fait confiance. C'est ça... quand on est arrivés icitte, on s'est mis à jaser... J'étais perdue là... J'étais vraiment perdue là. Je l'ai vu quand je suis arrivée icitte, là, on se parlait et tout... ça fait que je lui ai fait confiance assez vite.

André   –*Et tu vivais normalement ?*

Julie   –Ben oui !

André   –*T'allais dans les centres d'achats, dans les...*

Julie   –Partout, partout ! Il travaille sur les ready-mix... j'vous conte une passe, c'est encore pire. Moi, j'allais avec. J'allais souvent avec. Quand je travaillais pas dans le bois, ben on allait en ready-mix n'importe où... où ce qu'on allait livrer du béton. Pis c'est ça, il est pompier, lui. Pis moi, j'allais sur les feux avec. J'ai rencontré des polices souvent, souvent, souvent.

André   –*Ah oui ?*

Julie   –Ah oui, hey ! On est allé... ça fait peut-être deux ans... y avait un feu à Beauceville... on était parti pis lui, il est arrivé tout de suite et il s'est parqué juste en face de l'usine. Ça fait que là, il est parti combattre le feu; moi, je suis restée dans l'auto. Les policiers sont arrivés après. Ils ont fait un périmètre de sécurité. Son char (à Jean-Paul) était dans le périmètre. Y en a un policier qui vient me parler. Il dit 'peux-tu ôter ton auto' ? J'ai dit 'c'est pas mon auto, c'est l'auto à un pompier'. Il dit 'ouais mais des fois que ça nuirait... comme t'es dedans, va falloir ôter l'auto. J'ai dit ' c'est beau'. Là, moi, je prends l'auto, je descends un peu. J'avais pas descendu assez loin. Le policier vient me revoir. J'ai jasé longtemps avec. Même j'ai dit 'j'ai pas mon permis, j'peux pas chauffer le char, là'. Il dit 'c'est pas grave, t'as juste à pas aller sur la 173'. J'ai pris l'auto pis je suis descendue.

J'ai parlé 2, 3 fois aux polices. Nous autres, qu'est-ce qu'on fait, on bûche, on ramasse nos branches pis on fait brûler ça. On fait beaucoup de feux. À un moment donné, c'est l'automne passé ou l'autre. En tout cas fallait faire brûler nos branches. Ils ont fait défricher dans la prairie pis ont fait des tranchées pis fallait mettre le feu là-dedans pis pour qu'ils puissent planter après. À un moment donné, on fait un feu, pis c'était une grosse tranchée, là. Il mouillait pis il mouillait ce soir-là pis on avait de la misère à l'allumer : ça faisait une demi-heure qu'on essayait. À un moment donné, on l'a eu. C'était juste en haut des arbres. Là, le monde, y en a un qui appelle et qui dit 'y'a le feu dans le bois' pis tatata. Ça fait que là, lui (Jean-Paul) reçoit un 'call' sur son 'paget'. Les policiers pis les pompiers arrivent icitte. Il dit 'voyons, y a rien là'. C'était pas dangereux pantoute. Là plus tard, on continue à faire brûler ça. Tout d'un coup, je vois, y avait quelqu'un dans le bois... C'était une police... la Sûreté de quoi de même. Il dit 'faut faire un rapport'. On jasait avec. Il m'a jamais reconnue...

André   —Ça t'arrivait-il de penser qu'à un bon moment donné, ils frapperaient à la porte et ils diraient 't'es Julie Bureau' ?

Julie   —Ah, j'ai dit 'il arrivera ce qui arrivera'. Je risque le tout pour le tout.

André   —Donc tu y as pensé que ça pouvait arriver.

Julie   —Ben... quand j'ai fait ma fugue, j'ai regardé les nouvelles pis j'ai pas vu ben ben d'avis de recherche. Mais j'ai dit 'je le sais pas'... J'ai dit ' je fais ma vie'...

André   —C'est ma vie, ça m'appartient...

Julie   —C'est ça !

André   —Entre parenthèses, le dragage de la rivière Coaticook, un mois peut-être deux avant que tu réapparaisses, t'en as pas eu connaissance ?

Julie   —Pas du tout ! Pas du tout ! Je savais rien de ça, moi... À cause d'un voyant, de quoi de même. C'est ça qui m'avait été conté.

André   —C'est quoi ?... Serais-tu capable de me définir l'amour ?

Julie   —L'amour... J'peux pas (rire). J'ai jamais été en amour. J'peux pas te la définir (rire).

André   —Je vais te poser une autre question sur l'amour... L'amour parental...

Julie   —Parental ?

André   —Oui... l'amour des parents pour leur enfant ? Peux-tu me définir ça ? As-tu une idée de... Peux-

tu t'exprimer là-dessus ou...

Julie   —Un parent qui aime son enfant...

André   —Est-ce que t'as l'impression que tes parents t'aimaient ?

Julie   —Non !

André   —Donc pour toi, l'amour, c'est pas ça.

Julie   —Ben (rire)... (On a ouvert la porte patio et dit quelque chose d'inaudible sur la cassette.) Mon père peut-être. Mais si... Ma mère, on. J'peux pas comprendre...

André   —Mais j'ai de la misère avec ta réponse pour ton père suite au téléphone d'hier. J'ai un petit peu de misère : me semble qu'il t'aime mal.

Julie   —Oué ! Il comprend pas. Comme je te disais, la définition de ça, là, un parent qui aime son enfant va essayer de le comprendre. Pis je lui expliquais à mon père, là, j'ai dit 'pour faire le livre là'... ouais, comment qu'il m'a dit ça donc... c'est lui qui m'a parlé en premier de ça. Il dit 'ouais, si tu fais des sous avec ça, ça va être le fun pour toi'. J'ai dit 'papa, c'est pas pour ça que j'fais ça, (Jean-Paul entre en déclarant qu'il a faim; Julie lui dit en riant 'ben mange !') c'est pas pour l'argent que je fais ça', j'ai dit 'voyons, j'veux me libérer pis ça va me faire du bien... j'ai hâte que le livre sorte... j'ai hâte que le monde sache c'est quoi l'histoire'... J'ai dit 'c'est pas pour vous caler non plus que je fais le livre, c'est pour arriver pis que ça soit fini'... En tout cas... Il a dit 'ouè, ouè'...

(Jean-Paul retourne sur la patio. Les voix sont mélangées. Je reprends mon interrogatoire.)

André   —Tu ne te sens pas vulnérable étant donné que tu n'as pas de biens à toi.

Julie −Vulnérable ?

André −Comment dire ça... plus faible parce que t'as pas d'autonomie financière finalement. Tu dépends de... de Jean-Paul jusqu'à un certain point.

Julie −Ouais (doute)...

André −Mais... tu gagnes ta vie...

Julie −Mais oui, je gagne ma vie. J'ai mon salaire, j'ai mon petit salaire...

André −O.K.

Julie −Il veut me mettre co-propriétaire ici. Ça fait que je vas en avoir une, une autonomie financière.

André −C'est beau ! T'as pas le projet de retourner à l'école...

Julie −Suis pas forte sur l'école. Je te dirais pas... mettons, je tomberais riche, peut-être. Mais à part de ça, non...

André −Mais t'as déjà aimé ça.

Julie −Oui, j'ai aimé ça, oui, j'ai aimé ça, l'école. Mais câlife, les gars, mettons que je veux faire un métier, n'importe lequel, quelque chose qui demande le cégep, l'université... j'ai même pas mon Secondaire 3 de fait. Comment de temps que je vas passer à l'école ? Pis quand je ressors de là, faut je me trouve une place. Hey... Mettons tu passes six ans de ta vie à l'école, t'es plein de prêts et bourses... mais tu travailles six ans de ta vie, t'as quelque chose là... En tout cas, moi, c'est de même que je vois ça. Si à un moment donné, je tomberais millionnaire, peut-être.

André −Projet d'avenir, ça serait possiblement l'histoire du domaine dont tu as parlé.

206

Julie —Oué ! Le domaine...

André —*Avec des chevaux.*

Julie —Le domaine ou vendre pis s'en aller, là, en Winnebago... voyager pis...

André —*(Rire forcé) Là, je vais te poser une question qui était sur ma liste avant le téléphone d'hier (du père de Julie), est-ce que t'as le goût d'une réconciliation avec tes parents ? Pas trop ?*

Julie —Ouf ! Ouf ! Ouais... Heu... Quand j'suis revenue... quand ils m'ont retrouvée, là, j'ai fait un saut de voir... ma mère, sa réaction, pis tout ça. Là, j'ai dit 'tabarouette'... j'ai dit 'si elle consulte pas'... Ça serait le fun que vous marqueriez dans le livre... j'veux pas caler personne avec ce livre-là... le plus beau cadeau qu'elle pourrait me faire, ça serait d'aller consulter (un psy)... pis en tout cas que ça se replace, qu'est-ce qu'elle a. Vous l'avez même pas rencontrée, vous savez pas comment qu'elle est. C'est ça je disais à Jean-Paul... Jean-Paul, lui, il en revenait pas, il disait 'comment ça qu'elle est de même' ? J'ai dit 'l'affaire que j'sus contente, avant, c'était moi toute seule qui le voyais, là, y a quelqu'un qui le voit'.

André —*Mais d'une manière... ça semble absurde, mais le fait qu'ils aient refusé que je les rencontre, c'est au fond une manière de les rencontrer...*

Julie —J'comprends pas...

André —*Ben, j'comprends beaucoup...*

Julie —(Son regard s'éclaire) O.K. je comprends, O.K.

André —*J'me trouve à les rencontrer sans les rencontrer physiquement. Je les rencontre j'ai envie de dire sous leur vrai jour... J'te le dis, j'ai été ébranlé par ce téléphone-là...*

Julie   —Ben moi, je vous crois, ça, c'est sûr, mais tabarouette... j'suis pas capable de le suivre. Pourtant, j'suis une fille qui est assez intelligente pis j'ai tout le temps essayé de la comprendre pis de comprendre mon père : pourquoi qu'il agit de même, pourquoi qu'il se réveille pas, là, pourquoi qu'il était pas capable de voir qu'est-ce qui se passait. J'y disais à mon père qu'est-ce qui se passait au collège pis tout. Non...

André   —C'est la peur qu'il a de la perdre.

Julie   —Ah oui ! Ah oui ! S'il aurait pas peur, ça ferait longtemps, pour moi, qu'ils se seraient séparés. C'est encore pire, l'autre jour, la première fois que j'suis allée là avec Jean-Paul...

André   —Vous y êtes allés...

Julie   —Une fois, une fois oui. Suis allée là la première fois avec mon avocate pis l'autre... la travailleuse sociale. Pis après ça, suis allée là avec Jean-Paul. Est arrivée, elle a dit à table 'viens, faut se parler'. Pis elle voulait pas que mon père soit là. À un moment donné, elle a dit 'moi, j'sais pas c'est que je fais encore avec Michel'...

André   —Elle appelle son mari Michel devant toi et...

Julie   —Ben oui !

André   —Pas ton père.

Julie   —Non, non, c'est Michel... Elle dit 'j'sais même pas ce que je fais encore avec Michel'. Tu sais en voulant dire que c'était dur pas mal... J'ai trouvé ça spécial. Pis lui en tout cas, hé, il la défend. Tu l'as vu, tu l'as appelé. Mon père, il est de même. Juste papa tout seul, y a pas de problème. Parce que là quand maman... le premier coup que je suis allée là, on est arrivé... mon père, il pleurait, il était tout content de me voir... On s'est parlé en bas, dans la cave, on a jasé longtemps. Tout allait ben. Là, aussitôt que ma mère, elle rentre, là, il se tasse... moi, j'peux pas comprendre, j'peux pas comprendre... En tout cas...

André   –*Y a rien qui a changé ?*

Julie   –Ah non ! Elle, ça rempire. Je te le dis 'ça rempire'. C'est ça que j'comprends pas parce que je lui en ai parlé au téléphone. J'ai dit 'parle-y à ce monsieur-là, montrez-y des photos quand j'étais jeune... peut-être qu'il s'est passé des belles affaires aussi là. Il dit 'oui, oui', on va te montrer ça. Pis là, il arrive avec le téléphone, c'est ça je comprends pas. Parce que papa, samedi, il m'a appelée, pis tu voyais, y avait quelque chose. Il a dit 'on en reparlera, l'affaire de La Tribune, on en reparlera'. Demain, il dit, ta mère est supposée aller voir une ma tante dans la Beauce. Il dit on va aller te voir pis on va t'appeler avant. Finalement non. Ça rien fait...

André   –*Son pas venus.*

Julie   –Non.

André   –*Et le lundi, t'as reçu ça.* (une lettre anonyme très virulente, postée à Sainte-Marie et qui sera reproduite vers la fin de ce livre).

Julie   –Lundi matin, j'ai reçu ça. Je vas te dire de quoi... que j'ai fait un saut. Parce que l'écriture, je la reconnais, je la reconnais. (À micro fermé, Julie me fait part de ses soupçons. On y reviendra vers la fin du livre quand la lettre sera reproduite.)

(On ne peut en conclure à une certitude et l'opinion de Julie sur la ou les mains ayant écrit cette lettre reste à être prouvée.)

209

André —Ben là, ça va se calmer un peu pour un bout de temps.

Julie —Ça serait bon qu'on la mette dans le livre, ça serait bon.

André —Je me demande si je leur enverrai pas tout simplement pour finaliser avec eux autres... c'est un mensonge, je te le dis, ce serait un mensonge, j'sais pas si tu serais d'accord avec ça, mais je leur dirais 'votre non participation va retarder la sortie du livre'... pour avoir la paix. Si ils pensent que c'est reporté après les fêtes, mais si je leur dis qu'il va sortir plus vite encore que ce qui a été prévu... j'ai... j'ai eu des problèmes hier... J'ai peur un peu, je dois l'avouer...* (peur d'avocasseries qui retarderaient la sortie du livre et nous feraient manquer la période des fêtes, car il me semble que les parents de Julie ont l'avocat facile).

Julie —Mais c'est quoi qu'il a dit ? A-t-il fait des menaces ?

André —Non. Mais c'est la façon dont il disait les choses... contrairement...*

Julie —Elle l'a crinqué, elle...

André —C'était le côté de l'homme complètement inverse de ce qu'il était une heure plus tôt.*

Julie —C'est ça, c'est elle...

André —Il était doux, gentil...*

Julie —Lui itou, Jean-Paul, il lui a parlé. Crime il dit 'ton père, je m'adonne ben avec, c'est l'enfer'. Mais aussitôt que ma mère... tu l'as vu... regarde, la preuve, il t'a appelé pis une heure après, immanquable, est arrivée... Hey monsieur... ça change : le jour pis la nuit.

André —Ça veut dire que... elle avait peut-être pas*

fait de commentaire sur la lettre (que je leur ai envoyée)...
elle attendait la dernière minute. Parce que la lettre montrait toutes mes intentions. Tu lui en as parlé...

Julie   —Je le sais pas. J'peux pas vous dire, j'étais pas là.

André   —(soupir) En tout cas...

Julie   —Moi, j'suis pas capable de la comprendre. Suis pas capable.

André   —Est-ce que, en gros, tu fais plus confiance aux hommes qu'aux femmes... de façon générale ?

Julie   —Ça a pas de rapport. Rien à voir...

André   —Tu peux faire confiance à une femme facilement ou à un homme facilement ou ne pas faire confiance...

Julie   —J'ai de la misère à faire confiance au monde (rire) en général. J'ai ben de la misère. Ça fait que homme, femme, quand une personne veut te jouer dans le dos, elle va te jouer dans le dos.

André   —Est-ce que tu vois différemment... Jippy, c'est Jean-Paul ?

Julie   —Oui.

André   —Et pourquoi tu l'appelais Jo tantôt ?

Julie   —(Rire émerveillé). Ben moi, je l'appelle Jo pis lui il m'appelle Jo.

André   —Y a une chose... rien à voir avec ça... je trouve ça drôle quand tu fais ça, je trouve ça charmant, mais j'ai jamais vu ça... souvent, sur tes courriels, t'écris lolololo...

Julie   —Ah, ça veut dire... parce que je ris...

André   —Ah bon ?

Julie –   —(Éclat de rire) Tu le savais pas ? C'est

211

quand tu ris, ça. Au lieu de marquer ha ha ha, tu marques lololo... Tu le savais pas ? Tu devais te poser des questions certain.

André   *—Je savais que c'était pas problématique, mais je l'avais jamais vu.*

Julie   —Non. Ça, c'est parce que je ris.

André   *—Bon tes travaux aux côtés de Jean-Paul, on pourra en reparler plus tard aussi, heu... Si c'était possible, je détesterais pas faire un...*

Julie   —Aller voir la terre ?

André   *—Oui.*

Julie   —(Émerveillée) Ben maudit, vous viendrez ! Aïe...

André   *—Pourquoi un livre sur ta vie ?*

Julie   —Pourquoi un livre sur ma vie ?

André   *—Je le sais, là. Mais Arcand va te la poser, ça, c'est sûr.*

Julie   —Pour me libérer. Parce que... y a une affaire... hé que ça m'a insultée, ça. Quand suis arrivée, quand ils m'ont poignée, là, j'ai fait le transfert de Saint-Joseph à Sherbrooke. J'ai changé d'auto-patrouille à Black Lake. Avec deux autres patrouilleurs. Là, l'autre patrouilleur, il disait 'là, tu vas tout pouvoir conter aux policiers, aux enquêteurs'. L'enquêteur à Sherbrooke, il s'appelait Stéphane Caputo. Il dit 'tu vas tout pouvoir leur conter, tous les détails, qu'est-ce qui s'est passé chez vous avec tes parents, pis durant ta fugue et tout ça'. J'ai dit ' j'en ai à conter... là, j'arrive là-bas, je jase avec le gars. Il dit 'moi, les détails, ça m'intéresse pas'. J'ai dit 'voyons, crime, là, comment ça se fait qu'eux autres, ils m'ont dit ça'... Ah ben, j'ai dit 'tabarnache'... À un moment donné, l'enquêteur principal, c'est Norman Kelly. Lui il connaissait ben mes parents. Il est allé les voir, les prévenir à quatre cinq heures du matin. Quand il est revenu, moi, j'ai dit 'j'veux pas de contacts avec mes parents'. Là, il m'est arrivé avec une lettre de mes parents. J'ai dit 'j'veux pas de contacts avec mes parents, j'veux parler à Jean-Paul'.

Là, il avait un bloc-notes avec un crayon. Il dit 'si tu veux écrire à tes parents, écris, je vas tout faire pour que ça se rende'. Ça, ça m'a insultée. Là, je poigne le bloc-notes, il était 4, 5 heures du matin, j'étais full fatiguée, je marque 'déclaration'. Pis là, je fais une déclaration de 4, 5 pages. Je parlais de ma fugue, je parlais de la façon que les policiers... j'ai dit que je trouvais ça spécial. J'ai parlé de ça, ça m'a fait du bien. Pis là, je l'ai montré à Norman. Il dit 'me visais-tu' ? J'ai dit 'non, c'est pas toi que je visais, j'ai dit les deux autres'.

Pour me libérer. Je sors mon livre pour me libérer.

André   —Et... une question que... probablement qu'on mettra pas ça dans le livre... probablement que le chapitre 1, ça va être les approches. Le dimanche où on s'est parlé ici... Pourquoi finalement m'avoir choisi, moi, André Mathieu. Parce que Paul Arcand va sûrement te la poser.

Julie   —Ah, sûrement, sûrement ! Pourquoi... Ça, c'est sûr, j'avais envie d'écrire un livre. Pourquoi... (hésitation et rire)... vous m'avez convaincue.

André   —Convaincue...

Julie   —Ben, je le sais pas...

André   —Les arguments de conviction, étant donné peut-être... tu me diras 'ça oui, ça non'... le fait d'avoir déjà lu certains de mes livres...

Julie   —Oui, ça, ça l'aide beaucoup.

André   —Le fait que j'en ai écrit 55 ?

Julie   —Ça itou. Pis encore aussi que... mettons que j'ai à répondre aux éditeurs de Saguenay ou Montréal... C'est pas quelqu'un qui vient d'ici, ça... Hey, non, non, ça marcherait pas. Pis y en a beaucoup, hein. Ils m'offraient 10,000$, 50,000$. Là quand vous m'avez expliqué... oui, ils vont te le donner, mais après ça, ils vont aller le rechercher.

André   —Ah, c'est évident ! Quand j'ai dit ça à Luc Dionne qui est le réalisateur d'Aurore, en lui disant ça, il est parti à rire... il a dit 'tu penses qu'ils vont leur donner ça pour leurs beaux yeux'. Ils vont aller le rechercher d'une autre façon. Dans un livre, t'as 100%. Y a 40% qui va au libraire. Y a tant % pour le diffuseur. On peut pas arriver pis dire y a 110% dans un livre.

Julie   —Non, non, non, ben non.

André   —Si un livre te rapporte tant et un film tant, qu'est-ce que tu ferais avec cet argent ?

Julie   —Hey, des beaux rêves... J'me fie pas ben ben là-dessus. Des projets, c'est pas ça qui manque. (Ils les avaient bien avant aujourd'hui.) Un Winnebago, une piscine peut-être, une pépine pour travailler sur notre terre à bois. Comme je dis, je me fie pas à ça, pis si je me posais la question, hier, si mettons j'avais un tel montant d'argent, peut-être que je l'investirais dans quelque chose. Pour que ça rapporte. Mais je me fie pas là-dessus, j'ai pas d'attentes.

André   —Là, je te pose des questions que la madame à posées.

Julie   —Quelle madame ?

André   *–La journaliste qui est à la veille d'arriver.*

Julie   –Ah, O.K.

André   *–Comment que t'étais habillée à notre pre-mière rencontre ? Je m'en rappelle pas.*

Julie   –(rire) Ben moi non plus, je m'en rap-pelle pas. Je le sais que le dernier coup, j'avais des jeans, j'avais un gilet beige, mais câline, l'autre coup, là... j'avais... hé Seigneur, non...

André   *–Les premières paroles.*

Julie   –Les premières paroles. Je m'en rappelle pus, moi.

André   *–Étais-tu gênée, réservée, sur la défensive. T'étais un peu sur la défensive.*

Julie   –Oué, oué...

André   *–Parce que c'est normal, parce que tu fais pas confiance facilement... A-t-elle modifié des clauses du contrat ?*

Julie   –Un peu... Ah oui, c'est ça je voulais vous demander... mettons au...

(Suit une discussion sur les clauses monétaires. Puis je reprends l'entrevue.)

André   *–Connaissez-vous ses réactions (à Julie) face à ce qui a été écrit dans les médias. Ce n'était pas tou-jours flatteur.*

Julie   –C'est ça. C'était pas toujours flatteur.

André   *–Ça te fâchait ? Ça te blessait ?*

Julie   –Qu'est-ce qui m'a fâchée ?...

André   *–C'est pour ça que je t'ai sermonnée un peu la semaine passée à propos de ta mère. J'ai dit 'arrête de pleurer pour elle pis ris'.*

Julie   –C'est sûr, là (doute)...

André –*Facile à dire, mais pas facile à faire.*

Julie –Je regardais ça, j'avais écouté là-bas... mardi ou mercredi... c'était l'émission de François Paradis... Point de Mire ou Point de Vue... elle avait passé... Pis hey monsieur, j'avais pété une coche, là. Elle a dit 'elle est partie à cause d'une peine d'amour pis elle consommait'...

André –*Ta mère, ça.*

Julie –Ben oui. Elle a dit ça à TV. Pis ça a passé dans La Tribune, partout. Elle a dit que je consommais, que j'étais partie à cause d'une peine d'amour pis que... elle me souhaitait le meilleur psychologue au monde. Hey, quand elle a dit ça, j'ai dit 'ah non, c'est pas vrai'. En tout cas... (soupir désolé). Là, mon père, il voulait spécifier ça. Il dit 'on a dit à un média qu'elle voulait pas nous voir, c'est juste parce qu'elle est pas prête'. Mais c'était pas vrai. C'est juste parce que je voulais pas les voir. J'étais obligée. La DPJ, j'étais obligée, là. Pendant l'évaluation, fallait que je les rencontre. Je les ai rencontrés.

André –*Autres questions. Quel genre de vie a-t-elle présentement ? Qu'est-ce que Jean-Paul lui a apporté que ses parents ne lui ont pas donné ? La liberté, c'est évident...*

Julie –C'est évident là !

André –*Comment se déroulent vos rencontres. Un exemple d'une journée-type. Est-ce que vous employez la même méthode que lorsque vous avez écrit Aurore, l'enfant martyre, c'est-à-dire vous rendre sur les lieux ? Précisez ce que vous faites pour recueillir les faits et construire l'histoire de Julie...*

Julie –Recueillir les faits ? Ben là, vous me questionnez...

André —*Ben c'est ça... Est-ce que Jean-Paul serait un ancien fugueur pour l'avoir comprise de la sorte ?*

Julie —Ben non ! (ton à l'évidence) (rires) Hey, ça, je ris quand tu dis ça. Ben non, hey ! Il a eu des bons parents, Jean-Paul. Très bons parents.

André —*Sont vivants ?*

Julie —Son père est décédé. Sa mère est en vie.

André —*Quelle est sa date de naissance ? C'est-il un Bélier, lui ?*

Julie —Oui, c'est un Bélier.

André —*Comme moi.*

Julie —Onze avril 1966.

André —*Ah, onze avril ? Moi, c'est le 10.*

Julie —C'est ça. C'est ça.

André —*Qu'est-ce qu'elle pense faire, la majorité atteinte ? Julie disait avoir pensé au suicide déjà. Est-ce lui qui l'a influencée à prendre une autre décision ? L'a-t-il sauvée du suicide ou sortie de la prostitution, de la drogue ?*

Julie —... oui, en tabarouette. Sans lui, j'sais pas où c'est que j'serais aujourd'hui. C'est un gars qui a un bon moral, qui est capable de remonter le monde, il est capable... en tout cas, il m'a vraiment encouragée, il m'a vraiment aidée. Si ç'avait pas été de lui, moi, j'pas sûre où est-ce que j'aurais été me retrouver. Ça aurait pas été beau. Déjà que j'avais vécu l'enfer de Montréal... ah, j'étais perdue quand j'suis arrivée là, j'étais vraiment perdue.

André —*Maintenant, étant donné que tout le monde... là, c'est moi qui pose la question... étant donné que tout le monde... là, c'est sorti dans les médias... l'histoire de prostitution, est-ce que je peux la toucher ?*

217

Clic   –(Le magnétophone vient de s'arrêter.)

André   –... *vaguement, là. Les médias sont arrivés avec ça alors... Moi, ce que je peux dire, c'est que tu as été un objet en quelque sorte pendant trois longues semaines.*

Julie   –Oui...

André   –... entre les mains de quelqu'un qui t'a manipulée, droguée, qui t'a etc...

Julie   –Oui...

André   –*Et à ce moment-là, comme je disais à Solange ce matin, t'as pas été Aurore, mais reste que l'attitude de ta mère particulièrement...*

Julie   –Hé...

André   –*... a fait en sorte qu'un jour tu fugues et que tu tombes dans des 'christi' de problèmes.*

Julie   –Oui...

André   –*Alors t'étais pas Aurore... physique...*

Julie   –Non, pas physique, mais mental... il a pris ça chaud, le mental.

André   –*Est-ce qu'elle (Julie) désire se marier un jour, avoir des enfants ? Des enfants, ça te dit-il d'en avoir éventuellement...*

(Je continue de lire les questions de la journaliste de DH)

Julie   –J'songe pas trop à ça... Sais pas, peut-être un jour. Mais le mariage, ça, j'crois pas à ça. Aujourd'hui, là, non !

André   –*Est-elle consciente de l'espoir qu'elle donne aux parents d'enfants disparus ? Ça, c'est important. "Peut-être que ma fille ou mon garçon aussi est encore* vivant." Ça, on va le développer dans le livre. Tu m'as mis sur la piste... On les retrouve toujours dans le ruisseau...

Julie   –Tout le temps.

André   –Tandis que toi, on te retrouve heureuse. Ça veut dire que...

Julie   –Ça va donner de l'espoir, hein...

André   –Peut-être que comme Julie Bureau, ma fille...

Julie   –Ben ça, c'est correct qu'ils espèrent. Mais moi, l'affaire que j'ai pas aimée, c'est que les parents disent 'là, elle a été retrouvée, mais là, nos enfants, ils vont faire plus de fugues à cause d'elle. Ça fait que c'est quasiment à moi de porter la responsabilité que les enfants font des fugues. C'est moi qui les incite. Y en a beaucoup beaucoup qui m'ont dit ça. Si y a un journaliste qui m'en parle, je vas lui dire ' auriez-vous aimé mieux me retrouver morte' ? Même dans le *Dernière Heure*, ils en parlaient... que j'suis pas un exemple pour la société... ont laissé une porte ouverte aux enfants qui font des fugues. J'ai dit 'voyons, j'ai pas à porter la responsabilité de ça'.

André   –Et en plus, c'est comme s'ils définissaient une fugue à 100% quelque chose de négatif. C'est pas sûr, ça... qu'un enfant qui est harcelé de cette façon-là pis qui a un tempérament comme tu en avais un... c'est peut-être le bon 'move' que tu as fait...

Julie   –C'est le bon 'move', Certain.

André   –T'avais le suicide ou t'avais la fugue : en quelque part, va falloir qu'ils réfléchissent à ça. En tout cas. A-t-elle gardé un quelconque lien familial (oncle, tante, cousine) ?...

Julie   −Non. J'ai pas contacté personne.

André   −Le rôle de Jean-Paul par rapport au livre de Julie. L'a-t-il conseillée ?

Julie   −Non, il m'a dit : "Fais ce que tu veux. C'est ta vie, c'est ton livre. Si ça te fait du bien, tu l'écris; si tu veux pas l'écrire, écris-le pas."

André   −Es-tu croyante ?

Julie   −Oui ! Ben oui, on va à l'église.

André   −Oui ?

Julie   −Oui, oui, oui, à chaque dimanche, on va à l'église. Ben je vous l'ai dit, avant que je parte, j'avais prié.

André   −Non.

Julie   −Hein, je vous l'ai pas dit ? Ben oui, je vous l'ai dit.

André   −J'ai oublié... c'est enregistré ?

Julie   −Avant peut-être... Mais oui, oui, j'ai prié longtemps... j'ai dit 'j'veux être ben pis tout ça'. Faut croire que le bon Dieu m'a écoutée, hein ? Ça, j'y crois.

André   −Combien de temps entre ta fugue et ta rencontre avec Jean-Paul ? C'est 3 semaines ?

Julie   −Trois semaines et demie...

André   −Elle demandait quel portrait fais-tu de Jean-Paul.

Julie   −Quel portrait ?

André   −Physique, ben là...

Julie   −(rire)

André   −Moral... généreux ?...

Julie   −Oui, oui, généreux... honnête. Très honnête. J'ai jamais vu quelqu'un qui est honnête de même. Je lui fais confiance. C'est quelqu'un que je peux avoir confiance en lui. C'est quelqu'un qui...

André   –*Qui est fiable ?*

Julie   –Très fiable, très fiable. Ça, là... en tout cas, je me fie pas à personne d'autre.

André   –*As-tu déjà eu une chicane avec lui ?*

Julie   –Ah, ben oui, c'est sûr, des fois on se chicane, là. C'est comme tout le monde. À un moment donné, on s'était chicanés. J'ai pris mon petit 'pacsac', j'ai dit 'je m'en vas'. Finalement, il était sorti dehors, il a dit 'reviens là'. Il dit 'j'veux que tu reviennes'. Là, j'suis revenue. Tout le monde se chicane, là. Mais on se chicane vraiment pas souvent. Ça, c'est rare. Très rare.

André   –*La madame a écrit ici 'qu'est-ce qu'elle pense de son éditeur ? De votre approche' ? De la lettre de départ ?*

Julie   –Oui, ça, j'ai trouvé ça bon. Je vous ai choisi aussi parce que vous avez de l'expérience. C'est pas comme quelqu'un qui aurait 20 ans pis que ça serait le premier ou le deuxième livre qu'il fait. C'est dur, faire confiance à quelqu'un, là. Tu racontes ta vie, ton histoire. Un roman, ça me dérangerait pas. Mais c'est ta vie, là. Faut pas que la personne elle aille tout raconter ça à l'envers.

André   –*Comme certains journalistes...*

Julie   –Les journalistes, ça, c'est mortel. J'ai lu votre livre Aurore, pis j'avais lu Donald Morrison pis j'avais trouvé ça bon. C'est pour ça que j'ai fait un saut. J'ai dit 'crime, c'est lui qui a écrit ça, tabarouette... pis c'est ça, vous m'avez convaincue. Toutes les choses que vous m'avez dites, c'est logique. Moi, j'connais rien là-dedans. C'est des affaires que j'savais pas. Ça m'a convaincue de vous faire confiance. En plus que vous venez du coin. Ça, ça aide. Vous avez... des contacts, vous avez vos lecteurs.

André   —J'en ai 300,000 de vendus des miens : ça fait beaucoup de lecteurs potentiels.

Julie   —Hé tabarouette !

André   —Je recevais une lettre de madame Daigle de Saint-Hyacinthe hier. Elle dit 'j'suis ben heureuse de vos livres, j'ai assez hâte de lire le livre de Julie. Avertissez-moi...'

Julie   —Y a une madame... ma chum de fille est infirmière, elle reste à Beauceville... sa mère elle reste à Gatineau de quoi de même... en tout cas assez loin... Pis elle l'a appelée pis elle sait pas qu'on se tient ensemble un petit peu... Elle a dit quand le livre de Julie sortira, tu me le diras, j'vas en acheter un certain. J'ai trouvé ça drôle. Elle me contait ça l'autre jour. "Elle sait même pas que je me tiens avec toi, imagine si elle saurait..."

André   —Euh !... Ça, on l'a vu... Je voulais leur demander aussi —j'sais pas si elle va le faire, en tout cas— —des fois, j'suis un petit peu bête, mais c'est pas pour me défouler, c'est pour mettre les points sur les 'I', mais j'peux me tromper aussi dans certaines circonstances— elle, je lui avais demandé —parce qu'il y en a pas beaucoup qui l'ont fait, j'ai demandé à d'autres mais ils l'ont pas fait— qu'on m'envoie une opinion sur ta fugue.

Julie   —O.K.

André   —Je vas prendre ça pis le mettre entre les chapitres...

Julie   —Et faire un commentaire. C'est à qui que

222

vous avez demandé ça ?

Andé   *–À la madame qui s'en vient.*

Julie   –Ah, O.K, O.K. la journaliste.

André   *–Oué.*

Julie   –Ah, mon doux !

André   *–J'espère qu'elle va l'écrire. Je leur ai donné mon no de fax et mon adresse courriel... J'ai eu... au moins 5 propositions pour écrire la vie d'un tel, d'une telle. Je te conte ça...*

Julie   –O.K.

André   *–Une, elle dit 'c'est vous qui allez faire le livre de Julie Surprenant'. J'ai dit 'non, c'est Julie Bureau'. Elle dit 'la fille de Beauceville, là... Je dis 'oui'. Elle dit 'ben mon histoire est ben plus importante que ça, moi.'*

Julie   –Ahhh !

André   *–J'ai dit 'comment ça ?' Elle dit 'mon gars est disparu à 21 ans, il est pas revenu, pis j'ai toute une histoire à vous conter là-dessus'. J'ai dit 'j'doute pas de votre parole, chère madame, mais là, j'suis dans un dossier pis on met pas un dossier de côté pour en prendre un autre'. Elle dit 'coudon, là, vous, la Julie Surprenant... ' J'ai dit 'c'est pas Julie Surprenant, c'est Julie Bureau...*

Julie   –(rires) c'est Julie Bureau...

André   *–Elle dit 'c'est pas important, ça'. J'ai dit 'ben moi, je considère que c'est important... Julie est tellement médiatisée. Pis c'est un cas d'exception qui... qu'on retrouve heureuse alors qu'on les retrouve tous au fond des ruisseaux.*

Julie   –Ouais.

André   *–Et... elle a insisté un bout de temps. Pis*

moi, j'étais très, très doux, très calme... Tout d'un coup,
elle se fâche...

Julie   —Ben voyons donc !

André   —Elle se fâche... "Scusez-moi de vous avoir
dérangé" Pis elle me raccroche au nez.

Julie   —Hein ?!

André   —Flac : elle ferme la ligne.

Julie   —Hein ?!?!?!?! Le monde, ça sait pas vivre. Y a une affaire qui m'a fâchée. L'affaire que
vous m'avez dit tantôt... l'animateur de radio qui a
dit que l'argent du livre, ça devrait servir à payer
pour les recherches...

André   —J'ai 8 réponses à donner à ça. (Voir chapi-
tre intitulé Julie jugée la question des retombées et en
chapitre de conclusion.)

Julie   —J'ai pas fait ça (la fugue) pour faire un
caprice. C'est pas un caprice. C'est une question de
vie ou de mort, là. On dirait que le monde, ils com-
prennent pas ça. Pis là, que je soye revenue, ah ben
là, tu vas payer les recherches.

André   —Parce que là, ils te prennent... pour la cou-
pable.

Julie   —Mets-en !

André   —Je devrais être froid par rapport à ça... La-
voie, là, l'animateur de Sherbrooke... C'est un peu de sa
faute si ton père est 'crinqué' aussi. Parce que lui, le
premier qui m'a appelé le matin (de l'ouragan médiati-
que) c'est lui. À 6 heures du matin. J'ai dit oui tout de
suite. De toute façon, j'ai refusé personne... Il a dit pres-
que tout de suite 'les gens disent tous dans la région ici
qu'on devrait prendre l'argent du livre pour payer les
recherches'...

Julie   —Ça, c'est d'être sale...

André —Pis là, lui... un animateur, ça fait ce que ça veut avec son monde. Si l'animateur se met d'un côté, ils vont tous aller de ce bord-là parce que c'est des moutons qui sont aux écoutes. Et ceux qui sont contre, ils osent pas parler, ils osent pas téléphoner... Ton père, lui, il était à Sherbrooke pour un examen... là, il m'a dit 'j'ai tout entendu ça, pis tout le monde est en maudit après ça, pis ils achèteront pas le livre...' J'ai dit 'pas de problème, s'ils achètent pas, on n'en vend pas'...

Julie —Ça finit là, c'est tout...

André —... Ça vous enlève rien, là... Pis j'ai dit 'c'est Jacques Lavoie qui a crinqué le monde à Sherbrooke parce que... il m'a 'blasté' en partant le matin.

Julie —(en soupirant) Hé tabarouette ! C'est donc sale... excusez l'expression là...

André —Dès qu'on parle d'un livre sur Julie Bureau, c'est immédiatement l'argent. Une de mes réponses, là... j'ai écrit Aurore en 1990...

Julie —Ouais...

André —J'ai écrit Aurore... C'était pas pour une question d'argent, là. J'étais tout seul (et sans le sou) pour faire la recherche, pis tout seul dans mon genre dans ce métier-là... le livre m'a permis de survivre un an... comme mes autres. J'ai pas fait un million avec Aurore... (J'aurais dû ajouter ici que si j'avais fait Aurore pour l'argent, jamais je n'aurais refusé le projet de film qui me fut alors (1990) présenté et qui m'aurait valu 25,000$ tandis que je tirais le diable par la queue. Il m'aura fallu attendre encore 13 ans (2003) avant que quelqu'un (Luc Dionne) prenne conscience de la valeur de mon livre pour adaptation au cinéma. Non, je n'ai jamais écrit pour l'argent. Par contre, il en faut pour manger et payer son loyer.) *Mais les gens, tout de suite 'geling geling geling'...*

Julie   —L'argent, oué. C'est juste ça qui mène le monde.

André   —J'ai dit 'avec Julie... j'ai soumis à Julie des valeurs bien différentes de l'argent, pis j'ai dit 'en plus elle a eu des offres ailleurs, pis elle aurait pu les prendre si ça avait été rien que l'argent parce que eux autres...'

Julie   —C'était l'argent, eux autres... Non, c'est pas question de ça. Ça me fait du bien de le dire, de parler, de me juger pis de juger mes parents pis de juger tout le monde. Pis que ça s'arrête. C'est ça que j'ai hâte. Suis certaine qu'il y en a plus contre moi qu'il y en a d'autres.

André   —Comme c'est là, mais c'est ça que...

Julie   —Moi, j'veux mettre ça au clair.

André   —C'est une autre chose aussi que je disais... Moi, dans le domaine du livre, je suis pas mal dur à attaquer.

Julie   —Ah oui !

André   —Parce que je suis rendu à 55 livres pis ça pas toujours été facile.

Julie   —Ça doit pas.

André   —Tout le monde le dit...

Julie   —Vous l'avez, votre réputation.

André   —Pis je la mets là, avec Julie Bureau, sur la table avec Julie Bureau.

Julie   —... honnête.

André   —J'ai pas peur non plus. Quand on ira dans les médias, que le livre va être écrit, je te dis une chose, les gens avec les signes de piastres...

Julie   –Ça va arrêter.

André   –*Ah !...*

Julie   –J'ai hâte de voir ça.

André   –*Là, on va arrêter. Moi, j'suis pas mal fatigué...*

Julie   –O.K.

<u>Fin de la longue entrevue du 27 août.</u>

***

Chapitre 12

Un empire sans parole ?

Ce même jour, fin de l'avant-midi

Et voici que surviennent nos gens de *Dernière Heure*. Une journaliste à la plume d'oie et qui s'en sert avec adresse pour nous ravir et nous amener à ses objectifs. "Qui ne tente rien..." dit-elle souvent dans ses courriels. Mais elle est d'une gentillesse incomparable tout comme d'ailleurs le photographe qui l'accompagne. Du vrai bon monde !

L'entente porte sur 2 photos. Une de Julie et moi en train de signer le contrat d'édition. Une autre de Julie dans son bonheur de Beauceville. Et l'entente portait aussi sur le titre en couverture de la revue : "*Ma rencontre avec Julie Bureau.*" Le mot 'ma' concernant André Mathieu.

Je veux à tout prix protéger la stratégie établie et surtout préserver la primeur garantie aux gens d'Arcand. Pour moi, parole donnée est parole sacrée. À moins d'avoir un pistolet sur la tempe.

(Je sais, on a vu tout cela, mais qu'on me permette de le redire en le résumant. Ce ne sera pas inutile dans l'histoire de Julie Bureau en raison des conséquences sur la vente de son livre.)

On prend 148 photos pour en faire 2. Il en faut plusieurs pour en choisir deux bonnes, me dit-on. Et puis avec ces caméras numériques, tout est permis. Et on en utilisera plus d'une douzaine dans la revue.

On m'isole avec Julie et la journaliste en profite pour poser quelques questions légères (qui n'ont rien à voir avec la teneur du livre en devenir). Finalement, tout se passe plutôt bien. Je donne l'entrevue au restaurant. On se quitte bons amis. Et j'espère qu'on le demeurera longtemps en dépit de mes critiques qui ne s'adressent pas à ceux qui sont venus mais bien plutôt à ceux qui les dirigent à Montréal.

Dix jours plus tard, la revue sort. Le reportage est magnifique aux yeux du lecteur. Sauf que la couverture et le titre me contrarient. J'en ferai part à la journaliste qui s'en remettra à sa direction. Et la direction m'écrira qu'à la rédaction, on a décidé autrement que l'entente le voulait. L'important est de vendre de la copie. Plus rien à dire ! Chez nous, quand Quebecor parle...

Ils se sont faits nombreux, les manquements de parole de Quebecor à mon endroit depuis 1986. Cette année-là, Québec-Livres diffusait mon livre nouveau. On n'a pas respecté l'entente et j'ai dû partir. Même phénomène en 1988 avec Messageries Dynamiques. Même problème en 1991 à propos d'un reportage sur Aurore dans Lundi. Au lieu de le sortir 3 semaines plus tard comme entendu, ce le fut 6 mois plus tard. Beaucoup trop tard pour vendre bien un nouveau tirage du livre imprimé en fonction de la promesse de *Lundi*. (Il aura fallu l'intervention de Pierre Péladeau pour qu'enfin le dit reportage soit publié dans la revue le 14 février.) Autre problème en 2003 avec *Dernière Heure*. Un autre reportage sur Aurore. Mis en banque. Moi, j'ai dû me déplacer à Fortierville, prendre une journée et... mise en banque par DH. Il m'a fallu me battre comme un chien pour qu'il paraisse comme prévu... avec quelques semaines de retard.

Et voici que le 25 août, je m'assieds avec les gens de Québec-Livres en vue de la diffusion du livre de Julie et d'Aurore, deux gros canons pour 2004-2005. Entente verbale est prise. On m'enverra le contrat au début de la semaine suivante. Jamais rien reçu. Un lettre de rappel ne les a pas fait bouger. J'étais allé là sur le conseil de quelqu'un de bien placé qui m'avait dit que le groupe serait étroitement associé à la sortie du film Aurore.

Chaque fois que j'ai eu affaire au groupe Quebecor depuis 1986, il y a eu manquement à la parole donnée. Est-ce ça, le nouveau capitalisme ? Ai-je donc affaire à l'empire de la parole manquée ou quoi ? Six fois sur six, manquer à sa parole, ce n'est pas une ben grosse moyenne en tout cas...

Il pourrait bien s'agir encore une fois d'éditeurs qui ont bloqué mon entrée à Québec-Livres. Et cette volte-face me rappelle l'immense distorsion qui prévaut dans le monde du livre chez nous. Je pourrais ne pas trouver de diffuseur pour mes deux super canons, soit *La vraie Julie Bureau* et *Aurore*. La grande distorsion provient des subventions données à l'aveuglette, sans égard aux principes de base dans un pays de libre entreprise, aux éditeurs qui non seulement contrôlent les auteurs et peut-être l'Union des écrivains en sous-main, mais aussi plusieurs diffuseurs.

Dans un système de vraie libre entreprise, on se bousculerait à ma porte pour diffuser mes super canons. Au royaume des subventions, on s'en moque totalement. Hors du système, point de salut !

Il faudra du sang neuf dans nos gouvernements pour entreprendre le grand nettoyage de la grande écurie du livre au Québec. Et nous débarrasser de méthodes qui relèvent autant du népotisme que du soviétisme. Il suffirait pourtant de si peu pour que prenne fin la distorsion : le respect de l'art, le respect du créateur. Chez nous, au domaine du livre, on ne respecte que le profit et souvent, c'est de cette façon qu'on l'assassine, le profit... Confusion des appétits !

*

Pour sauvegarder les apparences de la liberté dont les politiques nous déclarent si souvent les bénéficiaires, les gouvernements se doivent, même dans les pires domaines comme celui du livre, d'en laisser encore des miettes. Le système est vorace, insatiable. Il s'est mis à gruger même sur la liberté d'exister des librairies indépendantes en favorisant l'émergence de chaînes qui elles non plus ne respectent pas les créateurs et n'ont pour seule religion que le profit à tout prix.

Si un ménage devait être fait un jour suite à ce qui est écrit dans ce livre, ce sera grâce à Julie Bureau et au message qu'elle me permet de livrer, lequel ne serait jamais entendu autrement. Ce n'est pas la première fois que je le livre tout de même.

Julie, grâce à son intuition profonde et sa détermination a refusé, à 14 ans, un modèle social qui
ne lui convenait pas. Tout comme elle, j'ai refusé de
me laisser entraîner dans un modèle économique,
celui du monde du livre, distorsionné par le long et
le travers, dilapidateur des fonds publics et malhonnête à l'os.

Il reste, je l'ai dit plus haut, des morceaux de liberté économique, même au domaine du livre. J'en
ai trouvé un quand je me suis déniché un diffuseur
pour couvrir les grandes surfaces et servir le public
par cette voie importante à laquelle je n'avais pas
accès depuis 14 ans.

Mon petit bateau ne coulera pas encore cette fois
malgré l'empire sans parole, malgré l'univers
distorsionné du livre d'ici.

Comme dirait Julie Bureau, je ne veux caler personne avec ça, là, je veux juste que les gens se re-
dressent. Ce n'est pas bien plus difficile de marcher
droit, surtout quand on dispose du pouvoir de l'argent, qu'on soit de l'entreprise privée, d'entreprises
semi-étatiques comme les maisons d'édition de livres ou carrément du gouvernement.

***

Chapitre 13

Retour à Coaticook

Ce premier septembre 2004

Nous voici en route pour Coaticook.

Julie est devant avec moi, Jean-Paul derrière avec Solange.

Julie porte un micro-cravate et répondra à mes questions tout au long du voyage. Je ne vais pas reprendre la formule des chapitres 9 et 11 en reproduisant cet 'interrogatoire', et tout ce qu'elle me dira servira aux mises en situation de la seconde partie de ce livre.

Destination Coaticook, mais aussi Sherbrooke (d'abord) et Lac-Mégantic pour finir.

La route est bonne et belle. Le soleil nous sourit. À nous et aux autres. Quelques rares feuilles ont pris leur couleur rouille et elles attirent mon attention. J'aime l'automne. C'est ma saison préférée. J'imagine déjà les splendeurs des montagnes et des forêts. Je cherche ici à 'passer' le mot bucolique, mais n'y parviens pas. De toute façon, les milles roulent sous la voiture. Et on se reparle des événements récents à propos du livre.

Premier arrêt : Sherbrooke. Nous nous rendons à l'*Accalmie*, la maison où fut 'gardée' Julie après son retour de l'univers des disparus et sa prise en charge alors, et pour 8 jours, par la DPJ.

À l'évidence, elle s'est fait aimer par les gens qui travaillent là. Et elle les a aimés, elle aussi. On y reste une bonne demi-heure. Puis nous allons manger au restaurant. Dès notre entrée, Julie est reconnue. Facile rien qu'à voir les visages des serveuses et/ou hôtesses. Quand nous les dépassons, elles se tournent toutes pour la voir encore. Et c'est la chef d'équipe qui vient nous servir. Elle est de toutes les attentions.

Et moi, je pense que j'ai bûché pendant près de 30 ans à écrire 54 livres et que pas un média ne veut me voir la face, ce qui m'aurait aidé à poursuivre ma tâche même si tous ceux de mon âge ou à peu près vivent leur paisible retraite. Tandis que Julie, pour avoir décidé de faire sa vie à 14 ans, est devenue une figure médiatique majeure. Mais cela ne me frustre pas. Je suis content pour elle si elle vit bien avec ça. Et moi, en 2004, je n'ai plus besoin des médias, Dieu merci !

Jean-Paul est de bonne humeur. Il est toujours de bonne humeur. Ça me dépasse. D'où cet optimisme lui vient-il donc ? De sa lignée maternelle en laquelle nous nous rejoignons quelque part ? Ou non ? Comment Julie pourrait-elle être malheureuse avec un gars qui est toujours de cette humeur si joyeuse ?

Je leur fais lire l'argument du livre. Ça leur plaît

beaucoup à tous les deux. De même que l'esquisse de la couverture. Et je vois qu'ils sont sincères.

Bizarre, mais moi, je commence toujours l'écriture d'un livre par la dernière page. En fait par la page argumentaire. Elle devient ma locomotive et m'entraîne vers... vers elle. Mon objectif dans tout le livre, roman ou non, est d'établir la vérité de cette page argumentaire. Le plus souvent, en cours de route, je la modifie. Cette fois, je sais que ce ne sera pas le cas. Pour moi, elle résume la vraie Julie Bureau.

Et on repart vers le fameux collège privé de Coaticook. Je n'ai pas pris de rendez-vous la veille comme le veut la règle et nous devrons nous contenter de rester à l'extérieur. Je ne ressens pas le besoin d'entrer là, ni Julie non plus. Par contre, Jean-Paul aimerait bien satisfaire sa curiosité.

Ce qui m'a frappé tout le temps que nous sommes restés devant, c'est de ne voir personne. Pas un chat. Rien aux fenêtres. L'absence. Est-ce la prison que Julie m'a décrite ? Et que dans des courriels Manon B. et Maryse L. ont également qualifiée de geôle ? Si c'est le cas, je ne saurais le voir à visiter l'intérieur. Tout y sera d'une absolue propreté, ordonné, clair et net. Est-il besoin d'entrer pour ne pas savoir de toute façon autrement que par des témoignages de personnes y ayant vécu. Comme Julie, Manon et Maryse.

Peut-être que ce livre va interpeller suffisamment cette institution pour qu'elle se raconte un peu sur la place publique ? Peut-être pas !

Tandis que nous marchons autour, Jean-Paul revient avec son idée d'y faire pénétrer les médias pour en savoir plus. En sauraient-ils plus ?

Un nuage de mystère plane au-dessus de cette bâtisse centenaire.

Et nous repartons vers Lac-Mégantic en prenant des raccourcis qui nous rallongeront, passant par Martinville et Sawyerville.

Jean-Paul et moi nous amusons à parier sur le temps qu'il faudra pour parcourir la distance entre Cookshire et Lac-Mégantic. Je lui dois 0,25¢ que je ne lui ai jamais payé. Car j'ai perdu d'une minute.

Et nous nous présentons joyeusement à la polyvalente Montignac tard l'après-midi. Il n'y a pas là d'étudiants et seulement quelques professeurs dont on peut voir les voitures sur le stationnement. Quelqu'un sort, reconnaît Julie. Je lui demande si nous pouvons entrer, car les portes sont barrées. Elle retourne à l'intérieur et une minute plus tard survient le directeur. Il hésite, nous disant qu'il craint le 'placotage'. Nous ne sommes pas venus pour commettre un crime, juste pour voir les locaux que fréquentait Julie quand elle y étudiait.

Pauvre Julie, elle n'est même pas la bienvenue dans une école dont elle n'a pourtant jamais claqué la porte comme celle de Coaticook. Elle s'assied sur un banc et ne dit rien. Jean-Paul et moi, on se débat comme des diables dans l'eau bénite pour obtenir la permission d'entrer. Le directeur voudrait qu'on revienne un autre jour, ce qui est une façon de se défiler. Il ne veut pas prendre la responsabilité de nous faire visiter l'école. Tous les arguments sont bons. On va déranger les professeurs qui sont à se tuer à la tâche, les pauvres. Et les ragots qui menacent... Oh la la... On insiste. C'est une école publique. Je vis à Lac-Mégantic, j'y dépense mon fric. Pourquoi ce mur de briques ?

L'homme à la prudence excessive finira par céder pourvu qu'il soit avec nous et que nous n'utilisions pas plus de dix minutes de son précieux temps.

Et je serai à même de voir les lieux de Julie de ses années scolaires 1999-2000-2001. Et Julie revit des souvenirs, on le voit dans son regard tout bleu. Et la visite ne dure pas dix minutes. Et le directeur est soulagé quand nous repartons. Ah, que je n'aime pas faire souffrir les gens bien-pensants !

Mais je ne lui en veux pas du tout. Chacun protège son territoire comme il peut. C'est une lourde tâche de nos jours de diriger une école... avec tous ces fugueurs. Hein, Julie ?

Le temps est venu de te suivre depuis l'enfance, de t'accompagner dans ton adolescence, lors de ta fugue, de voyager avec toi dans ton enfer de Montréal puis dans ce coin de paradis que tu as trouvé à Beauceville et que tu fabriques chaque jour de tes propres mains à même ta liberté.

Passons donc à la seconde partie de ce livre !

***

239

Deuxième partie

Une dure et belle histoire

Chapitre 14

Julie jeune

Ce qui aurait pu le mieux raconter Julie enfant eût été l'album aux souvenirs des parents ainsi que leurs albums de photos. Le père a donné son accord à Julie là-dessus puis il a fait volte-face. (Son problème vient peut-être de ce qu'il consulte trop avant d'agir et pas assez avant de promettre... Mais il n'est pas le seul à faire partie de cette catégorie de gens à promesses non réfléchies et non tenues dites des promesses en l'air.)

Peut-être réservera-t-on ces souvenirs et ces photos pour un livre qui desservira mieux l'image publique des parents, image qui leur vaut un énorme capital de sympathie : le dire, c'est me répéter. Peut-être que le refus des parents de participer au livre de Julie constitue une sorte de flagellation morale, de punition infligée à quelqu'un qui vous a fait souffrir... (je ne dirai pas une vengeance... on ne se venge pas sur un enfant, n'est-ce pas ?...) tandis qu'elle-même était heureuse dans son silence et son anonymat ? Peut-être qu'en refusant de collaborer à son héritage de liberté représenté par ce livre, on a cru pouvoir reprendre une emprise morale sur l'enfant rebelle ? Et ce, malgré ses presque 18 ans ? Peut-être, comme d'aucuns le prétendent à propos du collège de Coaticook dans son dirigisme des étudiants, a-t-on voulu bâillonner Julie, la faire taire, l'enfermer dans un silence définitif, contrôler par ce silence jusque sa pensée et ses paroles ?

Je suppute. Je n'affirme pas. Voyez mes points d'interrogation au bout des phrases ci-haut. Prenez exemple, ceux qui ne vous posez pas de questions et répétez tout ce que les médias vous implantent dans le cerveau...

Je ne puis que supputer sur les raisons profondes du refus des parents. Et quand on suppute, on tombe souvent à côté de la vérité. Allez savoir pourquoi ils se sont tiré dans le pied (expression qui reviendra dans la bouche de quelqu'un que je n'ai pas encore rencontré à ce moment-ci de mon écriture) de cette façon en refusant que la famille Bureau soit réunie, agrandie et grandie ! Et en faisant en sorte de rompre une fois de plus avec leur fille plutôt, après toutes ces souffrances qui en auraient mûri bien d'autres qu'eux, que de l'aimer inconditionnellement ? Même sachant qu'elle écrira un livre qui pourrait en faire prendre pour son rhume à l'image publique des parents, du moins de la mère.

J'imagine une petite bonne femme de 3 ans qui frotte et frotte ses bras et ses mains menues pour faire disparaître ces taches de rousseur qu'elle ne voit pas chez les autres enfants et qui lui semblent si anormales et indésirables. Prend-on le temps de lui expliquer que la différence est une richesse dans cette vie et qu'il faut apprendre à en tirer le meilleur parti possible ?

La petite veut ressembler aux autres tout en restant elle-même. Et puis elle possède une grande détermination. Elle part aisément en exploration, seule, dans le boisé derrière la demeure familiale. On la retrouve. On la reprend. On la ramène. On la gronde... pour son bien.

Je suppute et je rêve, cher public, mais ces parents pour qui tu as tant de sympathie refusent que je te serve la vérité, en tout cas la leur. Et la gardent dans leur carquois, m'a-t-on révélé, sous forme de riposte en cas d'attaque de ma part et de celle de Julie. D'où leur vient ce désir de transformer en combat ce que nous voulions être une oeuvre rassembleuse ? Et maintenant, que puis-je faire d'autre que de rêver à l'enfance de la petite fille ?

Tiens, je vois loin dans le passé une scène touchante. Enfin à vous de juger ! Je vois le père de Julie qui revient à la maison quand le jour décline, fatigué d'une rude journée, les yeux rougis par le bran de scie que son outil lui a projeté au visage. L'homme n'a pas encore ses quarante ans, mais il en est tout proche. Quand il entre dans la maison, son épouse le fait venir dans la chambre et lui demande conseil :

"La Julie, tu sais, elle s'adonne à un jeu terrible qui me donne froid dans le dos et qui te donnera la chair de poule, à toi aussi. J'ai eu beau lui faire défense d'agir comme elle fait, la punir, rien ne réussit, elle recommence quand elle pense que je ne la vois pas. Je ne sais plus quoi faire, il faut que ça arrête ou bien... ou bien on va la perdre, notre petite Julie."

"Mais qu'est-ce qui arrive donc ? Parle."

"Quand j'ai le dos tourné, elle s'en va au bord du chemin et là, quand elle voit venir une auto ou un camion, elle court de l'autre côté... Et les conducteurs sont obligés de freiner et elle leur fait peur pas à peu près... et à moi donc !"

"Qu'est-ce que tu me dis là ?"

"Je l'ai grondée, je l'ai mise en pénitence dans le coin à genoux, au bout d'une semaine, elle recommence. Ça fait trois fois que je la vois faire. Deux camionneurs se sont arrêtés et sont venus m'avertir."

Je vois en ce moment les yeux du père de Julie s'embrouiller de larmes.

"Où c'est qu'elle est, là ?"

"Elle s'amuse en arrière de la maison. Ça lui prendrait une bonne fessée."

"Laisse-moi faire, je vas arranger ça."

Et l'homme sort par la porte arrière. Il s'approche de l'enfant qui suit du regard un écureuil. L'animal bondit vers un arbre en apercevant venir ce personnage nouveau dans son décor.

"Julie, viens avec papa."

"Où ça ?"

"Viens en avant de la maison. Allez, donne-moi la main."

La fillette remarque les yeux de son père qui non seulement sont rougis comme souvent à son retour mais aussi humides. Elle ressent quelque chose de différent, se lève et donne la main à cet adulte qu'elle aime et dont elle se sent aimée.

Le père la conduit à l'avant et la fait asseoir à son côté dans les marches de l'escalier devant la maison. Il entoure ses épaules avec son bras et serre doucement la fillette contre son épaule.

–Tu sais ce qu'on m'a dit, Julie ? On m'a dit que des fois, quand tu vois venir une auto ou un camion, tu cours devant, juste pour rire et t'amuser. Est-ce que c'est vrai ?

–Ben... c'est pour l'fun...

–Tu sais, Julie, c'est très, très dangereux. Une fois, tu pourrais trébucher et tomber. Et là, l'auto t'écraserait et tu mourrais. Il faudrait aller t'enterrer. Ta maman et moi, on aurait le coeur brisé pour toujours.

L'homme se met à pleurer. L'enfant saisit sa douleur morale profonde. Elle voit ses larmes. Il a la gorge serrée; il n'arrive plus à parler. Mais il y parvient malgré tout, à voix déformée. Il sait qu'il doit répéter ce qu'il lui a dit à au moins trois reprises ou jusqu'à ce que l'enfant puisse elle-même le verbaliser. Alors, il saura qu'elle l'a assimilé.

–Julie, on aurait tellement de peine, ta maman et moi, si tu partais, si tu mourais... tellement de peine...

–Ben non... j'vas pas mourir, voyons...

–Oui, Julie, si tu continues de traverser le chemin devant les autos. Tu vas mourir et tu vas nous briser le coeur, tu sais, tu vas nous briser le coeur.

L'enfant couche sa tête contre l'épaule de son père. Quelque chose souffle à sa mémoire qu'elle a déjà posé ce geste, mais un peu autrement. C'est qu'au retour de son père quand elle a commencé à marcher, chaque fois, elle courait à lui qui la soulevait dans les airs pour lui exprimer sa joie de la revoir. Et qui lui disait :

"Couche ta tête sur l'épaule à papa. On va rentrer dans la maison pis si tu veux pas cogner ta tête... ben couche... couche..."

Le souvenir est vague mais la forme du souvenir est bien imprimée dans le subconscient de la petite. Elle a le coeur qui se serre à voir son père pleurer. Elle sait combien il a mal. Elle veut à tout prix le consoler. Elle ne sait que dire. Lui sait. Lui aura les mots qu'il faut. Elle a confiance en lui.

–Il ne faut plus jamais que tu traverses le chemin devant les autos, jamais...

Et l'homme pleure encore.

Et la petite fait signe que non.

–Tu vas me le promettre de ne plus jamais, jamais traverser le chemin devant les autos...

–N... non...

–Tu le promets pas ?

–Oui, oui...

–Tu traverseras plus jamais le chemin devant les autos, Julie ?

–Non, non...

–Parce que tu sais, Julie, tu vas devenir grande puis ta maman et moi, on va vieillir. Un jour, on sera vieux, vieux et là, ça sera le temps de mourir pour nous autres. Toi, tu seras grande. Quand on sera mort, tu vas vieillir toi aussi et quand tu seras vieille, vieille, ben là, toi aussi, tu mourras. Mais pas tout de suite quand t'es si jeune et qu'on t'aime tant. Tu comprends ? Papa, il aime ça te prendre dans ses bras quand il revient à la maison le soir. Si tu te faisais écraser, papa, il pleurerait, pleurerait, pleurerait...

Et le père échappe d'autres larmes qui roulent sur ses joues.

Et la fillette allonge le bras et assèche de ses petits doigts cette souffrance dont elle se sent la cause mais qu'elle sait pouvoir soulager. Jamais plus elle ne traversera le chemin. Non, jamais plus, même si c'était bien drôle de jouer un tour aux autos et aux camions et si, ensuite, elle battait des mains pour chasser le nuage de poussière...

Voilà, cher lecteur, une scène que j'imagine entre Julie et son père dans le rang de la Yard à Milan. Mais ça n'est jamais arrivé. Non, jamais ! En tout cas, pas à Julie et son père.

Pourtant, il suffit de changer le nom de Julie pour celui de Caroline. Et celui du père de Julie pour le père de Caroline, c'est-à-dire moi.

Ma fille s'en souvient comme d'hier, de cette scène survenue en 1967 à Saint-Martin dans la Beauce, dans le rang 2 sud. Sa grand-mère en avait la garde parce que la vie nous avait bêtement séparés, sa mère et moi. Un incendie avait volé tous nos biens et nous avions dû prendre chacun notre bord pour essayer de nous refaire un environnement viable.

Et sa grand-mère avait vu faire Caroline à au moins trois reprises dans son petit jeu hautement dangereux décrit ci-haut. Elle l'avait mise au coin, grondée et même tapée une fois avant de s'en remettre à moi, comme si un instinct lui avait inspiré que le jeune homme de 25 ans que j'étais alors saurait persuader ma petite fille de ne plus répéter son geste.

Je lui ai parlé avec tout mon coeur et avec tellement de tendresse.

Jamais plus Caroline n'a refait cela, jamais plus.

A quarante ans aujourd'hui, elle peut en témoigner.

Dans son adolescence, elle a posé d'autres gestes dangereux. Je l'ai alors prise dans mes bras et j'ai pleuré. Là aussi, elle a compris. Elle a dû se souvenir. Et son subconscient a dû réagir...

Quand elle avait 3 ans, je lui ai parlé sans chantage, sans tromperie, avec toute la sincérité dont j'étais capable et en faisant appel à ses bons sentiments.

N'est-ce pas une bonne recette pour élever son enfant ? L'entourer de murs de protection d'une manière qu'il se rende compte clairement que ce sont des murs d'amour...

L'entourer, pas l'enfermer...

Caroline a continué de vivre chez sa grand-mère. Quand elle voulait traverser le chemin, elle s'approchait au bord, étirait le cou et regardait au loin dans les deux directions. Si elle apercevait un nuage de poussière à un mille, elle se sauvait sur la galerie et attendait patiemment que l'auto passe...

Le père de Julie Bureau l'a prise dans ses bras la première fois qu'il l'a revue après qu'elle soit réapparue en 2004. Il a pleuré et pleuré. Je le tiens de Julie.

Quant à sa mère, elle aurait versé trois larmes bien comptées avant de prendre Julie à part pour lui faire des reproches.

Puis le père a séché ses larmes et il est retourné dans le giron de son épouse.

Est-ce que les parents ont su s'y prendre avec Julie quand elle était jeune ? Je n'en sais trop rien. Ce que je sais et dis avec le docteur Mailloux, c'est qu'il y a bien des parents incompétents.

Et quelle compétence doit-on avoir pour élever un petit enfant au moins jusqu'à l'adolescence ? Celle du coeur. Beaucoup de parents ne savent pas aimer. Ils ne savent que diriger et le font mal.

"Mon père ne me parlait à peu près jamais," de me dire Julie à maintes reprises depuis que je communique avec elle.

***

Chapitre 15

Rumeurs, rumeurs

On reviendra à la vie de Julie dans le prochain chapitre.

Lecteur, comme te dirait le philosophe du mont Dostie (un jeune Amérindien de 62 ans; je dis jeune car il connaîtrait tous les secrets de jouvence) : "*Constate, mais ne juge personne !*"

Et pourtant, les jugements courent les rues et m'atteignent parfois. À mon lecteur de constater, de lire certains jugements qui se répandent aux quatre vents. D'aucuns diront qu'il n'y a pas de fumée sans feu.... À toi, lecteur, de constater et... si t'en as le goût d'y aller d'un petit jugement à ton tour... comme ton voisin... Je te le pardonne volontiers... C'est si dur de s'abstenir de juger... surtout si on détient la vérité, toute la vérité... à n'avoir lu que des placards dans les journaux et en refusant de livre un livre qui devra forcément approfondir l'histoire, ses tenants et aboutissants... C'est si facile de juger en se fondant sur des clichés, des grands titres et ses propres bibittes qui vous grignotent par le dedans depuis des années et des années...

Ce grand soleil de septembre parle à tout ce qui vit et sa clarté ne trompe pas. On est le 16 de ce deuxième plus beau mois de l'année après octobre. Ce soir, jeudi, je serai à une émission spéciale sur *Aurore* à Radio-Canada, aux côtés de Luc Dionne, le réalisateur du film, de Denise Robert, la productrice et de plusieurs autres. Je pense l'écrire ce matin, mais j'oublierai dans les minutes suivantes jusqu'à ce soir, car mon esprit est alimenté par la machine à rumeurs (et jugements sur la place publique) qui a fonctionné à plein hier par ici. Je résume.

La première venait d'un groupe de femmes de Sherbrooke. –De ce que cette ville est donc anti-Julie !– Elle m'a atteint tôt en soirée. Et elle voulait que la Julie enfant et ado ait été une 'tête de cochon'.

Bon, difficile de vérifier ça dans un beau visage comme le sien. Et puis, comment Julie pourrait-elle le constater à propos d'elle-même ? D'ailleurs, il ne s'agit pas d'une constatation mais d'un jugement. Et général de surcroît. Elle a fugué : c'est une tête de cochon. Elle a disparu pendant 3 ans : c'est une saprée tête de cochon. Elle n'a pas donné de nouvelles à ses parents : c'est une maudite tête de cochon. Elle a refait surface heureuse et plutôt équilibrée : comble de l'insulte, si on pouvait donc la couper, sa tête de cochon pour en faire de la tête à fromage !

Mais en tout cas rien pour me faire tomber en

bas de ma clôture, moi. On m'a souventes fois dit dans ma vie, surtout ma vie d'auteur hors système, qualifié comme Julie, quoique le qualificatif de "tête de Mathieu : tête de beu", m'ait plus souvent honoré encore. Avec mes maudits jarrets noirs et mon ventre rebondi, ce ne sont pas les médias vendeurs de belles images qui me courront après. *Dernière Heure* me l'a bien fait savoir l'autre jour. Mais, déclaration solennelle répétée, on peut se passer des médias dans le plus foutu métier qui soit, même avec la vorace férocité des gouvernements contre soi.

Mais revenons à la rumeur et aux jugements sur Julie. Elle était, selon ces 'bouches parlantes', désobéissante, entêtée, obstineuse, désagréable et tutti quanti. Qu'est-ce que tu dis de ça, ma jolie ?

C'était donc en début de soirée.

En fin de soirée, je reçois un appel. Une voix connue... de moi. "Ma femme de ménage connaît bien la famille Bureau à travers un de leurs voisins du rang de la Yard à Milan."

–Ah oui ?

–Elle est venue aujourd'hui et je l'ai questionnée par le long, le large et le travers. Je ne peux pas tout te dire ce qu'elle m'a rapporté.

–Ah non ?

–Ses parents sont loin d'être blancs... Il paraît que la mère était tout le temps après Julie... à la reprendre pour ci, pour ça. Passer son temps à la reprendre au restaurant, dans l'auto, devant les visiteurs. La picosser. L'achaler. Fais ceci. Fais pas ceci. Va là. Va pas là...

Je me fais l'avocat du diable :

–Oui, mais c'est ça, élever un enfant, non ? L'entourer de balises, le guider...

–C'était cent fois pire que ça et à la journée longue. Jusqu'à se rendre à l'école pour lui faire des remontrances devant tout le monde. On ne fait pas honte à une adolescente devant son groupe : elle ne le pardonne pas. Ça la marque trop.

–Une fois n'est pas coutume.

–Justement, c'était coutume de la grafigner du matin au soir psychologiquement. Ah, c'était pas une Aurore, mais si à force de picosser le coeur et l'esprit d'un enfant, on le pousse à se sauver dans le bois où il risque le pire...

–Seigneur, ça ressemble à ce que j'ai écrit dans mon livre déjà, ça. J'ai écrit un chapitre intitulé '*Mon erreur*' et dans lequel je fais un parallèle entre les souffrances de la petite Aurore et celles de la petite Julie, sévices physiques en moins.

–On peut démolir quelqu'un par la parole.

–Mais la société ne tient pas compte de ça. Si des parents sont de bons pourvoyeurs, s'ils vêtent l'enfant, lui donnent à manger et ne l'agressent pas physiquement, leur devoir est accompli et tout le monde dit bravo, mais nous sommes au-delà de ça de nos jours. Il faut plus à des parents qui ont bien moins d'enfants que nos parents à nous et qui sont mille fois plus en mesure de se renseigner mieux qu'eux. Un être humain n'est pas qu'une machine physique tout de même. Un individu à la pensée dépassée (en tout cas sur le sujet), ami du fils du bourreau de Beaumont, a écrit dans La Tribune que le cas de Julie n'est rien à côté de celui d'Aurore. Il fait la même erreur que j'ai faite au début de ce livre. Si Julie s'était suicidée au lieu de fuguer, et elle aurait fort bien pu le faire, on aurait eu pour résultat le même que pour Aurore, longue agonie en moins.

–Je suis d'accord avec toi.

–Et t'as appris autre chose ?

–Paraît que le père de Julie aurait fait venir Claude Poirier à Milan après la réapparition de Julie, pour lui dire de cesser de parler de cette affaire. Ce serait un homme qui donne des coups de poing dans les murs...

–Julie ne me l'a pas dit en tout cas.

–Peut-être qu'elle veut le protéger.

–J'ai senti qu'elle a tendance à protéger ses parents malgré tout, malgré ce 'picossage verbal constant' subi de la part de sa mère et le fait que son père subit la domination de sa femme à tous points de vue.

–Tu vois, comme il ne pouvait contrôler sa femme pas plus qu'il n'a pu contrôler Julie avant sa fugue et les médias après sa réapparition, il aurait eu tendance à 'fesser' dans les murs.

–Manière de se défouler. Patrick Roy arrachait des portes et l'Amérique l'aimait quand même. C'est l'image qui compte, cher ami.

–Paraît qu'il est malin comme un tigre quand il se fâche.

–J'ai entendu qu'il était fâché à son deuxième téléphone l'autre jour.

–Tu devrais faire attention à ce que tu vas écrire dans ton livre. On sait jamais...

–Huhau ! Huhau ! mon ami ! Je ne recule pas

devant Quebecor malgré tous les coups de pied au cul que ces gens-là pourraient vouloir me donner suite à ce livre, je ne vais sûrement pas reculer devant Michel Bureau parce qu'il serait malin comme un tigre. C'est pas de l'orgueil, c'est que c'est plus fort que ma nature de ne pas reculer devant des arguments aussi... on dira ici le mot qu'on voudra, car moi, je me suis arrêté aux trois petits points...

Bon, voilà pour les deux grandes rumeurs-jugements du jour. Julie : vraie tête de cochon. Mère picosseuse comme une poule dans un carré d'avoine. Père malin comme un tigre. Et Poirier qui roule une moitié de nuit pour se faire dire : tais-toi, mon Claude !

Ça, je peux et vais tâcher de le vérifier. Je connais Claude Poirier. Il fut l'un des seuls –je le répète– à m'avoir donné une chance de vendre un peu plus de livres pour me permettre de survivre dans mon métier d'écrivain en me passant à plusieurs de ses émissions dans les années 80. C'est un gars honnête. En ce sens qu'il ne fait jamais de compromis sur ce qu'il pense. Sauf que sa vérité n'est pas toujours la mienne. Et surtout pas dans l'affaire Julie Bureau alors qu'il affirmait en gros titres dans *Dernière Heure* :

1. « Son histoire ne tient pas debout. »

2. « Personne ne saura jamais le fond de l'histoire. »

3. « On vient d'ouvrir une porte aux adolescents révoltés contre l'autorité parentale. »

Ce à quoi je réponds :

1. Son histoire tient debout à condition de savoir lire entre les lignes et d'ajuster son pendule intérieur aux réalités du 21e siècle. (Ce livre explique tout ce qui doit l'être pour comprendre la vraie Julie Bureau.)

2. La vie de Julie sera davantage connue du grand public après ce livre que celle de la presque totalité des figures publiques au Québec. Oui, on peut aller pas mal au fond de l'histoire...

3. Ce n'est pas aux adolescents révoltés que l'affaire de Julie telle que détaillée dans ce livre ouvre la porte, mais aux adolescents qui ont affaire à des parents révoltants. L'autorité parentale, mon cher Claude, n'est plus un absolu dans un siècle où les parents ont le temps et le loisir de se donner la compétence d'élever le seul ou les deux enfants qu'ils ont. Et qu'on ne vienne pas me parler du don de la vie : y a pas un enfant qui a demandé à venir au monde. Foutaise, ça ! Je dis 'honore ton père et ta mère si ton père et ta mère sont honorables'. Sinon éloigne-toi d'eux dans le respect. Si ça est une porte ouverte, c'est une bonne porte et qu'elle le soit très large quant à moi devant d'autres que Julie qui subissent quotidiennement l'agression psychologique. Un enfer pire les guette peut-être, mais ils ne le savent pas avant de partir. En tout cas, Julie représente maintenant un espoir pour eux et si on veut appeler cet espoir une porte ouverte, je veux bien, moi. Même si ça fait peur à beaucoup de monde et parmi ces gens bon nombre qui aiment leurs enfants d'une manière qui n'est peut-être pas la meilleure...

Julie, rendue au bout de son rouleau de 14 ans a agi au mieux pour préserver sa vie. Si ça, c'est une porte ouverte pour d'autres qui voudront préserver la leur, que ça le soit !

Je vais ici citer l'auteur Daniel Kemp qui écrivait dans *Aider son enfant à vivre une adolescence douce* :

« Il y a une différence entre une "discipline" et des "règlements". La première implique l'application par toutes les personnes concernées des règles de vie imposées par la discipline. Le deuxième exclut l'accord. Les règlements, comme nous les retrouvons souvent dans le cadre scolaire et quelquefois à la maison, sont toujours imposés aux jeunes.

Les enfants se voient trop souvent obligés de vivre paramétrés par une série de lois, appelées 'règlements', qui leur sont imposées et qui doivent "remplacer" leur intelligence. On ne demande pas au jeune de réfléchir sur l'intelligence de tel ou tel comportement, on l'oblige simplement à agir de telle ou telle façon.

Lorsque l'enfant commence sa vie scolaire, l'une des premières choses qu'il apprend, c'est à obéir. Pour ce faire, on lui enseigne une série de règlements scolaires et on les lui inculque souvent à coups de réprimandes, de menaces et de punitions. Les semblants de tentatives qui sont faites pour que l'enfant soit d'accord avec les lois de l'école ne font jamais appel à son intelligence.

Nous utilisons la morale, la culpabilité, le besoin d'être normal, d'être comme les autres, la honte d'être différents, pour les amener à dire qu'ils sont d'accord avec tel ou tel règlement. Mais il n'y a pas de véritable accord. Plusieurs éducateurs, parents et professionnels, imprègnent le jeune avec qui ils communiquent, ils l'hypnotisent par leur présence, par leur puissance, par leur parole, et l'enfant finit par être d'accord, sur le moment, avec ce que l'adulte lui dit. Mais quelques instants plus tard, l'enfant revient à lui, se réveille et l'accord illusoire tombe. ››

Si la mère est une 'picosseuse' au quotidien, qu'elle achale sans arrêt sa fille pour des riens, si elle lui fait honte devant la visite et devant sa classe, si elle la critique sans cesse et tout le temps, et que l'enfant a des sautes d'humeur (rébellion) de temps à autre, faut-il en déduire pour autant qu'elle a une 'tête de cochon' ? Ne pourrait-il s'agir que d'une réaction saine et normale d'une psyché qui veut survivre ? Souvent on prend les enfants pour des imbéciles. "Arrête tes enfantillages, là." "Même un enfant comprendrait ça." "Tu te conduis comme un enfant."

J'ai demandé à Julie si sa mère était tannante au quotidien. Sans ambages et sans aucune hésitation, elle a répondu :

–L'enfer.

–Ton père était-il quelqu'un de violent, quelqu'un d'agressif ?

–Non. Il était sous l'entier contrôle de ma mère. (Il défoncera un mur de son poing comme on verra, mais une saute d'humeur occasionnelle n'est pas le signe d'une mauvaise humeur habituelle.)

–Mais alors, elle aurait pu ou pourrait le pousser à se montrer violent envers quelqu'un ?

–Je le sais pas, j'pense pas, non.

–Regarde, Julie, il était doux comme un agneau à ce premier appel de ma part le 26 août et malin comme un tigre une heure plus tard.

–Je sais, mais... elle l'a crinqué.

–C'est ce que je veux te faire dire : elle pourrait le pousser à la violence envers quelqu'un.

Il me semble que Julie ne fait pas très bien la différence entre colère et violence, ces proches parents. Et puis, en quelque part au fond d'elle-même, elle craint pour ses parents, signe que malgré tout, elle les aime.

Peut-on en dire autant d'eux ?

Peut-être saura-t-on quand ils se décideront de nous dévoiler les VRAIS parents de Julie Bureau comme nous tâchons de dévoiler dans ce livre la VRAIE Julie Bureau ?

***

Chapitre 16

Julie ado

On connaît déjà plusieurs grandes lignes de son adolescence. Accompagnons Julie dans une journée routinière à la polyvalente Montignac de Lac-Mégantic, école qu'elle a fréquentée en 1999-2000-20001 et a quittée quatre jours après son entrée en Secondaire III pour aller étudier à Coaticook à la demande plus que pressante de ses parents. Et contre son gré. En fait, elle a acquiescé par crainte de se retrouver en famille d'accueil, épée de Damoclès suspendue au-dessus de sa tête par des parents qui avoueront trois ans plus tard qu'ils n'en avaient pas vraiment l'intention, comme si l'enfant avait pu deviner leurs pensées derrière des paroles menaçantes et manipulatrices.

Les autobus sont en train de se stationner devant l'école. Déjà des colonnes d'étudiants s'en écoulent vers la porte d'entrée. Une jeune fille au prénom de Josianne marche en biais, coupe deux filées et retrouve son amie Julie qui l'attend depuis quelques secondes après avoir aperçu l'autobus de Stornoway.

–Salut !

–Salut !

–Ça va ?

–Ça va.

Et pourtant, Julie regarde son amie de travers. Et Josianne devine que ça ne va pas tant que ça. Elle connaît ces yeux excédés et révoltés.

–J'me suis encore pognée avec ma mère.

–Comment ça ?

–J'te conterai ça tout là l'heure.

Josianne examine Julie qui porte les mêmes vêtements que la veille et l'avant-veille, mais Julie sait que ce n'est pas pour se moquer et plutôt pour se désoler pour son amie.

Contentes de se retrouver ainsi comme tous les matins, mallette à la main, elles s'en vont, côte à côte, vers la grande entrée de l'école et s'y engouffrent comme des centaines d'autres. Puis vont à leur case y mettre leurs livres. Tiens, elles ont la même case et ça les rapproche beaucoup. Puis elles vont s'asseoir sur un banc dans la salle des plus jeunes : Secondaires I et II.

Un garçon prénommé Michaël trouve prétexte à passer par là. Il sourit à Julie qui hausse une épaule.

–Ouais ?

–Il me fait de l'oeil, on dirait.

–Ah oui ? Chanceuse.

–Tabarouette, j'y ai rien fait, moi.

–T'es ce que t'es : pour lui, c'est assez !

–En tout cas...

–Tu devrais lui faire un sourire au moins.

Un autre étudiant passe. Josianne se pince aussitôt le nez :

–Seigneur, il pue celui-là.

Julie éclate de rire. Le garçon passe son chemin tout droit dans sa nonchalance malodorante. Il n'est pas le seul de son âge à trembler quand ses parents lui parlent de savon.

Julie est propre de sa personne bien que ses vêtements soient toujours les mêmes de deux jours en deux jours. Elle le tient de ses gènes et de son éducation. Sa mère est toujours impeccable, sauf quand elle vient tancer sa fille devant sa classe. Et son père paraît toujours bien et ne craint pas l'eau et le savon comme hélas ! encore de nos jours, trop d'hommes.

Et sonne la cloche, les cours appellent.

On se sépare après s'être dit qu'on va s'écrire durant la prochaine période. (Une habitude qui ne semble pas trop nuire à Julie puisque ses notes sont élevées en la plupart des matières.)

Julie va prendre place au fond du labo de sciences physiques. Elle se rappelle l'engueulade qu'elle a eue avec sa mère la veille au soir. Et la décrit dans une lettre à Josianne.

(Cette lettre comme plusieurs autres à venir dans ce livre est authentique, mais ne fut jamais portée à la connaissance des enquêteurs après la fugue de Julie. Pourquoi ? Parce que Josianne a proposé à la mère de Julie de rencontrer les dits enquêteurs pour leur livrer son témoignage et que ça ne s'est pas rendu plus loin. Je suis le premier à lire ces lettres qui en auraient beaucoup appris à la police, ce qui aurait empêché probablement bien des battues et dragages de rivière. Josianne attendait que la mère de Julie se décide à la mettre en contact avec les enquêteurs, ce qui ne s'est jamais produit. Plutôt bizarre pour quelqu'un qui veut à tout prix retracer sa fille ! Ou peut-être a-t-elle donné le nom de Josianne et les enquêteurs ont-ils pris la décision d'ignorer cette piste pourtant majeure à mon sens. J'apprendrai que non plus tard...)

Voici donc la lettre de ce jour-là mot pour mot. (Je découvrirai plus tard qu'il s'agit en fait de la seconde partie d'une lettre dont la première sera reproduite plus loin.)

‹‹ *Je vas te le dire. Je lui ai répondu* (à ma mère) *si tu m'envoyes dans un collège, j'vas fumer la smoke pis du pot pis d'l'huile pis me vas arriver gelée à maison. Pis j'vas faire tout sorte de connerie qu'ils vont me suspendre en dehors de l'école. Pis j'te jure que j'chu capable de le faire.* **Pis si y faut, j'vas faire une fugue.** *Mais j'aime pas mal mieux faire chier les prof que faire une fugue. En TK moé j'te laisse là-dessus faut que je fasse mon ostie de test. Hier l'école a appelé che nous mais on était tous parti. Faque j'ai effacer le #.*

Julie ››

La rébellion atteint dans cette lettre un degré assez élevé qui, s'ajoutant au style adolescent, rend sa teneur plutôt choquante pour qui n'en fait qu'une lecture de surface. Il faut voir entre les lignes une adolescente qui se sent agressée psychologiquement depuis des années et qui se dirige inexorablement vers la fuite en avant, ce qui se produira le 26 septembre 2001.

Voici comment Josianne, l'amie de Julie, que j'ai rencontrée et questionnée pendant une demi-journée le 18 septembre me décrit Julie Bureau en quelques mots.

En Secondaire I, elle était un volcan endormi. Elle restait dans son coin à dévorer un livre. Elle lisait trois, cinq fois plus de livres que moi. Elle avait toujours le nez dans un livre.

On a déjà dit que Julie avait lu mes ouvrages *Aurore* et *Le bien-aimé*. J'ai découvert par ses lettres qu'elle avait lu également *Nathalie* qui raconte la vie et le suicide d'une adolescente. Voyons cela par une autre de ses lettres.

<< *Salut Jo,*

Ça baigne ? Moi super ! Ça arrive parfois que j'ai des surplus d'énergie. Mais c'est plutôt rare... Moé tou j'ai pas hâte de faire l'examen. En passant, y'é laite le chum à Evelyne. Bof, chacun ses goûts. C'est cool, y'a pas de volley ball à soir. En plus, y'aurait fallu faire le test de P.A.M. Bon ben je va te laisser. Bon, ben, bye...

P.S. J'chu en train de lire un super de bon livre c'est Nathalie. Elle s'est suicidée.

Julie Bureau >>

"En Secondaire II, d'ajouter Josianne, le volcan s'est réveillé. Elle est forte, Julie, elle est très forte. Je n'en reviens pas de sa force."

Voilà donc ce qu'était Julie ado dans les deux premières années qu'elle a passées à la polyvalente. Ce qu'elle craint par-dessus tout, c'est le collège. Ses lettres contredisent en tout cas ce que sa mère déclarait dans les médias à savoir qu'elle rejetait la polyvalente. Et contredisent aussi l'idée qu'elle ait fugué en raison d'une peine d'amour.

Ce Michaël dont on parlait en début de chapitre, Julie a officiellement 'sorti' avec lui pendant une semaine, pas un jour de plus. Instable, l'ado s'est tourné vers la cousine de Julie. Mais Julie n'a jamais, au grand jamais, connu de peine d'amour. Et cela est confirmé par Josianne. Ce qui n'a pas empêché Julie de prendre sa cousine en grippe un certain temps. Et elle en parlera dans ses lettres comme d'une 'chiure' indésirable.

Nous allons terminer ce chapitre par une autre lettre de Julie montrant son état d'âme face à la perspective d'avoir à s'en aller dans un collège privé en l'occurrence celui de Coaticook dont elle ne sait pas encore que l'on y confond peut-être discipline et règlements et dont l'encadrement sera pour elle pire encore que celui, direct, de sa mère.

En réalité, il s'agit de la première partie de la lettre reproduite il y a quelques pages.

« *Salut Josianne. Ça va ??? Moi, ça pourrait aller mieux. Veux-tu savoir ? Ben j'vas te le dire. À matin, dans le bus, j'écoutais ma musique avec Sandra (Elle avait amené ses écouteurs). Pis là, j'me suis apperçue que D. se moquait de moé. Pis son frère me regardait en riant. Moé, jlui ai demandé "Pourquoi tu me chèques comme ça ?" Faque là, il me dit d'enlever mes écouteurs pis là j'ai vu B. en train de lui dire toute sorte de niaiseries que son putin de frère me répétait. Pis lè ben j'ai remis mes écouteurs. Plus tard, Sandra écoutait Eminem sauf qu'elle était tu seules à l'écouter. Faque là B. lui a dit : "Veux-tu que j'te passe ma cassette ? Tu vas voir* ça c'é d'la bonne musique ! " *Putin de pauvre con.* (On voit ici l'influence de la culture française... de France...) *Je l'haï tellement si tu savais... En T.K. aussitôt que je vas en avoir la chance, j'vas le faire chiez à fond.* (Vulgaire ? Pas pire que Michèle Richard quand même...) *J'vas l'engueuler comme jamais j'ai engueulé quelqu'un. Y se pense fool bon à cause qu'y a mit sa cassette hier dans le bus. C'était Korn-Limp Bizkit –etc... Maudit cave. Bon changeons de sujet. Parce que moé j'ai y'enk envie de fesser queKqu'un. À matin, je fumais un peu après que tu sois passer. Pis là, j'ai apperçus l'auto de ma mère s'en aller. Maudit que je suis resté bête si tu savais... Jché pas si j'te l'avais dit mais en T.K. y veulent m'envoyer dans un collège. Faque là j'ai la chienne d'y aller. Sais-tu c'é quoi que je lui ai dit ?*

(Suite déjà reproduite.)

***

Chapitre 17

Témoignage frappant

Puisque les médias et la foule ont fait le procès de Julie sur le grande place et que le gibet est prêt pour son lynchage, je me dois d'appeler à la barre un important témoin de la défense : Josianne à qui Julie adressait de multiples lettres durant sa dernière année à la polyvalente. Les deux jeunes filles, on se le rappelle, se partageaient la même case, une case qui devait loger manteaux, livres, trompettes et tutti quanti.

Le samedi 18 septembre, j'ai donc questionné par le long, le large et le travers cette jeune personne de qualité et de franchise qui étudie présentement au cégep de Jonquière. Et j'ai bien sûr comparé ses révélations à celles de Julie aux fins de sentir la vérité plus solidement encore sous mes pieds d'auteur qui veut donner à son lecteur l'heure juste autant que faire se peut.

Je suis estomaqué de voir toutes ces lettres révélatrices que pas un seul enquêteur n'a jamais lues et je veux savoir pourquoi.

André　　–La police ne t'a jamais contactée après la disparition de Julie ?

Josianne　–Après sa disparition... y a Marie-Pier, on était sur le même banc. Elle me dit 'hey, la police m'a appelée pour me dire... ils m'ont demandé des questions sur Julie...

André　　–C'est Marie-Pier ?

Josianne　–Ils m'ont appelée pour me demandes des informations pis qu'est-ce que j'pensais. J'ai dit que j'savais pas grand-chose. Ça fait que là, j'me suis dit crime ils vont m'appeler... on s'écrivait, crime, j'sais bien plus de choses que elle (Marie-Pier) Ils m'ont jamais, jamais appelée. Après ça, elle (la mère de Julie) a dit à ma mère : "Ah, j'voulais pas qu'ils t'appellent là, t'est une fille sensible nenenenene..." Ça fait que là, j'étais là : "Crime, si y'en a une qui est bien placée..." J'ai dit 'elle veut pas la retrouver ? elle veut pas d'indices à qui j'donne à police ?" J'ai pas... j'ai pas appelé, rien, là. Ça donnait rien. Le lendemain dans mes notes j'ai lu : "J'sais pas si tu savais, là, ils veulent m'envoyer dans un collège. Ça fait que là, j'ai la chienne d'y aller. (Josianne me relit la lettre dans laquelle Julie se propose de faire une fugue et qui fut reproduite précédemment.)

Elle l'a dit là. Pis ils m'ont jamais jamais questionnée. Pis elle a dit que j'étais une des personnes... honnêtes à qui elle se confiait. Pis j'pense qu'ils savent même pas que j'existe, la police. C'est quand même assez...

André　　–He... si je parle de ça. Là, j'ai commencé

le chapitre polyvalente. Je dis des banalités un peu. Pis là, j'savais pas... fallait que je te pose la question. Moi, j'ai écrit Josée... Est-ce que je peux écrire Josianne sans problème ?

Josianne   –Tu peux l'écrire, ça me dérange pas.

André   –O.K. Là, je commençais par une journée ordinaire. C'est que dans cette partie-là du livre, j'essaie un peu d'accompagner Julie. Les autobus arrivent... vous vous rejoignez et entrez à l'intérieur...

Josianne   –En Secondaire I ou en Secondaire II, là ?

André   –Ce que je fais, c'est I et II. Ça va faire peut-être 10, 15 pages au maximum. Parce que j'ai Coaticook, j'ai Montréal, j'ai Beauceville, j'ai les recherches et je suis déjà à 240... mais j'étais bloqué sur le Secondaire. Sur l'enfance, j'ai trouvé quelque chose qui retrace les grandes lignes. Mais pour le Secondaire, j'étais complètement bloqué depuis 2 jours. Je l'ai appelée, j'ai dit 'faut que je te voies absolument'. Mais je savais qu'il y aurait quelque chose, je sentais qu'il y aurait quelque chose là-dedans (le dossier des lettres à côté de nous).

Josianne   –Tu vois ses états d'âme. Je les relisais pis tu vois en Secondaire I, elle était heureuse. Tu le sens. Je le reconnais dans les lettres comment qu'elle parle. Quand ça tombe dans Secondaire II, tu vois comment qu'elle écrit. C'est triste, là, elle se repose en question... Mettons on arrivait à la récréation, on se voyait à la case... là, elle allait fumer, pis quand la cloche était sur le bord de sonner, elle venait au banc et c'est là qu'on se voyait...

André   –Et est-ce que vous aviez des cases voisines ?

Josianne   –On est par deux. En Secondaire 2,

c'était ma coéquipière de case.

André —*Quand tu dis 'elle allait fumer', c'était la cigarette ?*

Josianne —Ah oui, oui, oui !... D'autres choses, c'est arrivé quelquefois...

André —*Je lui ai dit 'fatigue-toi pas avec ça, les deux derniers présidents américains ont fumé un joint dans leur jeunesse, Bush, Clinton...*

Josianne —(Rires)

André —*Dans mon chapitre, je fais passer devant vous autres un type qui s'appelle Michaël, te souviens-tu de ce Michaël-là ?*

Josianne —Oui.

André —*Elle a fait une semaine avec, j'pense qu'elle m'a dit... Qu'est-ce qui se passait ?*

Josianne —Lui... disons que je l'aimais pas trop. Elle m'avait dit : "Il m'a dit qu'il m'aimait pis j'sais pas trop si j'l'aime." Moi, j'ai dit 'Julie, si tu sais pas trop si tu l'aimes, tu l'aimes pas tant que ça.' Moi, je le trustais pas pantoute.

André —*Elle dit que ça a duré une semaine.*

Josianne —À peu près.

André —*Il était pas fiable ?*

Josianne —Ouais.

André —*Mais quand on parle de sortir, ça veut dire quoi ? Sa mère devait pas trop vouloir ça...*

Josianne —Sortir, c'est s'embrasser pis s'coller mais pas... J'sais qu'ils ont à un moment donné... Un ami à lui, il avait une piscine pis ils avaient été là. Lui, il avait voulu aller plus loin. Julie a dit 'j'veux rien savoir'.

André	*—Vers la fin du Secondaire II, ça ?*
Josianne	—Oui, vers la fin du II.
André	*—Elle a pas sorti avec d'autres ?*
Josianne	—Non.
André	*—Parce que sa mère a déclaré qu'elle avait*

eu une peine d'amour.

Josianne   —J'passerai pas de commentaires (rires). J'sais pas qui a laissé qui, mais ça a passé comme du beurre dans la poêle, Elle en a jamais reparlé. Pis c'est juste un conte, c'est tout, là. J'pense qu'elle a r'sorti avec, pis il l'avait laissée genre pour sa cousine. Ça l'avait fait chier. Elle a dit 'ma cousine, c'est une conne'. Mais ç'avait resté de même. Une peine d'amour là... je m'appelle Roger si c'est une peine d'amour là. Non pantoute. Je la connaissais pis si ç'avait été une peine d'amour, elle aurait été ben plus à terre que ça. Pantoute, elle en parlait même pas.

(On situe la cousine de Julie, Sandra Bureau ainsi que l'âge de Josianne.)

André	*—Les lettres, y a-t-il un ordre là-dedans ?*
Josianne	—Non. Pas de dates non plus.
André	*—Ça, c'est son écriture ?*

Josianne   —Oui, c'est juste son écriture à elle. Mais les lettres que je lui ai écrites moi, elle les jetait ou elle les brûlait. Pour pas que sa mère tombe dessus.

André	*—Mais pourquoi... étais-tu le démon, toi ?*

Josianne   —MOI ??? Ma mère, elle fouillait jamais dans mes affaires.

André   *—Mais pourquoi que l'autre, elle...*

Josianne   –On se disait tout... Ce qu'on pensait, ce qu'on ressentait, nos frustrations. On était vraiment des confidentes... Moi, j'avais mon tiroir et je gardais tout. Elle disait 'je les jette au fur et à mesure, ma mère, elle va tomber dessus.' À un moment donné, j'y ai écrit. Elle est arrivée une fois, elle avait fumé de la drogue pis elle avait bu de la bière. Pis elle a dit 'Josianne, je veux de la gomme pour m'en aller à maison'. Lui ai donné de la gomme, ça changeait rien. J'ai dit 'crime, tu veux te faire poigner, là, tu cours le trouble'. Je l'avais écrit dans une lettre. Elle l'avait laissée dans sa poche de manteau. Sa mère est tombée dessus. Là, c'était écrit qu'elle avait fumé pis qu'elle avait bu. Je lui demandais 'pourquoi que t'as fait ça'. Pis je la réprimandais un petit peu. Là, sa mère, elle m'appelle le soir. Elle dit 'c'est-il vrai que ma fille, elle fume pis elle boit' ? Je l'avais écrit. J'étais là 'qu'est-ce ça change là ?' Elle dit 'inquiète-toi pas, on veut aider Julie, on veut la prendre en main, on veut être là pour elle'. J'ai pas eu le choix, mais j'ai dit ' oui, mais c'est arrivé juste une fois'. Elle dit 'O.K. pas de problème, mais dis-y pas que je t'ai appelée.'

J'ai raccroché puis suis partie à pleurer. Elle me mettait de la pression. J'avais eu l'impression de la (Julie) trahir. Pis là j'ai été 2 jours sans lui dire (à Julie). Pis là, j'ai dit 'Julie, faut que je te le dise, ta mère m'a appelée pis elle m'a parlé devant le fait accompli; j'pouvais pas...' Elle m'a dit 'ah, ça me surprend pas d'elle.' Après ça, elle a toujours jeté ses lettres.

André   –*Elle s'est fait engueuler ?*

Josianne   –Hé caline ! Elle m'a dit 'Josianne, j'ai vécu l'enfer. Mon père pis ma mère est arrivée... Ils m'ont dit 'comme ça tu bois pis tu fumes'. Pis ils l'ont menacée de l'envoyer dans un collège privé. Elle capotait pis elle disait 'mon père a poigné les nerfs pis a donné un coup de poing dans le mur, ça fait un trou.' Là, je m'en voulais, c'était de ma faute. Elle m'a dit 'c'est pas de ta faute, là, laisse faire...' Sa mère elle m'avait dit qu'elle la chicanerait pas, elle me l'avait juré. Pis tu sais, faire un trou dans le mur, là. J'ai toujours restée méfiante après ça. Sa mère, crime... C'est pour ça que je vous ai contacté par Internet (pour rejoindre Julie), j'voulais pas passer par elle (sa mère). Elle m'aurait découragée. Elle a mal agi... Elle m'a appelée le matin quand ils l'ont trouvée là, à six heures du matin pour me dire qu'ils l'avaient retrouvée pis qu'elle était ben vivante. Là, j'arrive, tout de suite sur le coup, j'ai comme fait 'j'vas-t-il pouvoir la revoir ?'. Elle a dit 'pas tout de suite là, laisse le temps passer.' Je voyais ben que 'non non non non, là, le ton qu'elle avait, là, j'ai fait O.K. c'est correct.' Pis j'ai attendu que le temps passe, tous les médias après elle (Julie). Pis quand j'ai vu *Dernière Heure*, le gros sourire... là, j'ai vu votre adresse, j'ai dit 'c'est le temps, c'est là ou c'est jamais (rire).'

André   –*... l'habillement là ?*

Josianne   –Ben elle avait ses culottes... j'me souviens, elle avait ses culottes léopard en cuir noir serré... Toujours dans le noir. Une petite chemise noire, une camisole noire.

André   –*Elle a dit qu'elle avait rien que 2 paires de culottes.*

Josianne   –C'est ses culottes noires pis ses culottes léopard que je me souviens là.

André   *—Elle est déjà allée chez vous.*

Josianne   —Une fois. Pis moi, suis allée une fois chez elle. Pis ça pris du temps avant que ça aboutisse. Sa mère était pas sûre. Y'avait toujours quelque chose.

André   *—As-tu parlé avec sa mère après la disparition de Julie ?*

Josianne   —Un peu une fois... Là où elle travaille. Elle a dit qu'ils prient pour qu'on le retrouve. Mais j'ai pas vraiment jasé avec... Quand ils l'ont retrouvée, le monde était là pis 'elle est pas gentille d'avoir fait ça à ses parents, partir comme ça.' J'ai passé mon temps à la défendre. J'ai dit 'comment vous pouvez juger, vous savez rien, vous savez même pas ce qui s'est passé. Pis j'en sais même pas le quart, suis sûre, là. Comment que vous pouvez juger, là ? J'ai dit... un exemple, qu'est-ce qu'ils ont fait, ses parents, pour qu'elle parte ? Quand j'ai été coucher chez eux, j'étais à côté de Julie... j'me souviens sa mère était là, ma mère était là, elle (la mère de Julie) me dit 'Josianne, j'aurais aimé avoir une fille comme toi.' Pis Julie était à côté. On est allé dehors, j'ai dit 'Julie, qu'est-ce que ça te fait quand ta mère dit ça ?' 'Ah, j'suis habituée.' Vraiment, elle me dépassait. Moi, ma mère aurait dit ça, j'aurais parti à pleurer. Elle dit 'ça me surprend pas d'elle, j'suis habituée.' Ah, j'en revenais pas... tu vas jamais dire ça devant ton enfant. J'en reparle, pis je rage pour elle... Qu'est-ce que les médias projettent ? Elle a fait de la peine à sa mère, là. C'est elle, la méchante. Je m'en vas déjeuner avec ma marraine. C'est le lendemain qu'ils l'avaient trouvée. Elle avait lu le journal. Elle a dit 'en tout cas, c'te p'tite fille-là, si je la verrais, j'y chaufferais les fesses.' Là, je la regarde 'hey, tu sais pas ce qu'elle a vécu, t'as pas le droit de dire ça.' Hey, moi, j'parle pas de même à ma marraine d'habitude. Elle a comme restée bête, là. Pis ma mère, elle rageait à côté parce que je lui ai dit ce que je savais. Pis on va aller chez ma ma tante encore pis 'en tout cas, on peut pas être élevé pour faire ça'. Ma mère, elle la regarde, toi, si t'avais vécu la même affaire (que Julie Bureau) t'aurais sacré ton camp ben avant elle. Mais tout le monde... on passe notre temps à la défendre. Ça m'a tellement fait rendre compte que les médias, là... Qu'est-ce qui se dit à la tévé, c'est rien, là...

André —*Hier, quand on était chez Julie à Beauceville, il y avait 3 journalistes. Y en avait un qui a déjà écrit une lettre à Julie via le journal, comme Lise Payette... Un anti-Julie, pro-parents... on a été une heure de temps, il a pas cédé d'un pouce, d'une ligne... prend toute la place, prend tout l'espace... accablait Julie... elle est solide...*

Josianne —AH ! ce qu'elle est forte, qu'elle est forte !

André —*On a pris une entente que la teneur, le fond du livre, on ne le donne pas aux médias avant sa parution. (Ou peut-être quelques extraits choisis par moi...) Tout ce qu'ils veulent, eux autres, c'est vendre des pages, des ondes. Nous autres, on a rien, on n'a pas le livre avant novembre.*

Josianne —Suis sûre que j'vas le lire pis je vas en brailler.

André —*Mais lui, là, il a pas cédé d'une ligne. Julie, c'est la responsable, la coupable. Il doute d'avance de tout ce que le livre contiendra. Biaisé plus que ça, tu meurs. Mais ça va faire vendre des livres... Je te dirai* que 80% des courriels que j'ai reçus la déclarent méchante. 20% sont ouverts.

Josianne   –(À la blague) Les 20%, c'est moi qui les ai convaincus.

André –Le gars, hier –et combien d'autres–, il est allé jusqu'à dire qu'elle devrait pas écrire un livre. Hey, j'ai dit 'chum, là, vous autres des médias, vous êtes des voraces, des tenaces, des rapaces.

Josianne   –Mets-en !

André   –J'ai dit 'vous auriez pas lâché'... j'ai dit c'est ça... Julie, pour la convaincre, j'ai pris l'argument suivant 'les médias, ils te lâcheront pas, une semaine ça va en être un, l'autre semaine un autre, ils vont venir te chercher un petit morceau de Montréal, un petit morceau de Milan pis un petit morceau de la polyvalente Mégantic. Ils te lâcheront pas parce que t'es une figure médiatique extrêmement payante pour eux autres, les médias. Alors si tu veux leur fermer la boîte, un on ferme le mur jusqu'à ce que le livre sorte. Là, tu vas faire tous les médias que tu voudras ou qui le voudront, pis après ça, là, tu vas avoir la paix. Alors t'es conséquente avec toi-même en écrivant un livre. T'as dit que tu voulais avoir la paix. Tu vas l'avoir, la paix, après l'étape du livre. Tu vas tout dire. Tu vas dire ce que t'as vécu. Ça sera pas des 'flashes' dans les médias...

Josianne   –Pis qui vont coller ensemble pour essayer de former de quoi pis y'aura rien entre. Là, j'suis au Saguenay, pis je commence à me faire des amis. Ils m'ont offert une sortie. J'ai dit 'non, je vas voir mon amie Julie Bureau à Beauceville'. Ils ont dit 'hein ? quoi ? Tout le monde était impressionné. "Tes parents te laissent aller là-bas ?" Là, c'est quoi l'affaire. Ils pensent qu'il y a eu des affaires croches.

Mais si ç'avait pas été bien, elle y serait pas retournée. Elle est pas de même.

André   –(silence mais sourire)

Josianne   –Pis en plus, elle a été à Claire Lamarche, sa mère. Je vois Stacy... une fille de Secondaire I, une partner de français, ils se parlaient de même. Elle a été là-bas avec son père pis sa mère (à Julie). Ça faisait deux ans qu'elle l'avait pas vue, Julie. Elle l'avait pas revue depuis qu'elle avait déménagé à Courcelles.

André   –Qu'est-ce qu'elle avait à dire ?

Josianne   –Rien. Elle a dit 'c'était mon amie en Secondaire I'... C'était seulement peine d'amour, peine d'amour, peine d'amour.

André   –Sa mère à Julie a parlé de ça à Claire Lamarche ?

Josianne   –Elle a parlé juste de ça. Elle s'est jamais mis en défaut. JA-MAIS ! Elle se débarrassait des fautes qu'il aurait pu y avoir sur elle. Ça me choquait là...

André   –On se fait tous en quelque part laver un peu le cerveau par les médias. J'arrive dans le dossier sans savoir grand-chose. Vierge. Vierge pas vrai, j'avais lu la lettre de Lise Payette qui pleurait pour les parents. Moi en tant que parent... Bon, mais, ce qui me boguait, je me disais 'comment se fait-il que Julie Bureau se retrouve heureuse à Beauceville dans une situation saine ? Une fille qui aurait été heureuse chez eux, aurait-elle levé les feutres ? Elle a fui quelque chose...

Josianne   –Pis là, elle est heureuse.

André   –Elle retourne vers quelque chose en toute liberté, là. Elle a pas eu un fusil sur la tempe pour s'en

281

retourner à Beauceville. Là, je me disais 'on se fait faire un lavage médiatique'. Hey, la revue Dernière Heure ti- trait : Le Québec révolté par Julie Bureau.

Josianne   —Comment veux-tu qu'elle se sente, elle, là-dedans ? À sa place, je serais à terre.

André   —Dans le livre, je ne fais pas une charge... tu sais ce qu'est une charge en français, je ne fais pas une charge contre les parents. Sauf que... Julie, la pre- mière parole qu'elle m'a dite, c'était... 'j'veux caler per- sonne avec ce livre-là.' Je lui ai dit 'non, on ne calera personne dans l'eau, mais si la vérité mouille alors elle va choquer peut-être'... On peut pas dire qu'on touchera pas ta mère, parce qu'elle est la cause de ton départ. Pas la seule, mais une des grandes causes...

Josianne   —Qu'est-ce qui est l'enfer là-dedans, c'est son père. Il disait rien. Jamais. On arrivait là pis quand tu dis que la femme porte les culottes dans le couple, c'était ça. A la tévé, y avait juste lui qui parlait aux médias quasiment. Crime, elle avait- il peur de parler ?

André   —Le 16 août, j'ai envoyé une lettre aux parents...

Pour éviter d'autres redites, les éléments origi- naux de la suite de l'entrevue seront dilués dans le texte à venir d'ici la fin du livre.

***

Chapitre 18

La grande décision

Julie part donc malgré elle de Lac-Mégantic comme ses lettres en témoignent pour se rendre étudier à Coaticook.

Avant son départ, elle fait une sorte de volte-face qui la fait crâner. Elle déclare, larme à l'oeil, qu'elle est contente de partir. En fait, ce qui lui sourit le plus, c'est d'avoir congé de sa mère 5 jours par semaine.

Elle sent qu'elle n'aimera pas vivre dans cette institution qu'elle a visitée avec ses parents. D'autre part, elle sait qu'elle n'a pas beaucoup le choix. Elle craint plus que tout la famille d'accueil dont ses parents l'ont menacée, ce qui pourrait bien avoir été de la simple manipulation puisque son père, trois ans plus tard, lui avouera que jamais il n'avait eu vraiment l'intention de l'envoyer dans une telle famille.

L'auto se stationne devant la longue bâtisse de

pierres grises, pas loin d'être centenaire, peut-être plus, peut-être moins, ce qui n'est pas un défaut en soi. Ni un indice de quelque chose, ne donnons pas dans les préjugés suggérés, on en reçoit bien assez de vrais et de crus par la poste électronique.

L'accueil des murs est douteux. Ils sont gris et dépouillés de tout ornement, et forment des couloirs étroits qui compressent. On sait déjà quelle chambre occupera Julie au 3e étage et l'on s'y dirige sans attendre. Les parents ont-ils hâte de repartir ? À eux de le dire ou de le réfuter. En tout cas, Julie sent qu'elle partira avant longtemps.

Et l'on y parvient enfin, à cette chambre dont on connaît le numéro de porte. Julie est devant. Elle entre donc la première. Il faut dire que sa pensée est déjà presque installée dans sa grande décision de fuguer. Ça lui est venu pour de bon durant l'été après y avoir songé depuis plusieurs mois comme en témoignent ses lettres à Josianne. C'est sa nouvelle sécurité morale. C'est sa réponse à la menace de la famille d'accueil. C'est aussi sa réponse à la perspective du collège privé qui lui donnait la 'chienne' comme elle l'a dit et redit.

Deux jeunes filles sont déjà là qui occupent chacune l'un des trois lits meublant la pièce avec des commodes frustes. Il y a Caroline et une autre que nous appellerons Valérie. Chacune est occupée à quelque chose et lève la tête à l'arrivée de cette nouvelle pensionnaire venue en remplacer une autre qui a quitté l'établissement après quelques jours de fréquentation pour des raisons qui lui appartiennent.

(À la vérité, Julie arrive au collège le lundi et il n'y a personne là à part une soeur. Elle attendra 1-2 heures avant que les autres élèves n'arrivent. On

284

comprendra que je concentre un peu les événements pour les rendre plus vivants.)

Il ne paraît pas circuler d'atomes crochus entre Caroline et Valérie qui semblent s'ignorer l'une l'autre. Mais chacune s'intéresse à Julie, espérant en secret déjà devenir son amie et former avec elle un de ces duos d'amitié propres à l'adolescence et qui par leur nature même tolèrent mal les tiers.

Julie regarde chacune et fait aussitôt son choix. Elle sera copine avec Caroline dont elle ne sait pas encore le prénom.

Les présentations ne sont pas faites sur-le-champ et se limitent à de faibles bonjours.

–C'est ton lit, Julie, annonce sa mère sans risque de faire erreur.

Et Julie se détache de sa mère pour aller déposer sa valise sur le couvre-pied mince et mauve. La femme regarde la pièce en se félicitant de l'encadrement que subira sa fille en ces lieux réputés. D'autres que les parents ainsi que le temps et les bons exemples aux alentours limiteront les frasques de Julie au strict minimum. Et quand sa crise d'adolescence sera passée, on aura devant soi une magnifique réussite à montrer à tous.

On n'a certes pas considéré Julie comme une jeune jument sauvage qu'il a fallu confier à des dresseurs, mais l'on a sûrement abdiqué devant des responsabilités que l'on trouve bien trop lourdes. Preuve étant que Julie ne voulait pas du collège privé et qu'on l'y envoie contre son gré de toujours mais avec son gré de fraîche date, elle qui voulait, en acceptant Rivier, éviter la famille d'accueil.

Et ça se comprend, cette coûteuse démission des

parents devant ce qu'ils prennent pour une forte tête tandis que pourtant, Julie résistait de plus en plus fermement à une mère tatillonne qui réglait à sa manière chaque virgule de sa vie sans lui laisser le moindre espace de cette liberté qu'elle voyait chez les autres et entrevoyait au loin, autre part, de l'autre côté d'une fugue.

On a emprunté pour la placer à Rivier : c'est la preuve incontestable du sacrifice qu'on s'impose pour donner le meilleur à Julie. (L'argent sert à tout démontrer de nos jours.) Mais Julie ne le sait pas encore et quand elle l'apprendra, elle placera sa mère devant une contradiction :

« Tu trouves de l'argent en masse pour me placer, mais t'en trouves pas pour m'habiller mieux qu'avec deux paires de culottes. »

–Bon, ben tu m'embrasses pas avant que je reparte ? demande la mère avec une touche de reproche dans la voix.

Julie a l'habitude du ton et va se mettre à la disposition des bras sans chaleur de sa mère.

Et sa mère quitte.

Et Julie ne ressent rien. Elle a entouré sa 'chienne' (d'aller au collège) d'un mur d'indifférence pour l'empêcher de 'japper'.

–Comment tu t'appelles ?

–Julie Bureau.

–Moi, c'est Caroline; elle, c'est Valérie.

Julie est contente de voir que le contact s'établit aussi vite avec Caroline et d'abord avec elle...

C'est un peu à cette image des premiers moments

que se déroulera le bref passage de Julie Bureau au Collège Rivier de Coaticook. Elle n'en gardera pour souvenirs que son amitié pour Caroline, que les cris du directeur 'après' un étudiant, que la sévérité des surveillants, que la chambre d'isolement psycholo-gique (équivalent du petit coin des écoles primaires d'autrefois, bonnet de l'âne en moins) et le système de délation qu'elle résumera en une anecdote que voici.

Un soir, à sa chambre, Julie et Caroline sont en conversation. Valérie que l'on a mise de côté depuis le début s'amène et leur demande si elles n'auraient pas vu ses clefs.

–J'ai-t-il l'air de quelqu'un qui a vu tes clefs ? répond Julie.

–On s'en crisse, de tes clefs, enchérit Caroline.

Valérie quitte la chambre et rapporte la scène à un surveillant. Elle n'a entendu que la réflexion de Caroline qu'elle attribue à Julie. Le surveillant s'amène, isole Julie dans le couloir et lui demande des comptes. La jeune fille refuse de dénoncer Ca-roline qui a eu la répartie la plus crue et condam-nable, malgré sa légèreté, aux yeux des règles sévè-res de Rivier. (Il semble que même les conversations entre jeunes font l'objet d'une surveillance aussi étroite que les couloirs à ce collège si on en croit ce témoignage déjà cité à l'effet qu'après la fugue de Julie, il fut interdit de parler d'elle à l'intérieur des murs de l'institution.)

Et Julie se débat comme un diable dans l'eau bé-nite, arguant qu'elle est souvent bête comme ses pieds, que c'est sa nature, qu'elle lutte contre ça.

Sa plaidoirie lui vaudra d'être exemptée de la

chambre d'isolement dont toutefois on la menace advenant une prochaine incartade. Mais Julie s'en moque intérieurement; c'est qu'elle a l'habitude de se faire envoyer dans sa chambre pour y réfléchir. Ce qu'elle fait fort bien en dévorant des livres et encore des livres...

Et le vendredi, c'est le retour à la maison par autobus. Impossible à la jeune fille de sortir avec ses amies de la polyvalente Montignac. Elle n'en a pas la permission. De plus, elle ne reprend pas contact avec Josianne car les deux sont en froid. En fait, il s'agit d'un malentendu déplorable. Avant de se quitter le dernier jour où Julie fut à l'école de Mégantic, elles se sont dit quelques mots n'ayant pas le même sens pour chacune.

"Aller à Coaticook, c'est le mieux qui pouvait t'arriver," de dire Josianne.

Dans son esprit, elle faisait allusion à l'éloignement de sa mère. Julie l'a pris pour une sorte de rejet. Elle est très sensible au rejet. Elle perd aisément confiance en elle-même et doit lutter pour la reprendre. Voici à ce propos une autre de ses lettres fort révélatrice. (Le texte est reproduit intégralement avec les vrais mots et les fautes d'orthographe comme l'ont été les autres lettres dans les chapitres précédents.)

« Salut Josianne ! Ça va ? Moé poper ! Tsé pour ta question, ben ché pas trop comment te répondre. Ben je dois d'avouer que je sais même pas moé-même. Ma mère itou me le demande souvent. Elle dit que quand je suis à la maison, je suis très calme, et quand je reviens de l'école, je suis plus la même personne. Je deviens sur les nerfs, etc... En T.K. Je m'ennuyais à mourir au banc à

Marilyn Vachon. *J'étais si écoeurée que quand jé eu une chance de m'en aller je l'é pris ça n'a pas été long. Je pense itou que c'étais parce que je manque de confiance en moi. Oui, beaucoup. J'ai toujours eu peur d'être seule, de foncer, de dire non, etc... Mercredi soir, je suis supposé d'aller voir la psy pis ma mère m'a dit qu'elle m'aiderait à reprendre confiance en moi*. En TK, je l'espère. Et puis, c'é quoi ton secret ??? J'veux que tu me le dise même si ça n'a pas rapport. S'il te plaît... Aïe pis, s t p, parles'en pas à personne que j'vas aller voir la psy pis la raison s t p... En TK, s'tut pis on s'écrit pendant le cours, OK ?*

Julie ››

* *Ma mère voulait que je rencontre la psy, elle disait que j'étais folle !* ajoutera Julie au texte.

Et chez elle, Julie clavarde et clavarde encore. Il y a parmi ses correspondants cet homme d'une cinquantaine d'années qui lui fait parvenir une photo de lui en costume d'Adam. Mais il y a aussi ce jeune personnage de 23 ans que nous appellerons Cédric et qui se montre très réceptif à ses contrariétés et désirs de fuir un univers qu'elle trouve insupportable, bien pire qu'avant, vu qu'il se compose d'une mère achalante les fins de semaine et dont le bras prolongé par les autorités de Rivier la tient en laisse sur semaine là-bas.

‹‹ Je vais te cacher à Montréal. On ne te retrouvera pas. Tu auras de l'argent. Tu seras libre. Personne ne va te reconnaître. Tu vas te sentir bien. Tu auras des amis. Des amies. ››

Le gars en met dans ses propos qui ressemblent à ceux ci-haut, en tout cas qui en ont la substance.

Il devient pour Julie une sorte de lumière au bout du tunnel. Et à 14 ans, elle n'est pas en mesure d'évaluer les risques qu'elle court à demeurer en contact avec lui et de fuguer avec sa complicité.

Elle est une proie.

Il est un prédateur.

Julie détruit à mesure sa correspondance avec lui. Mais il n'est pas certain que sa mère aurait fouillé dans ses courriels puisque la photo de cet homme tout nu, que Julie a omis de détruire, ne fut découverte qu'après sa fugue. Cela nous incline à penser que, comme trop de parents, elle croyait sa fille en sécurité devant l'ordinateur. Une erreur fondamentale et tellement répandue...

La troisième fin de semaine, Julie prend sa décision. La grande décision. Elle va fuguer et ne reparaître qu'à dix-huit ans quand elle sera libre. Ses 14 ans réclament une liberté dont elle ne connaît pas hélas ! le prix dangereusement élevé.

Rendez-vous est pris avec ce Cédric si rassurant qui viendra la chercher à Coaticook aux abords du McDo où elle l'attendra à sa sortie du mercredi, le 26 septembre 2001.

Ce soir-là, elle met quelques affaires dans un sac à dos et part avec Caroline vers le centre-ville qu'on peut atteindre après vingt minutes de marche. L'heure d'arrivée de Cédric a été prévue. Elle possède une description détaillée de sa voiture. Son amie ne connaît pas son intention de partir. Elles se retrouvent au restaurant. Julie est nerveuse. Tendue. Il lui faut trouver un prétexte pour se séparer de Caroline. Elle n'a pas le choix : ce sera de 'péter une chicane'.

(Julie ne se rappelle pas comment elle s'y est prise pour 'péter la dite chicane'. Qu'il nous suffise de l'imaginer !)

Elle orchestre son propos en consultant l'heure. Et quand elle voit passer à petite vitesse la voiture de Cédric, elle se lève de table et annonce à Caroline qu'elle veut retourner seule au collège.

Caroline ne comprend pas ni ne cherche à comprendre en raison des émotions qui la baignent. Elle ne se pose aucune question et demeure simplement interloquée.

Julie longe le centre commercial où se trouve le restaurant et disparaît aux yeux de Caroline à l'autre extrémité vers le poste à essence qui s'y trouve.

L'auto de Cédric est garée un peu plus loin. Le moteur tourne. Julie regarde tout autour et y court. Personne ne la remarque. Personne ne s'y intéresse pas plus qu'à cette voiture en attente. Cédric la voit venir, se penche et ouvre la portière. Julie n'a plus qu'à monter pour que sa fugue soit et que commence sa longue disparition.

–Salut !

–Salut !

–Comme ça, c'est toé, Julie ?

–Comme ça, c'est toé, Cédric.

–Quen, fume !

Et le jeune homme lui passe un joint qu'il vient d'allumer en prévision de la venue de la jeune fille. Elle le prend...

***

Chapitre 19

L'enfer

En ouvrant sa portière, Cédric a ouvert devant Julie la porte de l'enfer. Un enfer qui durera trois semaines et dont elle s'enfuira comme elle s'est enfuie de ce purgatoire qu'était pour elle le giron familial à cause d'une mère dirigiste à l'extrême, souvent injuste envers elle, et d'un père absent, non qu'il fût au loin mais parce qu'il vit une dépendance affective à l'égard de sa femme qui le manipule mur à mur. Dépendance qui l'éloigne à des milliers de kilomètres de sa fille et de ses vrais besoins affectifs.

Ce n'est pas dans la nature de Julie de vivre l'enfer de la drogue et de la prostitution, ces choses dont elle a parlé et dont elle ne garde que de vagues souvenirs, son inconscient les ayant en grande partie occultées.

Voyons comment elle se livrait à Josianne quelques mois plus tôt après avoir été sermonnée par son amie qui craint pour elle.

« *Allô Josianne. J'ai lis ta lettre pis j'vas te dire franchement, t'exagères !!! J'ai pris d'la dope UNE fois pis merde j'en suis pas morte... pis j'te dis que j'ai pas l'intention d'en reprendre. Surtout de l'huile. J'ai vraiment pas aimé la sensation. J'avais peur de crever j'te jure. C'é terrible c'te sensation là. En TK, j'te conseille de ne pas essayer ça. Pis boire ben je voulais voir c'étais quoi d'être chaude pour la première fois de ma vie parce que je l'avais jamais été. En TK, si j'le rasseye ce s'ra pas à l'école j'te jure. Pis en plus, j'ai la chienne que mon père me sente parce que si il me sent, j'm'en vas dans un COLLÈGE. Pis itou si il sait que je fume y vas m'envoyer las bas pareil. Pis ça j'ai la chienne tu peux pas savoir. Pis c'est quoi l'idée que quand le monde te regarde quand je suis avec toi ils ont l'air de se dire "qu'est-ce qu'elle fait pour se tenir avec une folle de même ?" C'est qui qui a l'air de dire ça ? Marie-Pier ? Marilyn Vachon ? Qui ??? En TK moé j'vas te dire, y'en a des ben pire que moé. Pis je sais que j'ai pris une 'méchante débarque dans ton estime' comme tu le dis mais en TK je suis désolée, je déçois tous le monde ces temps-ci... mais je veux être encore ton amie Josianne j'veux pas te perdre pis j'veux pas que ça fasse comme ça l'a faite avec Marilyn Vachon. En TK, j'te laisse là-dessus.*

Julie ››

(Je dois dire que je suis étonné à lire les lettres de Julie, la vraie Julie de 13-14 ans, de voir comment elle maîtrise le français. Si elle ne faisait pas exprès d'utiliser les 'C'é' pour 'c'est' et les en TK pour 'en tout cas', et les sempiternels 'pis' du langage parlé, on serait devant un texte contenant un nombre vraiment limité de fautes. Et puis elle maîtrise aussi fort bien l'usage de la ponctuation. Faut croire qu'elle a eu de bons professeurs de français. Et que ses lectures de livres l'ont aidée.)

Mais revenons à l'essentiel. Ou plutôt à cet enfer qui lui ouvre ses portes sans lui faire voir d'avance les démons qui vont la tourmenter à Montréal.

Après un joint, un autre joint et les milles roulent sous la voiture du proxénète, un homme de race blanche, il faut bien le préciser, et qui multiplie les promesses tout en assujettissant la volonté de la jeune fille grâce à la drogue et aux mots. (Il sait bien, lui, à entendre dire les médias et les politiques comment on utilise la drogue des mots pour soumettre les volontés, eux qui emploient si habilement celle appelée 'brainwashing' et 'sub'. –Sub pour désigner cette drôle de SUBstance qu'on appelle aussi SUBventions.)

Elle arrive à Montréal gelée dure.

Ne sait pas où il la conduit.

Et se retrouve dans l'appartement d'une danseuse où les 'choses' dont Julie parlera à sa conférence de presse trois ans plus tard commencent à se passer. Ça ne lui convient pas, mais elle se rend compte vaguement et réellement qu'elle n'a plus le choix. Elle est prise en charge. Elle a troqué une absence de liberté pour bien pire : une absence de volonté.

La danseuse lui démontrera quelques égards quand elle reviendra de son travail. Mais le séjour de Julie en cet endroit sera bref. Cédric sait qu'il est dangereux de cacher une fugitive. La danseuse en est encore plus consciente qui refuse de garder la jeune fille plus longtemps chez elle.

On déménage.

Et on déménage encore.

Certains matins, Julie se réveille alors que 'trois ou quatre gars' dorment dans la chambre. Savent-ils qu'elle est la fugitive dont on parle tant dans les médias ? Julie ne le sait pas. Elle ne sait même pas ce qui s'est passé la veille ou durant la nuit. Elle est devenue un objet entre les mains d'un 'pimp' qui fait son recrutement de mineures via Internet, sachant qu'il se trouve derrière bien des portes de familles respectables des parents peu vigilants à cet égard et qui laissent entrer dans leur demeure des étrangers dangereux qui se faufilent par leur ligne téléphonique.

Les détails sordides, je les ignore. Et je n'ai pas le goût d'en imaginer. Je n'écris pas un roman ni une biographie romancée; je laisse donc à la perversité de certains lecteurs (dont plusieurs journalistes) le soin de se projeter à eux-mêmes leur propre film des événements. Jouissez, c'est l'heure, et faites jouir une partie de vos propres lecteurs. Ou de vos auditeurs.

C'est chez la danseuse que les cheveux de Julie passeront au noir. D'aucuns pensent que c'est pour mieux camoufler son identité qu'elle l'aurait fait sur le conseil de Cédric ou de cette femme qui l'aidera à changer la couleur de sa longue chevelure. Mais il s'agit bel et bien d'un rêve de plusieurs années de Julie. Un rêve qu'elle ne pouvait réaliser à la maison. Un rêve dont la réalisation maintenant a symbole de coupure avec son passé. Un peu comme les divorcés de fraîche date qui cherchent et trouvent cent façons anodines de concrétiser la césure avec un autre temps que leur souffrance morale demande à occulter au plus vite et en profondeur.

Voici le témoignage de Josianne à propos du rêve de Julie...

« Quand ils l'ont retrouvée, là, j'ai dit à mon père 'j'sus sûre là, qu'elle a les cheveux noirs.' Mon père, il dit 'comment ça' ? Hey, j'te le dis, elle a les cheveux noirs. Mon père l'a vue le lendemain... Julie, là, teindue en noir... J'ai une photo, j'aurais dû l'amener... à l'halloween là... la bouteille de spray net... shhhhhhhhhhhhhhh... c'est noir. Elle a dit 'c'est mon rêve d'avoir les cheveux noirs.' Elle disait ça tout le temps, tout le temps... »

On peut se permettre de penser que si les enquêteurs avaient été comme ceux qu'on voit à la télévision dans les séries, qu'après avoir questionné Josianne, ce qu'ils n'ont jamais fait étant donné que cette jeune fille attendait que la mère de Julie la mette en contact, ils auraient pu, ordinateur aidant, faire paraître au moins une fois à la télévision Julie en noir. Ou quelqu'un n'a pas fait son ouvrage ou quelqu'un a voulu faire taire Josianne comme dernièrement on a voulu faire taire Julie. Jamais les médias n'ont présenté Julie autrement qu'en roux, sa couleur naturelle. Un manque total d'imagination de leur part. Et comment un brillant journaliste d'enquête (ou autre comme l'excité tout en noir lui-même qui est venu chez Julie avec des condamnations plein les poches l'autre jour) n'a-t-il pas remonté la filière jusqu'à Josianne ? Et proposer à son média de 'perruquer' la photo de Julie à l'aide d'un ordi ? Eux, les médias, qui cherchent par tous les moyens à vendre, vendre, vendre, des pages, des pages, des pages, des ondes, des ondes, des ondes, n'ont pas songé à présenter une seule fois Julie avec une perruque blonde ou noire ou verte ? Impensable ! Et pourquoi la mère de Julie n'a-t-elle jamais parlé de ce rêve de sa fille de se teindre en noir ? À Arcand par exemple pour que tout le Québec sache et ouvre le bon oeil. Elle qui dirigeait le moindre détail de sa vie devait savoir cela. Mais peut-être pas. Le tout nu du courriel lui a aussi passé au nez et à la barbe sans qu'elle ne lui voie même le bout de... la moustache...

Et pourquoi la mère de Julie n'a-t-elle pas parlé de Josianne aux enquêteurs qui auraient appris pour ce rêve de Julie de se teindre en noir ? Et auraient pu faire travailler l'ordi des portraits remaniés ?

Me semble à moi que penser à présenter à la télévision une Julie Bureau en perruque noire, blonde ou mauve aurait été bien plus facile que de mobiliser la moitié de Coaticook pour retracer le cadavre dans la rivière parce qu'un vieil illuminé joueur de pendule, assez 'médium' pour dire plus tard après la réapparition de Julie que Julie n'est pas la vraie Julie... parce que pareil illuminé 'aurait fait briller cet espoir ultime devant des parents rendus au fond du désespoir'. Et comment cet excité de journaliste si grand adepte du noir lui-même n'y a-t-il pas songé lui non plus ?

Cent fois, mille fois plus de gens auraient été en mesure de reconnaître Julie si on l'avait montrée en noir à la télé plutôt que de nous servir sans cesse et encore l'image si sympathique des parents agonisants. C'est pas les parents qu'on recherchait, c'est Julie, il me semble.

Voulait-on vraiment retrouver Julie Bureau ?

Vraiment là ?

Trois semaines se passent donc.

Julie est gelée.

Toujours gelée.

Un matin, elle échappe aux bons soins de son 'protecteur' prédateur qui ne lui fournit aucune drogue ou le fera en retard et Julie voit ce qu'elle a fait de sa vie. Et ne se reconnaît pas.

« Ce n'est pas moi, tout ça, c'est pas la vraie Julie Bureau, » se dit-elle avec horreur.

Elle a quitté un purgatoire familial pour se retrouver en enfer à Montréal. Elle n'a d'autre choix que celui de retourner vers le purgatoire, un bien moindre mal. C'est la seule façon, se dit-elle, d'échapper à cette domination infernale qui l'a chosifiée, déshumanisée, désincarnée.

Et durant l'avant-midi, tout en faisant semblant de consommer pour ne pas éveiller les soupçons de Cédric, elle se promet de s'en aller le jour même. Dès que l'opportunité se présentera.

Elle se présentera au milieu de l'après-midi, l'occasion de filer hors de l'emprise du prédateur. Julie est sans argent. Elle a peu de vêtements à se mettre. On est en octobre et il fait froid dehors pour qui n'est guère vêtu. Pour lutter contre elle-même, ses doutes, ses peurs, elle pense mettre dans son sac quelques 'ingrédients' qui lui donneront, croit-elle, la force de s'en aller, de retourner vers chez elle en passant par Québec, ce qui lui semble le chemin le plus facile.

Mais Cédric revient.

Pour elle, c'est partie remise.

Elle dort à moitié cette nuit-là. Se demande si

elle pourra échapper à l'emprise de cet homme. Mais se dit que si elle a eu la volonté de fuguer, elle trouvera celle de disparaître une autre fois. Et sa faible consommation de la journée lui redonne une part de sa détermination...

***

Chapitre 20

Retour au purgatoire

Et Julie prie durant la nuit. Elle demande l'aide du ciel. Elle est croyante. Voici une autre de ses lettres de Secondaire II qui le démontre fort bien.

La raison de cette correspondance est que quelqu'un de la famille de Josianne est malade.

« *Salut Josi, Je suis très triste pour toi et ta famille. Mais je vais te donner un bon conseil. Prie, prie de tout ton coeur. J'te faisrai pas un speetch su Dieu, mais moi j'te l'dis, ça aide ben gros. Moi, quand je suis inquiète, ou ben que ça va mal je prie ben fort pis ça marche. Et TK, si c'é une crise d'appendicite, ça se guérit. Pis y'en a qu'y guérissent du cancer. Mais en TK, j'te souhaite bonne chance à toi pis à toute ta famille. Bye bye.*

Ton amie qui tient à toi.

Julie. »

Le sac est prêt qui attend. Julie s'habille tout de noir. Manteau, gilet, pantalon. Et cheveux. Il n'y a que le bleu de ses yeux pour laisser poindre un peu d'espoir. Toute de noir vêtue comme pour exprimer un deuil. Sûrement pas le deuil de l'enfer qu'elle quitte mais celui de son introuvable liberté.

Endormi comme un loir, figé dans ses propres substances corporelles et artificielles, Cédric ronfle comme un bulldozer quand Julie part, très tôt ce matin-là. En se rendant à la salle de bains, elle a fait assez de bruit pour réveiller un mort et sait qu'il en a pour deux heures à voguer dans son univers onirique, loin d'une réalité qui se tisse et qui ne l'affectera pas vraiment puisqu'il continue et continuera de s'infiltrer dans les chaumières des parents inattentifs pour y recruter ses proies sans aucun danger pour lui. Un proxénète à la fine pointe.

(Le départ de Julie se fera un peu autrement que mon imagination ne l'a raconté ci-haut, me dira-t-elle à la lecture du manuscrit. Il parlait avec un gars au salon et la chambre était à côté de la porte d'entrée. –Je n'ai pas fait de bruit.–)

On est plus près de novembre que du milieu d'octobre. Il vente à écorner les boeufs. Mais moins en ville que passé le pont-tunnel Lafontaine. Avant de l'atteindre, il lui a fallu marcher, marcher, voir passer plusieurs automobilistes qui refusent de la faire monter malgré son pouce levé. L'un d'eux toutefois s'arrête enfin et la déposera entre les bras très longs de l'autoroute 20 dont celui de gauche commence à s'encombrer comme tous les matins à cette heure. Les affiches disent à Julie qu'elle est sur la bonne voie. La voie du retour à la maison. Elle n'a pas le coeur à la fête, mais elle échappe au pire.

Elle a bien peu mangé tout le temps qu'elle fut à Montréal. Le vent a meilleure prise sur elle pour ça. Julie n'a par ailleurs jamais eu besoin d'une diète pour maintenir son poids. Sa mère donnait depuis des années dans l'exagération granola, ce qui a contribué au déplaisir de Julie de vivre dans sa famille. (Mais il en restera du bon comme on pourra le constater le soir du 14 août 2004 alors qu'au restaurant St-Hubert, elle commande un plat presque diète soit une poitrine de poulet sans peau sur lit de salade. Et pas de dessert. Et pas de soupe. Et pas de vin. Et pas de boisson gazeuse... Sa mère peut se consoler de ses excès de table santé...)

Une voiture s'arrête.

C'est un homme.

Les femmes ne s'arrêtent jamais pour les auto-stoppeurs. Ni plus pour les auto-stoppeuses. Mais tant d'hommes ont besoin de se faire valoir, surtout ceux qui dépassent la quarantaine, auprès des jeunes personnes de l'autre sexe qu'une Julie sur la 20 ne reste pas bien longtemps au grand froid mordant de l'automne à son mitan.

—Je vais à Victoriaville...

—C'est où, ça ?

—À moitié chemin de Québec. Toi, tu vas où ?

—À Mégantic.

—T'es pas sur la bonne 'track' pantoute.

—Non, j'veux dire Québec.

C'est que Julie n'a pas encore pris sa décision finale, vraiment finale, de retourner chez elle. Et quelque chose lui dit que la route de son destin passe par Québec.

—Ben embarque si tu veux, je te laisserai à mi-chemin à la sortie de Victoriaville.

C'est un homme dans la soixantaine à la voix d'un maréchal de France, à la chevelure noire à la Hitler, mais qui n'a rien de menaçant. Et puis c'est un agent d'immeubles comme l'indique une promotion écrite dans les vitres du véhicule 4 X 4. Il retourne chez lui après des affaires transigées la veille dans la métropole.

Julie monte.

–Si tu vas à Mégantic, je peux te laisser à Victo et de là, tu passes par Ham Nord, Saints-Martyrs pour déboucher à Stornoway, Nantes... Je connais bien le coin, je fais souvent des affaires par là.

–Non, je vais à Québec.

–C'est comme tu veux.

On fait silence un court temps. Julie demande la permission d'allumer une cigarette. Le personnage acquiesce en disant que lui-même à l'occasion fume la pipe.

Il ne lui fera aucune avance bien entendu, mais lui racontera plusieurs de ses exploits en affaires et comme citoyen de sa ville. Il a fondé, dirigé toutes sortes d'organismes et rêve d'avenir malgré ses 65 ans bien sonnés. Il parle entre autres d'un organisme de bienfaisance de sa ville que dirige une certaine madame St-Pierre...

Les mots entrent par une oreille de Julie et sortent par l'autre. Peut-être que certains restent accrochés. Pas très loin de la sortie de Victoriaville, l'homme la balaie du regard de la tête aux pieds avant de lui poser enfin une question sur elle :

–T'aimes-tu... t'aimerais-tu la musique western, toi... heu... c'est quoi, ton nom ?

–Non, j'aime pas... ben... un peu...

–Toute en noir comme ça, tu me fais penser à Johnny Cash.

–Qui c'est ça ?

–J'aimerais mieux savoir qui t'es, toi ?

–Je m'appelle Nancy...

–Nancy qui ?

–Ben... he... St-Pierre.

–Nancy St-Pierre ?

–Nancy St-Pierre.

Julie a pu voir une seule émission de télé à Montréal (Arcand) qui faisait état de sa disparition et des recherches entreprises pour la retrouver. Ce n'est pas parce qu'on la recherche qu'il lui fallait forcément se montrer le bout du museau. Elle a fui, et quelles que soient ses raisons, ce n'est pas parce qu'on l'appelle dans les médias qu'elle doit aussitôt dire en levant la main : présente. Une fugueuse n'est pas un orignal tout de même.

Et puis elle a beau se trouver sur le chemin du retour à la maison, son intention est de se présenter à la police de Mégantic; c'est la raison pour laquelle Julie Bureau disparaît sous le nom de Nancy St-Pierre que son volubile vieux monsieur de Victo lui a permis d'attraper au vol.

Elle descend.

Il dit : "Bonne chance, ma fille !"

Ça lui fait drôle d'entendre ces mots bienveillants. Elle n'en a guère entendu ces derniers temps. Elle n'en a guère entendu durant sa vie.

Josianne témoigne des effets de bonnes paroles sur Julie :

« *Pis j'lui avais offert en Secondaire 2... veux-tu être encore dans la même case l'année prochaine ? Ses yeux étaient tellement heureux là, quand j'y ai demandé ça... on aurait dit que je lui avais donné la lune. C'était terrible là... j'étais là... "Pour vrai ? Tu veux être avec moi ? Comme si j'faisais ça parce qu'elle faisait pitié, là. Mais non, ça me tentait. C'était mon amie. On s'était rapprochées à la fin de l'année...*»

Et la voici de nouveau sous le grand vent de la 20 vers la vieille ville qui ne l'attend pas. Ça passe sans cesse en sifflant à six pouces de son index levé. On finit par s'arrêter. Elle doit courir. Quand elle parvient à la voiture, on repart sans la prendre. Ça fait du bien à certains de cracher sur ceux qui en ont moins qu'eux.

Un autre Samaritain, après celui de Victo, s'arrête à sa hauteur et la fait monter. Il va à Québec. C'est un personnage dans la cinquantaine. Un homme qui a un certain sens du partage et par son geste veut le démontrer. Julie a toujours sa cigarette qui a la vie dure. Il lui demande de s'en défaire pour préserver la pureté de l'air de l'habitacle. Elle obéit sans en être contrariée.

C'est un professeur à sa retraite. Lui aussi parle, parle et parle. Deux sortes d'hommes font monter les 'pouceux' : ceux qui ont la main longue et ceux qui ont la langue longue. Ce bonhomme coiffé d'une calotte de chasseur est en route pour Québec. Julie s'endort doucement, s'enfonce dans l'absence tandis que Nancy s'éveille et rit parfois pour encourager ce nouveau Samaritain à qui elle demandera quand les ponts de Québec apparaîtront dans le décor devant :

–Pour aller à Mégantic, quel chemin qu'il faut prendre ?

–J'pensais que tu voulais aller à Québec.

–Oui, mais... ben j'voudrais savoir.

–T'es pas une fugueuse, toi, toujours ?

–J'ai-t-il d'l'air d'une fugueuse, moi ?

–Pas pantoute, c'est ben vrai. T'as rien d'une Julie Bureau, laisse-moi te dire.

–Julie Bureau ?

–Ouais, une fille de 14 ans qui est disparue ça fait un mois.

–Moé, c'est Nancy St-Pierre.

–Pis t'as pas l'air de 14 ans pantoute, t'as l'air de 18.

On lui a dit la même chose à Montréal. Et jusqu'à Mégantic, si elle devait s'y rendre, Julie serait désormais Nancy St-Pierre et aurait officiellement ses 18 ans.

–Pour aller à Mégantic, faut que tu passes par la Beauce. La 73 qui est pas loin. Je peux te laisser au coin vu que moi, je m'en vas à Québec.

–Non, je vas m'en aller à Québec.

–Ben là... t'as juste à me dire c'est quoi que tu veux.

–À Sainte-Foy mettons, où c'est que sont les gros centres d'achats.

Le visage de Julie s'éclaire. Elle va errer à Place Laurier à l'abri du froid et peut-être que Dieu exaucera ses prières fréquentes. Québec, c'est loin de Montréal. Peut-être que c'est là que se trouve la solution. Il n'y a sûrement pas de prostitution juvénile dans une ville d'aussi grande qualité... Elle n'a presque pas mangé la veille et on approche de la fin de l'avant-midi. On traverse le pont Laporte et on emprunte le boulevard Laurier.

—À quel centre d'achats tu veux arrêter ?

—J'les connais pas.

—Le plus gros ?

Pourquoi le plus petit quand on peut aller au plus gros ?

—Le plus gros.

—C'est Place Laurier.

—Bon, OK.

—Fais attention en traversant le boulevard, lui dit cet autre Samaritain qui la regarde descendre en se félicitant d'avoir deviné qu'elle n'est pas une fugueuse...

Et Julie s'en ira passer une partie de la journée à errer devant les vitrines, affamée, souvent à regarder les gens qui vont s'asseoir à une table de petit resto, le cabaret chargé de frites, de hamburgers ou de cuisses de poulet. Elle entre dans une épicerie mais n'ose voler quelque chose sinon un ou deux raisins verts. Elle entre dans une pâtisserie et mange des yeux les éclairs au chocolat. Alors elle se dit que pour tromper sa faim, elle ferait peut-être bien de fumer un joint. Elle en dispose dans son sac à dos. Mais ne doit pas le faire à l'intérieur ou bien on va la repérer à l'odeur. Alors elle trouve une sortie et va se cacher à l'arrière de l'énorme bâtisse dans une encoignure où elle s'assied par terre sur une saillie de ciment froid.

Le joint est allumé de même que sa réflexion dernière avant de finaliser sa décision de repartir pour Mégantic. La lumière ne se fait pas dans sa tête et son coeur. Longtemps elle restera là à frissonner et bientôt, la noirceur la fait disparaître aux yeux des passants rares sur les trottoirs et stationnements à l'arrière de cette énorme bâtisse de l'abondance. De plus, elle s'est enfoui la tête dans ses cheveux noirs pour ainsi devenir une forme indiscernable dans l'obscurité grandissante. Elle fume un autre joint plus tard sans trop se souvenir qu'elle en a fumé un premier tant ses idées et sentiments se bousculent dans son être bousculé.

Et prie encore et encore.

Puis se lève et marche, marche comme une automate dans la direction opposée à celle qui l'a conduite au centre commercial. Elle lève le pouce. Quelqu'un finit par s'arrêter.

–Où c'est que tu vas ?

–À... ben à Mégantic.

–Embarque, j'te fais faire un boutte. Je m'en vas à Saint-Georges.

C'est un homme dans la quarantaine que fascine déjà cette jeune fille bizarre qu'il prend pour une prostituée de grand chemin. Il se dit qu'il en profitera quand la route sera plus déserte vers Sainte-Marie, par là.

–Saint-Georges, t'auras plus que la moitié du chemin de fait, dit-il pour s'attirer de la reconnaissance.

Et puis, en sa tête, il se dit qu'il faudrait bien qu'elle paye son ticket, cette gonzesse aux yeux perdus. Nancy le trouve 'correct'. Il parle abondamment lui aussi comme les deux autres qui l'ont amenée de Montréal à Québec, fait allusion au sexe, raconte des histoires grivoises et s'esclaffe souvent. Nancy rit aussi pour l'encourager, mais sans comprendre le rapport réel entre la qualité de l'humour et l'importance du rire. C'est un blondin filiforme au regard bleu glace.

Passé Sainte-Marie, il l'attaque :

–T'as-tu déjà goûté à un homme, toi ? T'as l'air jeune pas mal.

–J'ai 18 ans.

–Pis tu t'appelles Nancy St-Pierre pis tu t'en vas à Mégantic.

–C'est ça.

L'homme étire le bras, pose sa main sur la cuisse de sa passagère étonnée, commence à tripoter... Elle lui remet la main à sa place.

–Suis pas c'est que tu penses.

–Tu l'es pas, mais tu peux l'être. T'as rien qu'à vouloir.

–Moé, j'dis non... pis non, c'est non.

–T'as l'air à moitié gelée.

–J'ai fumé un joint pis après ? C'est pas parce qu'on a fumé un joint qu'on se laisse taponner par n'importe qui.

–C'est bon, c'est bon, on n'en parle plus.

Et les milles filent.

Nancy ne sait plus où elle se trouve. On entre dans un autre village ou une petite ville qu'elle ignore. Le conducteur sent que ses chances diminuent de se payer du sexe à bon compte. Il trouve des mots qu'il croit les bons pour la persuader et recommence son tripotage.

–Laisse-moé icitte !

–T'es pas à Saint-Georges, icitte.

–Laisse-moé icitte !

L'homme freine et stoppe son véhicule. Il ne dit plus rien. Ne regarde même pas dans son champ de vision périphérique. Il a hâte de se débarrasser de ce fardeau encombrant. Il ne voit pas que la jeune fille est peu vêtue. Quelle importance ! Les vaches couchent bien dehors. Il ne pense pas qu'il fait froid et qu'on est passé 22 heures.

Nancy descend mais ne dit pas un mot. Pourquoi le remercierait-elle ? Ne lui a-t-elle pas donné sa compagnie depuis Québec ? N'a-t-elle pas alimenté sans le vouloir ses espoirs lubriques ?

Il repart en trombe pour exprimer soit du mécontentement soit du mépris. Nancy marche un peu et les premiers phares qui l'éclairent lui font battre le coeur. Elle fait une prière d'une seconde. Toutes les autres lui ont valu de l'aide. Pour partir de Montréal. Pour avancer jusque là malgré la faim, le froid, la malveillance. Elle lève non le pouce mais plutôt la main pour faire s'arrêter le véhicule. Et le véhicule, une vieille Jeep griss déglinguée, stoppe à sa hauteur. On abaisse la vitre côté passager.

–Peux-tu me dire où c'est que j'suis ?

–T'es à Beauceville en ville...

Il paraît de bonne humeur, ce personnage à la bonne et belle tête.

–Y a-t-il une place où c'est que j'pourrais manger pis dormir ? Parce que j'ai pas mangé ça fait deux jours.

–Le Motel Royal.

Et le jeune homme penché pointe du doigt le motel en question pas loin.

–Mais... ben j'ai pas d'argent pantoute.

–Comment que tu t'appelles pis quel âge t'as ?

–Nancy St-Pierre... Pis j'ai... 18 ans. Je m'en vas sur 19.

–Dans ce cas-là, tu peux venir chez moi. Je reste pas loin de l'autre bord du pont.

–O.K.

Et Nancy monte avec cet inconnu en qui elle a tout de suite assez confiance. Pas entièrement mais à moitié, ce qui est un bon commencement. Il est très sympathique. Il semble honnête. Et il est débordant de joie communicative.

Ce qui, toutefois, ne suffit pas à rendre Nancy joyeuse sur le moment. Elle frissonne. Elle a faim. Au moins elle n'a pas peur. Mais elle songe à toutes ses blessures récentes et anciennes, et le besoin de pleurer comme elle l'a fait à trois reprises derrière le centre commercial lui revient.

L'homme qui vient de la prendre avec lui est un être sensible. Pompier volontaire, il lui est arrivé de prendre de gros risques pour aider quelqu'un lors d'un incendie. Il est séparé et son ex lui en fait voir de toutes les couleurs. Cette jeune femme en peine va chercher ses émotions :

–Pleure pas, Nancy, on va se caller une bonne pizza, là, pis on va jaser tant que tu voudras.

–O.K. d'abord !...

***

Chapitre 21

Un coin de paradis

La montée chez cet homme qui lui ouvre sa porte est à pic. Les abords de la maison sont bien éclairés par une sentinelle. Dès que l'auto s'arrête dans la cour, on entend l'aboiement d'un chien.

–Comme tu vois, j'vis pas tu seul.

–Y est-il dangereux pour le monde, ton chien ?

–Pas quand j'sus là. Mais c'est un ben bon chien de garde par exemple. Il est pas encore à sa grosseur, mais ça sera pas ben ben long asteur.

Le conducteur de la Jeep laisse le moteur tourner. Les phares éclairent la maison. Nancy la trouve bien jolie et une fois encore, elle prie Dieu pour qu'elle puisse y dormir au chaud, manger un peu comme il l'a promis et se refaire quelques forces avant de reprendre la route au matin pour sa destination ultime : Lac-Mégantic où elle se présentera au poste de police avec son nom véritable à la bouche.

–J'ai deux questions à te demander avant qu'on débarque, là, lui dit-il, doigts sur la clef d'ignition.

–O.K.

–D'où c'est que tu viens pis où c'est que tu t'en vas de même quasiment en pleine nuitte, au gros frette d'automne... J'sais ben que t'es pas une... une...

–Pute ?

–Ben... (rire un peu embarrassé) autrement, t'aurais déjà une place au chaud quelque part.

Nancy se met à pleurer :

–J'viens de Montréal pis j'sais pas où c'est que j'm'en vas.

–T'as pas l'air d'une conne non plus, tu dois ben savoir.

–Non... suis perdue... ben ben perdue, là, moé.

–Pis j'me rappelle pas de ton nom, c'est...

–J... (raclement de gorge) Nancy...

–Ah oui, Nancy Lapierre.

–Nancy St-Pierre.

–Ben moé, c'est Jean-Paul. D'aucuns m'appellent Djé Pi... comme le pape. Mais suis pas le pape ni un saint du ciel.

–T'as pas l'air si méchant que ça.

–Il fait pas beau quand j'me fâche, mais j'me fâche pas souvent. J'ai les orages électriques rares, mais j'en ai comme ben du monde. C'est pour ça que j'sus pas un saint du ciel.

Jean-Paul la sonde. Il ne veut pas se ramasser avec une accusation d'agression advenant que cette jeune personne lui tende un piège. Elle est toute de noir vêtue et ça l'inquiète un peu. Il est séparé de fraîche date et son ex lui en fait voir de toutes les couleurs. Dans une conversation, elle a l'allumette facile et n'hésite pas à mettre le feu avec des mots incendiaires.

–Asteur quel âge que t'as, Nancy ?

–J'te l'ai dit : 18 ans.

–As-tu des cartes sur toé ?

Non seulement Jean-Paul ne veut pas être accusé d'agression, mais aussi craint-il comme la peste bien pire encore : agression contre mineure. Son intention n'est pas de la conduire à son lit et ce n'est pas pour cette raison qu'il l'a fait monter. Songe-t-on à la chose quand une jeune femme de cette apparente fragilité, gelée par le froid et qui frissonne, vous demande où trouver à manger puis avoue qu'elle n'a aucun argent pour se procurer de quoi se nourrir ? Ce n'est pas une jeune fille qui se trouve devant le regard de Jean-Paul, c'est un petit animal blessé qu'il ne peut pas abandonner à son sort sur le bord de la route par ce temps de vent insoutenable. On ramasse bien les oiseaux blessés...

Mais il ne peut se départir d'une certaine méfiance. On a souvent joué sur sa générosité et sa trop vive sensibilité. Il en paye le prix. On l'a séparé de son fils. On cherche à lui enlever des biens qu'il a reçus en héritage, qu'il exploite à force de travail dans des journées harassantes qui vont d'une étoile à l'autre. On veut le déshabiller et cela, même s'il ne se soustrait pas à ses obligations de père.

–Non, j'en ai pas... je les ai laissées à Montréal. J'ai pas eu le temps de les prendre.

–Bon ben J... Ton prénom commence pas par J, j'ai cru que tu allais dire J... quelque chose tout à l'heure ?

–C'est qu'il y en a qui m'appelaient Jo.

–Ben j'aime ça, je vas t'appeler Jo.

–C'est moé qui devrais t'appeler de même. Jean-Paul... c'est ben plus proche de Jo que... Nancy...

–O.K. d'abord. Je t'appelle Jo. Tu m'appelles Jo. Comme ça, pas de problème !

Nancy n'ose demander si elle pourra dormir dans cette maison. Elle sait, elle sent qu'il l'a emmenée chez lui par charité, pas par désir de coucher avec elle. Et sa confiance augmente encore.

On descend.

On entre.

Nancy est frappée par le bon ordre et la propreté des lieux. Un homme qui vit seul, par définition, ça laisse traîner des choses. Mais rien ne traîne dans la cuisine, rien dans le salon. Il restait assez de lumière pour que Jean-Paul n'ait pas besoin d'allumer d'autres lampes.

–Viens t'assire dans le salon pis moé, j'vas caller de la pizza du restaurant.

–J'ai pas d'argent pour...

–Je le sais, tu me l'as dit.

Il la conduit au salon, une marche plus bas et lui indique le divan en s'excusant :

–Avant d'appeler au restaurant, j'vas aller aux toilettes. Assis-toé...

Il fait ce que doit et quand il revient dans l'espace entre le salon, les deux chambres et la salle de bains, il peut apercevoir son 'invitée' de profil. Seuls son nez et ses lèvres dépassent le flot de sa noire chevelure. À peine s'est-elle assise sur le coin du divan comme si elle voulait prendre le moins de place possible. Si seulement il savait qu'elle a fui une situation devenue pour elle intolérable au sein de sa famille puis trois semaines et demie plus tard une situation cent fois pire que la première, il comprendrait son abattement.

Il se sent une mission : l'encourager, la remettre sur ses pieds, essayer de panser un peu ses plaies par des mots et de la bonne humeur. Une parabole du Christ lui revient en mémoire. Il en connaît la substance. La voici pour aider à l'intelligence du coeur de tous ceux qui ont exprimé de la haine dans l'affaire Julie Bureau, qui ont jugé, condamné et exécuté dans leur coeur.

Un docteur de la loi se leva, et dit à Jésus, pour l'éprouver : Maître, que dois-je faire pour hériter la vie éternelle ? Jésus lui dit : Qu'est-il écrit dans la loi ? Qu'y lis-tu ? Il répondit : Tu aimeras le Seigneur, ton Dieu, de tout ton coeur, de toute son âme, de toute ta force, et de toute ta pensée; et ton prochain comme toi-même. Tu as bien répondu, lui dit Jésus; fais cela, et tu vivras. Mais lui, voulant se justifier, dit à Jésus : Et qui est mon prochain ? Jésus reprit la parole et dit : Un homme descendait de Jérusalem à Jéricho. Il tomba au milieu des brigands, qui le dépouillèrent, le chargèrent de coups et s'en allèrent, le laissant à demi mort. Un sacrificateur, qui fortuitement descendait par le même chemin, ayant vu cet homme, passa outre. Un Lévite, qui arriva aussi dans ce lieu, l'ayant vu, passa outre. Mais un Samaritain, qui voyageait, étant venu là, fut ému de compassion lorsqu'il le vit. Il s'approcha, et banda ses plaies, en y versant de l'huile et du vin; puis il le mit sur sa propre monture, le conduisit à une hôtellerie, et prit soin de lui. Le lendemain, il tira deux deniers, les donna à l'hôte, et dit : Aie soin de lui, et ce que tu dépenseras de plus, je te le rendrai à mon retour. Lequel de ces trois te semble avoir été le prochain de celui qui était tombé au milieu des brigands ? C'est celui qui a exercé sa miséricorde envers lui, répondit le docteur de la loi. Et Jésus lui dit : Va, et toi, fais de même.

Si cette histoire se produisait de nos jours, je crois que le sacrificateur et le Lévite ne passeraient pas outre. Ils s'arrêteraient et poseraient à l'homme à demi mort diverses questions avant de passer outre. En voici quelques exemples qui montrent où en est rendue la société d'abondance, la société la plus égoïste de tous les temps.

–Coudon, c'est que t'as fait pour mériter ça ?

–Dans la vie, on court après son malheur, le savais-tu ?

–As-tu demandé au gouvernement de t'envoyer une ambulance ?

–Tu serais pas en quelque part toi-même un brigand ?

–Comment ça, ils nous attaquent pas, nous autres, les brigands ?

–Je peux te donner un conseil ? Grouille-toi le cul pis va te faire soigner au plus vite ou ben tu vas crever.

–On se fait écoeurer partout pour la charité. T'as jamais entendu parler, toé, que charité ben ordonnée commence par soé-même ?

–Penses-tu que je vas bander tes plaies pis attraper tes maladies ?

–J'te passerais ben mon cellulaire, mais mon compte est au boutte. Penses-tu que tu vas tenir le temps que le secours arrive ?

–Tu pourrais-tu te traîner hors du chemin qu'on passe, nous autres. On est du monde pressé, tu sauras.

Toutes les attitudes pitoyables d'une partie des mieux nantis envers ceux qu'une société favoritiste laisse sur le bas-côté de la route y passeraient.

Mais adressons des reproches à Nancy St-Pierre au nom des bien-pensants de ce monde. En réalité, ils lui sont faits par ceux qui comme pour l'homme blessé par les brigands, passent outre malgré sa misère visible

–Hey, la folle en noir, c'est qu'il te prend de faire du pouce la nuitte de même ?

–T'as-tu des bibittes dans tête ou ben entre les deux pattes ?

–Vas-tu le dire, tout le mal que t'as fait dans ta vie pour te retrouver à geler au bord du chemin, l'air d'un zombi ?

–Tu penses pas que tu devrais te gagner un char pour voyager ? Ben crève !

–Hey, la profiteuse, là, veux-tu marcher ?

–Toé, là, t'aurais pas le goût d'aller voir ta mére, hein ?

Voilà le genre d'une majorité de la population de nos jours. Il est enterré creux, le temps de l'entraide, des corvées, de la pitié, de la simple charité. Hier, j'ai lu trois lettres ouvertes publiées dans La Tribune et signées par un certain S. Lacroix, un certain J.-F. Desaulniers et une certaine L. Doyon. Je suis content que Pasteur ait eu le génie de créer un vaccin contre la rage; ces personnes pourront certes s'en faire inoculer au CUSE de Sherbrooke en espérant que du coup, elles n'attraperont pas le C difficile...

J'en fus heureux. Ce sont des gens comme eux qui alimentent la controverse et forment la cohorte des promoteurs négatifs du livre. On leur décernera une médaille pour avoir fait augmenter les ventes. Merci, L., J.-F., S. Chapeau ! Il y a des gens comme ça, tellement tout croches, qu'en luttant contre quelque chose, ils en facilitent la propagation. On est content de les avoir dans l'autre camp.

Ce qui m'a plutôt révolté hier, c'est un sondage à TVA dont la question était : *"Le Canada devrait-il augmenter son aide à Haïti* ? " Une majorité répond non. Le pays le plus pauvre de la planète ou du moins de l'hémisphère occidental vient d'être ravagé par l'ouragan Jeanne. 1,600 vies humaines perdues, des milliards de dommages. Des familles par milliers sont privées d'un toit, de nourriture. Les plaies sont énormes, inimaginables. Nous, on dit : pas un vieux 10 $ de plus pour Haïti. Et demain, des politiciens véreux et des journalistes flagorneurs clameront : oh ! comme ils sont donc généreux, les Québécois ! (Je me suis trompé, on a recueilli quelques tonnes de boîtes de céréales et de vieux linge et on a servi ça en images rassurantes à la télé...)

Pitié mon Dieu !

C'est pas demain que finira le piratage légal aux dépens des auteurs, que prendra fin leur mise en esclavage hypocrite par les gouvernements et leurs politiques viciées. J'ai pas fini d'écrire des livres pour me les faire exproprier par l'État au profit de gens que la misère des autres fait rire. "Le plaisir de l'un, c'est de voir l'autre se casser le cou ou ou..." Cette phrase est d'un auteur québécois. Un gars connu. Qu'on idolâtre ! On s'habille de son image et on choisit ses pensées à la carte...

J'ai ouvert une parenthèse dans ce chapitre pour qu'on réfléchisse bien sur la définition d'un vrai bon Samaritain. Pour une fois, les médias ont misé juste en affublant Jean-Paul de ce qualificatif. Faut dire que des pages, des pages, des pages, des ondes, des ondes, des ondes, ça se vend mieux quand on propose au public des vedettes; or, le bon Samaritain de la bible tout comme le Queen Mary 2 du fleuve, voilà de la belle image à vendre au peuple qui aime tant consommer... des images. Jean-Paul, lui, n'est que le support derrière l'image... À moins qu'on ne soit à se préparer à faire aussi de lui une sorte d'icône ?

Enfin... Revenons à notre histoire en cette nuit froide de la fin octobre 2001... Nancy St-Pierre n'occupe qu'un petit coin de divan dans le salon chez Jean-Paul qui le remarque et court vers la cuisine pour téléphoner au restaurant. Elle a dit n'avoir pas mangé depuis 2 jours; il demande qu'on fasse vite. Puis ouvre le réfrigérateur.

–Un verre de lait en attendant, tu voudrais, Nancy ?

–O.K.

Il lui en verse un. Va lui porter. Elle tend la main, frissonne encore. Alors il se rend dans la petite chambre et prend une couverture qu'il lui apporte. Elle boit le lait à petites gorgées et donne l'air d'un chaton affamé.

–Donne-moé le verre pis enveloppe-toé dans la couverte.

–Merci ben !

–J'te donnerais de quoi à manger, là, mais c'que j'ai, c'est pas les chars.

–J'vas attendre la pizza... mais j'ai pas d'argent pour payer.

–Qui c'est qui t'a parlé d'argent ?

Nancy remarque ce drôle d'accent du jeune homme qui va s'asseoir dans un fauteuil devant elle. Plus au coeur de la Beauce qu'à Beauceville, tu meurs. Et s'il ne se trouvait qu'un seul bon Samaritain en ce pays, c'est là qu'il se cacherait sous les traits d'un jeune homme ordinaire.

–Tu peux t'asseoir comme il faut, là, pour te reposer pis te réchauffer. Je vas remonter le chauffage...

Jean-Paul va toucher au thermostat et retourne s'asseoir, les bras croisés derrière la tête. Et la conversation reprend en attendant la pizza commandée. Il veut en savoir davantage d'elle.

Nancy lui apprend qu'elle est partie de chez elle vu que ses parents l'ont mise à la porte. Elle répète qu'elle arrive de Montréal. Qu'elle n'a aucune carte d'identité ou autre. Qu'elle ne veut plus jamais retourner chez elle. Qu'elle a 18 ans, bientôt 19 soit le 2 décembre. Et avant que le livreur ne se présente après avoir déposé son verre vide, elle fouille dans son sac à dos posé par terre en arrivant et cherche.

–Tu veux quelque chose ?

–Je regarde si j'aurais pas un joint... quelque chose.

Le visage de Jean-Paul prend la couleur de la farine :

–Ça, j'aime autant mieux te dire... j'veux pas de fumage de pot dans ma cabane...

–Ben, c'est pas une cabane.

–J'dis ça de même... j'sus fier de ma maison.

–Je trouve ça beau... Pis non, j'fumerai pas en dedans.

–On s'entend comme il faut.

Julie derrière Nancy comprend qu'elle a devant ses yeux un personnage bon mais capable d'autorité si on l'encombre de cette inutilité qu'est pour lui la fumée du pot.

Et elle pense à cette autorisation de fumer que ses parents lui avaient donnée puis retirée dans une volte-face pour le moins tortueuse...

Elle sourit.

Peu de temps après, la pizza arrive.

On s'attable et on jase jusqu'aux petites heures du matin alors que la jeune fille bâille et a tout le mal du monde à tenir debout.

–Si tu veux dormir, j'ai là une petite chambre. La mienne est de l'autre bord de la salle de bains.

Il sent chez elle un mélange d'abandon et d'inquiétude et la rassure :

–J'vas pas t'achaler, là. Tu vas dormir tant que tu voudras. Une seule condition : tu fumes rien dans la maison.

Elle le sonde comme elle l'a si souvent fait dans le passé avec ses parents et professeurs, ce qui est propre à tous les enfants et adolescents :

—Même pas un petite cigarette, mettons ?

—En dedans, Nancy...

—Appelle-moi Jo...

—En dedans, Jo, pas question de boucane qui sort de la bouche pis des oreilles du monde.

Nancy se lève de table et va chercher son sac près du divan.

—Avant que tu te couches, j'ai quelqu'un à te présenter.

Nancy lève un sourcil, reste interdite au milieu de la place. Jean-Paul ouvre la porte donnant sur le sous-sol et lance un nom :

—Nicky-Boy, Nicky-Boy...

On n'entend rien. Les sauts du chien dans l'escalier sont inaudibles et voici qu'apparaît la bête, un Danois bleu qui s'arrête devant son maître tout en regardant cette inconnue toute vêtue de noir comme lui-même dans sa robe de poils soyeux.

—Nicky-Boy, elle, c'est Nancy.

Le chien veut s'avancer vers la jeune fille, mais Jean-Paul le retient par le collier. Il est juste un petit peu trop tôt.

—Il te sent. Demain matin, avant de partir, si tu veux le flatter, il te prendra pour quelqu'un de la maison...

*

Malgré sa fatigue extrême, Nancy, avant de s'endormir, pense à ce que Jean-Paul lui a dit au cours de la soirée depuis leur rencontre. Et à ce qu'elle-même lui a confié de sa vie chez ses parents... Mais surtout, elle rêve de ce qu'il lui a dit...

Cette terre lui appartient en propre. C'est une terre à bois sur laquelle il travaille de ses bras sans trop de machines pour l'aider à part la scie mécanique. Mais parfois, il travaille à conduire un ready-mix ou autre camion pour des compagnies locales. Et il fait partie de l'équipe de pompiers locale. Il ne fume pas, ne boit pas, ne jure pas. Il est beau. Il est sain. Il s'est montré bon envers elle. Elle le trouve sympathique. Il lui témoigne du respect et ne demande pas comme tant d'autres à se faire payer par des faveurs 'particulières' pour l'aide qu'il lui apporte.

Est-ce bien un hasard s'il a croisé sa route ou bien Dieu n'aurait-il pas répondu à ses prières si ferventes depuis toutes ces semaines où on a fait d'elle une chose méprisable, vile, seulement valable pour l'argent qu'elle pouvait rapporter ?

Il frappe doucement à sa porte sans l'ouvrir :

–Dors-tu, Nancy ?

–Tu peux m'appeler Jo.

–J'veux te dire : la salle de bains... tu vas trouver des serviettes dans l'armoire sous l'évier... Tu prendras ce qu'il te faut... Demain matin, tu te lèveras quand tu voudras. J'pourrai te reconduire à Saint-Georges, si ça peut faire ton affaire.

C'est qu'elle lui a confié qu'en fait, elle voulait se rendre à Mégantic pour visiter une cousine qui vit là-bas et qu'elle s'est mélangée en chemin, ce qui lui a fait dire qu'elle ne savait pas trop où elle allait.

–Merci, Jean-Paul.

–Si tu veux que je t'appelle Jo, appelle-moi Jo toé itou.

–O.K. Jo.

–O.K. Jo.

Et chacun rit fort pour bien montrer à l'autre qu'il rit...

(L'imagination de l'auteur a travaillé un peu fort dans ce chapitre qui se termine. À la lecture du manuscrit, Julie me dira qu'elle n'a pas dormi ce soir-là dans une chambre mais sur le divan du salon. Secondement, elle n'a jamais parlé à Jean-Paul de Mégantic. Il appartient au lecteur de replacer les choses dans sa tête. Julie est bien plus à cheval sur les détails des événements que je ne le crois nécessaire pourvu que les grandes lignes de la vérité se tiennent.)

***

Chapitre 22

Partir ou rester

Nancy St-Pierre dort nerveusement. Sa fatigue extrême ne parvient pas à l'emporter dans la profondeurs du sommeil paradoxal, encore moins dans l'univers infini du rêve. Souvent, elle ouvre l'oeil pour regarder la chambre noire si calme à l'obscurité si enveloppante.

Il lui semble que jamais de toute sa vie on ne l'a si bien entourée. Et si spontanément. Et de manière inconditionnelle. Jean-Paul ne lui a rien demandé en retour de son accueil si cordial et généreux : cela viendra-t-il au matin avant qu'elle ne reprenne la route pour Mégantic ? Un côté d'elle craint que oui même si l'autre côté lui fait confiance. Ne fut-elle pas habituée par sa mère ces dernières années et même avant au "give and take" de son mode d'éducation ? On te donne ceci si tu fais cela...

Il faut dire entre parenthèses qu'il s'agit là de la manière de faire de l'élevage commercial des enfants dans la société d'abondance. Un 'give and take' matérialiste au cube et qui ne tient pas compte des grandes valeurs de la droiture, du dévouement, de l'honnêteté morale, de l'intégrité, de la beauté intérieure pour vouloir sans cesse les troquer pour des 'bebelles'. On ne se rend pas compte que les enfants dont on veut acheter l'amour et l'adhésion à ses décisions de parents et aux modèles sociaux sont pourvus d'une personnalité bien à eux qui demande à se développer dans un encadrement ferme et sain où les objets de récompense ne sont pas l'argument de premier plan dans une négociation à deux niveaux à la fois : au plan matériel d'un côté et au plan moral de l'autre. L'on croit inculquer la vertu à force de conduire l'enfant dans un magasin de jouets. On troque une paire de culottes pour un acte de soumission.

En 1989, dans *Couples interdits*, j'écrivais que "les Québécois sont des enfants de nanane manipulés par des enfants de chienne (politiciens et journalistes), et qui se payent de temps à autre des enfants de consommation.

On les fait, les enfants, comme on s'achète un nouveau meuble. On les élève comme on les fait...

Mais revenons à notre matin beauceron si clair et si concret de la fin octobre 2001. La Beauce ignore qu'elle compte parmi sa population du jour la plus célèbre disparue de l'histoire du Québec.

La lumière de l'aube éveille Nancy. Sa première réaction lui semble pour le moins étrange : c'est comme si elle avait perdu de vue Julie en elle. Et comme elle se sent bien dans sa nouvelle identité ! Elle a voulu se suicider, se jeter en bas de la cache dans les arbres pour se casser le cou et s'endormir à jamais et voilà que Julie est morte en elle tout en donnant naissance à Nancy, son clone. Un clone qui ferme la porte sur le passé ancien et récent. La venue au monde de Nancy St-Pierre lui vaut un grand moment de liberté...

Mais un moment qui n'est pas appelé à durer. Pas plus que le temps d'un rêve écourté, d'une feuille attardée qu'un coup de vent est sur le point d'emporter ailleurs...

Quelle importance si Jean-Paul l'a crue ou non, dans quelques heures, il ne lui restera de lui que le souvenir d'un bon Samaritain. Pourvu bien sûr qu'il ne réclame pas un paiement pour ce qui serait considéré comme un dû aux yeux de bien des gens, de bien des hommes surtout.

Pour le moment, ce qui compte, c'est de soulager sa vessie et par-dessus tout de se laver et de laver son linge. Elle a couché en brassière et petites culottes. Devrait-elle rester sans bouger, cachée comme le petit animal blessé qu'est la Julie en elle ou bien ordonner à Nancy de se lever ? Et d'agir.

Elle se lève et regarde par la fenêtre. Elle voit de l'herbe jaunie, des arbres dénudés, une grange à la toiture rouillée, une piste qui monte et monte vers un monde qu'elle a soudain le désir d'explorer. Elle sait qu'il s'agit de la terre dont lui a parlé Jean-Paul en partageant avec elle la pizza commandée. Est-elle en train de faire un rêve magnifique et soudain, la réalité viendra-t-elle la rejeter dans cette chambre sordide de Montréal ou bien à l'arrière du centre commercial où elle aurait voulu mourir, enfouie dans ses vêtements et sa chevelure noirs ?

Elle se pince, mais ce n'est pas pour reprendre conscience et plutôt pour prendre conscience qu'elle est Nancy St-Pierre et non plus Julie Bureau. Plus jamais Julie Bureau !... Non, cela n'est pas possible, cela n'est hélas ! pas possible...

Une brise matinale balaie les feuilles tombées qui tournent et tournent dans une ronde joyeuse comme les enfants dans la cour de l'école de Nantes. Julie dit à Nancy de vivre à fond les rares heures de sa vie éphémère.

Et Nancy accepte avec joie.

Elle marche vers la porte et l'ouvre à peine pour écouter, pour voir... N'entend rien, ne voit que les choses de la nuit : divan, fauteuil et téléviseur à grand écran gris. Jean-Paul doit sûrement dormir. Et il ne faut pas qu'elle le réveille en faisant trop de bruit. Mais elle veut encore moins réveiller Nicky-Boy qui se chargerait, lui, d'alerter son maître. Alors elle se glisse dans le couloir, rase le mur vers la salle de bains, se rend compte que la porte de la chambre de Jean-Paul est entrouverte.

S'arrête. Le coeur qui bat la chamade. Ses longs cheveux noirs cachent le haut de son corps. Son regard se remplit de curiosité. Elle fait deux pas de plus et jette un oeil par l'entrebâillement de la porte qui donne sur la chambre du jeune homme. Il dort comme un bébé, couché sur le côté sous une douillette couleur denim. Voilà qui rassure un peu la jeune fille qui pénètre dans la salle de bains et trouve les serviettes dont il lui a parlé.

Et après avoir libéré sa vessie, elle prend sa douche pendant que ses dessous trempent dans de l'eau chaude et du savon liquide dans l'évier. Sort. S'assèche. Utilise un séchoir qui se trouve là pour sa chevelure. S'enveloppe de la grande serviette. Les cheveux abondants ajouteront à la couverture de pudeur. Et elle quitte la salle de bains. Le chien est resté silencieux. Mais la porte de la chambre de Jean-Paul est maintenant fermée. Où est-il donc ? Elle s'inquiète, presse le pas vers sa chambre à elle, y pénètre et aperçoit aussitôt sur son lit une robe de chambre d'homme.

Pareille attention l'émeut. Un détail qui lui ramène sa perception de la veille à propos de Jean-Paul : c'est un vrai bon gars. Elle endosse le vêtement et retourne discrètement à la salle de bains à la recherche d'une brosse pour ses cheveux. Il y en a une avec des cheveux accrochés dedans. Pendant un moment, Julie refait surface et se rappelle que sa mère lui disait sans cesse de ne jamais utiliser la brosse à cheveux de quelqu'un d'autre, ni la sienne, ni celle de Josianne à l'école, ni celle de quiconque. Hypocondres de Francine qui ont mal à la tête, qui sait ?

Retour dans la chambre. La porte de Jean-Paul est close et muette. Nancy se tient debout devant le miroir de la commode et entreprend le brossage de sa chevelure. Tout est neuf autour d'elle et dans l'image que lui renvoie la glace. Elle se sent bien dans ses pensées nouvelles et cette liberté que l'air frais de cette chambre étroite lui dispense.

Et n'entend pas un grésillement. Et ne hume pas les effluves du bacon en train de cuire et qui n'attend plus pour le réconforter dans son agonie que le voisinage de deux gros yeux jaunes en train d'attendre dans leur coquille blanche.

On prépare le petit déjeuner pour deux.

–Jo, lance la voix de Jean-Paul à travers la porte,

viens manger.

Le visage de Nancy s'éclaire. Elle a hâte de partager à nouveau avec ce jeune homme à sa table. Le visage de Julie s'assombrit. Il se lève tôt pour travailler tôt. Et pour se rendre à l'ouvrage, il doit d'abord s'assurer qu'elle est partie.

–Ah, O.K !

–C'est prêt, c'est chaud.

Et l'odorat de Nancy se met à l'écoute du concert à plusieurs cordes de ce repas matinal qui l'attend dans la cuisine. Café. Bacon. Rôties. Et chaleur humaine. Elle délaisse sa chevelure et sort de sa chambre. Jean-Paul a eu le temps de retourner au poêle. Elle le retrouve à la table.

–Assis-toé là... Ou là... Comme tu veux...

Elle prend place du côté opposé aux électroménagers pour le mieux voir faire. Il lui fait dos. Joue de la spatule dans la poêle à frire. Et alors qu'il se retourne, deux rôties sautent dans le grille-pain pour annoncer leur bruyante arrivée.

–T'as trouvé la robe de chambre ?

–Comme tu vois, je l'ai sur le dos.

–Ben correct. Quen, je t'ai barboté des oeufs au bacon.

Julie est sur le point de dire : du bacon, c'est trop gras, j'en mange pas. Ma mère voulait pas qu'on en mange. De toute façon, y en avait pas dans la maison. Puis elle se rappelle comme elle avait tout le temps faim l'avant-midi à la polyvalente. Mais Julie se tait et retourne se terrer au fond de Nancy.

Et Nancy écarquille les yeux :

–Hum, ça sent bon !

–J'ai fait ce que j'ai pu. Tu veux deux toasts, quatre, six ?

–Deux, c'est assez.

–Sont faites.

Il met l'assiette devant elle. Puis les rôties en travers sur le coin.

–Ça va faire un peu de graines sur la table, mais j'passerai l'aspirateur.

Il revient lui verser du café puis se sert à son tour tandis qu'elle mord un coin de la première rôtie au pain blanc, un pain qu'aurait dénoncé la mère de Julie comme porteur d'obésité, de maux cardiaques et de cancers du colon...

–C'est beau icitte, lui dit-elle quand il prend place en face d'elle.

–Ben, fait-il en souriant, c'est mon chez-moi.

–J'ai vu dehors, c'est beau itou.

–La rivière Chaudière, c'est certain que c'est beau. Elle coule dans mes veines comme dans les veines de pas mal de Beaucerons. C'est comme notre sang. Des fois, elle est calme, des fois, elle jaspine...

–Jaspine ?

Nancy trouva ça drôle d'entendre ce mot tel que prononcé par Jean-Paul avec un beau 'h' à la consonance allemande au début pour faire 'haspine' au lieu de 'jaspine'. Et elle l'a imité dans son 'haspine' à elle.

–Jaspiner... parler à plein. Le printemps, la débâcle, les coups d'eau de l'été...

–Je l'ai pas vue, j'ai regardé en arrière, c'est tout.

–Ben viens voir ça avant de manger... tu peux

pas penser que t'es dans la Beauce si t'as pas vu couler la Chaudière.

Elle hésite en regardant les assiettes.

–Ça aura pas le temps de r'froidir. Rien qu'un p'tit coup d'oeil par les vitres d'en avant.

Il se lève le premier et fait quelques pas. Elle le suit. Il la conduit à la baywindow et lui montre la célèbre rivière.

–Tu l'avais jamais vue ? On a passé au-dessus en Jeep hier au soir.

–Jamais vue. En tout cas, je m'en rappelle pas.

Bien sûr, les arbres sont dégarnis. La vallée en bas est habillée en automne tard. Mais la rivière est d'un bleu foncé que Nancy imagine briller plus tard sous le soleil de midi.

On retourne à table et on mange.

Nancy prend une seconde pour prier. Voilà un legs de Julie. Et c'est tant mieux, se dit-elle.

–R'garde, là, t'es pas obligée de t'en aller tout de suite après déjeuner. Je vas aller travailler dans le bois pis je vas revenir à midi. Tu peux rester à la maison si tu veux. J'irai te porter à Saint-Georges après-midi.

–T'as pas peur de me laisser tuseule icitte ?

–Tu partiras pas à pied avec ma télévision ou ben ma vaisselle, hein. Pis j'garde pas d'argent.

–T'as pas confiance ?

–C'est sûr que j'te connais pas ben ben, là.

–J'peux ben m'en aller après déjeuner si tu veux.

–Non, tu peux rester avant-midi. T'as pas dormi longtemps pis t'as l'air pas mal fatiguée encore.

Elle sourit et casse une tranche de bacon avec sa fourchette :

–Ben O.K !

–Le café, il est pas trop fort toujours ?

Elle en boit une gorgée.

–Non, juste ben.

Et chacun mange tout en parlant.

Le déjeuner se prolonge.

Nancy se sent bien.

Jean-Paul prend un respir.

–Je vais soigner le chien pis le faire monter pour qu'il s'habitue comme il faut à toé.

Ce qui sera fait dans les minutes qui suivent.

Nicky-Boy et Nancy font vite bon ménage. Elle lui caresse la tête. Il l'adopte. Il ne sait pas qu'elle va partir...

Jean-Paul renvoie l'animal au sous-sol puis va mettre ses habits de travail dans la chambre. Ils se saluent. Quand elle le voit disparaître par la porte patio, Julie refait surface et pense à cette image familière de son père quittant la maison pour aller travailler au bois.

Mais Nancy renvoie Julie au fond d'elle-même.

Elle voit la Jeep qui grimpe la colline et s'imagine qu'elle est avec cet homme et s'en va elle aussi travailler dans la forêt.

Jean-Paul croit qu'elle sera encore là à midi...

***

Chapitre 23

Libre et heureuse

Jean-Paul est incapable d'attendre jusqu'à midi et il revient vers onze heures, ramené à la maison par la Jeep et sa curiosité.

Il est accueilli par Nancy et Nicky-Boy qui le regardent venir par la grande vitrine de la porte patio et lui semblent devenus les plus grands amis du monde.

C'est un personnage expressif qui laisse aisément passer ses sentiments par ses yeux et les muscles de son visage. (Sûrement pas le genre à pouvoir tromper un détecteur de mensonges.) Nancy lit qu'il est content de revenir, mais pense que c'est sûrement à cause du chien.

Il vente fort et Jean-Paul a les cheveux ébouriffés, ce qui lui donne l'air d'un adolescent. En entrant, il manifeste un étonnement en partie feint :

–J'pensais que tu serais partie.

–Aurais-tu aimé mieux ?

–Non, non, c'est pas ça que j'veux dire... J'avais un peu peur que tu sois partie...

–Tu m'as dit d'attendre.

–Oui, mais des fois...

Il se rend compte tout de suite que la vaisselle a été faite, que la nappe a été secouée, que les deux lits ont été faits. Des vêtements et des chaussures qui traînaient dans sa chambre d'homme au départ ont disparu et furent donc rangés.

Le jeune homme va dans la salle de bains pour se débarbouiller de son avant-midi de transpiration au travail et y remarque que tout est en ordre, que tout fut soigneusement rangé. Il prend de longues respirations pour vérifier s'il ne flotte pas dans l'air une odeur de pot ou de tabac.

Jean-Paul a eu des conjointes; aucune n'a jamais fait montre de pareil soin des choses de la maison. Cela prend valeur de symbole. Quand on peut compter sur quelqu'un sans lui avoir rien demandé, on peut s'y fier pour bien autre chose.

–J'ai pensé à ça, là, on pourrait manger pis tu pourrais venir avec moé en haut de la terre si t'as envie de voir ça après-midi. Le chemin est mauvais, tu vas te faire brasser, mais...

–Oui, j'aimerais ça, oui... oui...

Elle en a les larmes aux yeux. Elle a toujours aimé se trouver dans la forêt. Il y a là pour elle la grande paix et une liberté inconnue ailleurs.

–J'ai une belle rivière au bout de la terre. On pourrait s'emporter un petit peu à manger pour le milieu de l'après-midi... pis de l'eau fraîche, là...

–Oui, j'veux...

*

Et c'est ainsi que les événements s'installent au fil des petites décisions qui s'égrènent le long des heures et des jours comme les grains d'un chapelet. La valeur d'une décision, par une sorte de fonction arithmétique, ajoute à la valeur de la décision suivante. Et ainsi de suite...

Jean-Paul prête des vêtements d'homme à Nancy. Trop grands. Elle s'y perd et en même temps s'y trouve.

–C'est du linge d'ouvrage, mais tu pourras t'asseoir sur une souche pis me regarder travailler.

Elle pense à cette fois, une des seules où son père l'a amenée dans le bois, où elle avait dû attendre toute la journée à ne rien faire, clouée sur une souche par un ordre formel. Maintenant, elle sait qu'elle pourra s'asseoir ou ne pas s'asseoir...

Et on monte dans la Jeep.

Et on monte dans la côte.

Et Nancy croit qu'elle monte au ciel.

Elle est si secouée par les chocs des roues dans les ornières et sur les pierres qui saillent et les racines qui courent sur le sentier, qu'elle ne parvient pas à dire un mot et se contente de l'écouter qui lui parle de son travail.

On se rend à la rivière bleue qui coule au fond du ravin en ses murmures d'automne. Et l'on descend.

–Hey que ça serait une belle place pour un chalet, là ! s'exclame-t-elle en regardant la pente boisée direction sud.

339

–Si tu veux le bâtir de tes mains...

C'est dit à la blague et pourtant, Nancy s'imagine en train de jouer à l'ouvrier, au maçon, au plombier peut-être. Elle voit là un petit chalet discret avec un poêle à bois pour la chaleur et la petite cuisson. Le rêve est né, mais le rêve passe et une pointe de tristesse s'installe dans son regard tout bleu que la lumière du soleil fait tant briller. Et le rêve s'en va avec l'eau étincelante de la rivière... Reviendra-t-il un jour ?

Il lui tourne le dos pour qu'elle ne puisse lire dans son visage une indifférence fabriquée qu'il donne à son ton :

–R'garde là, si tu veux rester une journée ou deux encore... j'dis ça comme ça... En tout cas, on a le temps d'y penser... Bon, là, tu vois, faut que je bûche un peu. C'est par là, faut marcher...

Et en allant à la portion de bois qu'il est en train d'éclaircir, il lui explique qu'il ne fait pas de coupe à blanc afin de mieux 'voir ses arbres pousser'. Et lui dit ce qu'il doit faire : soit des billots de 8 pieds avec les plus gros arbres et de la 'pitoune' de 4 pieds avec les plus petits. Il faut abattre, tronçonner, ébrancher, nettoyer la place, réunir les branches en un tas et les faire brûler quand elles auront séché suffisamment. Et transporter les billes à force de bras ou à l'aide du VTT attelé à un 'trailer' jusqu'à un lieu accessible à un camion qui viendra les prendre lorsque la cordée ou l'empilade seront assez importantes pour en faire venir un.

Nancy respire fort l'air de la liberté. Elle pourra rester quelques jours. Elle pourra travailler à bûcher et pense pouvoir tout faire à part manier la tronçonneuse.

Et c'est ainsi que les événements s'installent au fil des petites décisions qui s'égrènent le long des heures et des jours comme les grains d'un chapelet. La valeur d'une décision, par une sorte de fonction arithmétique, ajoute à la valeur de la décision suivante. Et ainsi de suite...

*

Une amitié est née. Une amitié grandira. Une amitié appelée à devenir aussi solide que l'arbre le plus puissant de la forêt. Et cette amitié passe par les travaux quotidiens, par l'inhumation par chacun d'un passé trop souvent déplaisant, par l'oubli mais aussi par le rêve.

Et parmi les rêves, celui du petit chalet de la grande liberté.

Julie Bureau n'est plus qu'un lointain souvenir en la personne de Nancy St-Pierre. Ce n'est pas un dédoublement de personnalité, c'est l'enterrement pur et simple d'une personnalité...

Les jours passent. Les saisons naissent et meurent. Des arbres tombent, d'autres continuent de croître. La colline du rêve est dénudée l'espace d'un petit chalet et d'une surface herbeuse qui éloignera les moustiques et donnera au décor un autre aspect. Et on essouchera au bulldozer.

Comme dans toute relation humaine suivie, il se produit à l'occasion des frictions. Un jour par exemple, alors que Jean-Paul vient de 'notcher' le pied d'un arbre et qu'ensuite, il le scie pour l'abattre, Nancy qui a pour tâche parmi d'autres de pousser le tronc dans une direction où l'arbre en tombant ne risque pas de causer du dommage à d'autres dans sa trajectoire, elle exerce une poussée de travers et l'arbre dans sa chute en blesse sérieusement un autre en lui cassant des branches et en lui écorchant le tronc.

—Ça fait dix fois que je te l'explique comment pousser sur l'arbre. Crime, tu comprends donc rien ou quoi ?

Nancy se hérisse, poussée à le faire aussi par la Julie qui a subi tant de reproches de sa mère par le passé.

—Si t'es pas content de moé, je vas rien que m'en aller.

—Ben c'est ça, prends tes p'tites affaires pis r'tourne d'où c'est que tu viens ou ben où c'est que t'allais quand t'es arrivée...

Il n'y a pas que l'arbre qui souffre, Nancy souffre aussi. Et cruellement ! Elle part sans dire un mot et marche de son pas le plus déterminé vers la maison. Jean-Paul veut lui montrer qu'il ne courra pas après elle et fait virer à fond la scie mécanique pour qu'elle entende sa détermination à la laisser faire, à la laisser partir de chez lui s'il faut.

Puis il se ravise. Elle peut aussi bien s'en aller et le laisser tout seul comme il l'était et comme il n'aime pas l'être. Ce n'est qu'une chicane, rien de plus. Faut-il donc mettre en péril leur relation pour si peu ? Si elle s'en va, comment pourra-t-il la retrouver ? Il ne sait pas son adresse à Montréal, ne connaît pas ses parents là-bas...

Alors il laisse tout en plan et court à sa voiture, une vieille Topaze cabossée qui a pris la place de la Jeep morte durant l'hiver et envoyée au cimetière de la ferraille.

Jamais Jean-Paul ne se sera fait brasser la cage

autant si ce n'est peut-être ce soir où il s'est fait as-
sommer en public par une jeune femme qui lui casse
le nez et lui fait les deux yeux noirs avec son poing
et un verre épais... (Mais voici une histoire qui aura
sa place dans le livre de Jean-Paul à paraître au printemps 2005.)

L'auto tient le coup. Et lui tient les coups...

Quand il arrive enfin à la maison, il aperçoit
Nancy qui descend la montée avec son sac à dos et
arrive au grand chemin.

–Où c'est que tu t'en vas de même ? lui lance-t-il
à pleins poumons.

Elle se retourne :

–Tu m'as dit de m'en aller.

–J'étais fâché... reviens, on va en parler...

Elle hésite, regarde la route qui ne lui parle aucunement, fait encore deux pas vers elle quand même,
s'arrête quand il répète :

–Jo... viens, on va en parler... C'est pas grave...
j'me suis énervé, j'filais pas tantôt...

Il a le coeur serré. Elle a le sien qui fait mal. L'espace d'un éclair, Julie refait surface en Nancy, qui
lui dit : « Ne fais pas comme ma mère qui mena-
çait mon père de s'en aller s'il ne faisait pas ses quatre volontés ! »

Et Nancy rebrousse chemin. Jean-Paul va au devant d'elle pour lui montrer qu'il pense ce qu'il dit.
Ils se retrouvent au milieu de la côte. Elle garde la
tête basse; il la lui relève délicatement avec son
pouce sous le menton.

–T'es ben icitte avec moé, Jo, j'veux pas que tu
partes. Mais j'vas pas te retenir de force non plus,

343

hein ! Pis... ben Nicky, il va mourir d'ennui si tu t'en vas.

Jean-Paul a la gorge tellement nouée qu'il ne peut plus retenir ses larmes. Attendrie, déjà presque guérie de sa blessure, Nancy lui dit :

–À l'avenir, je vas faire plus attention quand je vas pousser sur un arbre.

*

Réunis par le coeur, ces deux-là ? Totalement.

Réunis par le corps ? On verra plus loin... Le moment n'est pas venu et les voyeurs devront attendre encore...

***

Chapitre 24

Interruption d'un rêve...

Aidée par Jean-Paul en la belle saison 2003, Nancy deviendra 'constructeure' de chalet à la limite de la terre à bois près de la rivière, une rivière que l'on drague non pas pour y chercher des corps mais de l'or. Des prospecteurs modernes en effet y ont installé de l'équipement pas très lourd pour y brasser le gravier. On sait déjà que la première ruée vers l'or au Canada fut dans la Beauce dans les années 1830 et que les chercheurs du temps et leurs successeurs, des compagnies à équipements lourds, n'ont pas tout pris ce qui se cache du métal fascinant dans les cours d'eau et terres avoisinantes.

Mais pour gagner sa vie, c'est plus sûr de couper et vendre du bois que de compter sur d'aléatoires découvertes au fond de l'eau bleue. Aussi, Nancy et Jean-Paul en laissent-ils le rêve à d'autres et s'appliquent-ils plutôt à réaliser un projet accessible : le petit chalet.

On creuse. On introduit des piliers dans la terre. On coule du ciment. On construit des fondations. On érige des murs. On cloue. On assemble. On recouvre. On travaille à cette construction les jours de repos, ceux où on laisse les grands arbres dormir sans avoir à frémir au bruit de la scie mécanique. L'été passe. L'automne voit une nouvelle réalité au fond des bois. Le chalet est d'une seule pièce mais comporte un attique. Un lit là-haut, un divan-lit en bas formeront le mobilier plus un poêle à bois pour le chauffage et un fanal à gaz pour l'éclairage. Mais pas de réfrigérateur ! On apportera à manger comme pour aller en pique-nique et s'il faut faire bouillir de l'eau pour le thé ou le café, on pourra...

Été 2004, l'intérieur n'est pas terminé.

Non plus que le devant où Nancy veut ériger un mur bas en briques avec colonnes de chaque côté de l'entrée. Elle y travaille ce jour-là durant la matinée. Se sert d'une pelle d'enfant comme truelle et pose le mortier puis les dernières briques de la colonne de gauche. Elle a manqué de briques et a compensé par de petites empilades de planches de la même grosseur. Cela fait décoratif.

Jean-Paul, quant à lui, finit de poser du revêtement à l'arrière de la bâtisse. Il crie :

–T'as fini, Jo ?

–Oui. Toé ?

–J'achève.

On a dessein de passer une partie de l'après-midi au marché aux puces de Notre-Dame-des-Pins qui loge dans un ancien hôtel-motel. Il y a belle lurette que Julie dort en Nancy et elle ne se doute aucunement de ce qui l'attend avant la fin de la journée.

Jean-Paul s'amène et admire le chef-d'oeuvre de Nancy qui est enfin parachevé. Ça n'a rien du travail d'un maçon de profession mais ça semble 'inspiré'. Il ne pense pas qu'il puisse s'agir d'une oeuvre d'art architecturale et c'est tant mieux car il aurait tort. Mais elle est fière de son ouvrage et y a mis tout son coeur.

–Bon, ben allons manger pis prendre une douche.

Et c'est le retour à la maison.

*

Une heure et demie plus tard, on stationne la Trans-Am rouge devant la bâtisse du marché aux puces. Et on entre. Et l'on furète devant les étalages. Nancy remarque une dame qui la dévisage. Elle se déplace et la dame fait mine de rien et se met en position de la voir encore mieux de pleine face. Le jeu dure quelques minutes puis s'arrête. La femme curieuse s'évanouit dans le décor.

Deux heures plus tard, on rentre à la maison par la rive ouest de la Chaudière. Le soir, les deux jeunes vont se promener et reviennent à la maison pas loin de huit heures. Jean-Paul remarque une voiture de police fantôme arrêtée dans l'entrée de la 46e rue en bas de la maison. Il connaît bien un des policiers et lui adresse un salut de la main. Et poursuit son chemin. L'auto de police démarre et rejoint celle de Jean-Paul dans la cour de la maison après que la Trans-Am a été parquée dans le garage.

Les policiers descendent, saluent Jean-Paul.

–On pourrait te parler en privé ? demande celui qui le connaît.

Nancy ne ressent aucune inquiétude. Jean-Paul

est pompier et a de nombreux contacts avec la police.

Les trois hommes s'enferment dans l'auto de la police. Nancy entre dans la maison et va aux toilettes. Quatre ou cinq minutes plus tard, Jean-Paul entre dans la maison :

–Jo, viens icitte.

Nancy sort...

Puis les quatre entrent dans la maison. Les deux patrouilleurs regardent Nancy droit dans les yeux et la jeune femme pense que son compte est bon et qu'ils sont venus pour elle. Nancy se tient debout dans le passage et Jean-Paul dans la cuisine alors que les agents restent entre les deux.

–Comment tu t'appelles ? demande un policier à Nancy.

Elle pointe Jean-Paul du menton et leur dit :

–Est-il au courant ?

–Oui, il est au courant...

Nancy prend la parole et s'adresse à Jean-Paul :

–Jean-Paul, je m'appelle pas Nancy St-Pierre, je m'appelle Julie Bureau. J'avais pas 18 ans quand je suis arrivée, j'avais 14 ans. Pis j'ai fait une fugue.

Jean-Paul qui n'avait pas cru les policiers dans l'auto tombe de haut. Il reste bouche bée et s'interroge aussitôt sur leur avenir. Puis le coeur écrasé par ce coup de masse énorme et la perspective d'une séparation imminente, il se met à pleurer.

–J'veux que tu reviennes pareil, parvient-il à dire tandis qu'on signifie à Julie qu'elle devra accompagner les policiers.

–J'vas revenir. Si c'est pas bientôt, ça sera le 2

décembre quand je vas avoir mes 18 ans.

Les policiers (de la SQ) font preuve d'humanité et entreprennent une conversation dans le salon afin de permettre autant à Julie qu'à Jean-Paul de s'adapter un peu à la situation nouvelle et bouleversante pour eux. Ils ne veulent pas arracher Julie trop brutalement de son chez-soi. Et voient bien par la réaction de deux jeunes qu'elle n'est ni prisonnière ni séquestrée; et la tristesse qu'ils sont en mesure de lire sur les deux visages leur a fait comprendre que leur intervention obligée brise quelque chose de beau et de sain dans cette maison.

Julie leur confie qu'elle veut sans faute revenir, qu'elle ne veut pas retourner chez ses parents ni être placée dans une famille d'accueil. Et le moment de la séparation arrive. Julie et Jean-Paul se disent une autre fois qu'ils veulent se retrouver et c'est le départ.

En route, on pose des questions à Julie. Elle répond et dit la vérité, comprenant bien qu'au-delà de l'aveu fait à la maison tant à Jean-Paul qu'à la police, elle se devra désormais de ne plus jouer qu'une seule carte : celle de la franchise.

À destination, soit Saint-Joseph-de-Beauce, au poste de police, on enferme Julie dans une salle puis vient l'un des patrouilleurs avec un bloc-notes. Il entre des données concernant la description de la personne. Puis Julie attend, seule, pendant une heure ou deux. On vient l'informer qu'on va la transférer à Sherbrooke d'où devaient d'abord venir des enquêteurs.

Vers les vingt-trois heures, Julie est embarquée dans une auto de police et emmenée à Black Lake où d'autres policiers la prennent en charge et la conduisent au poste de Sherbrooke. On la conduit dans une salle d'interrogatoire. L'un des enquêteurs demande à la jeune femme :

–Qu'est-ce que tu pourrais nous dire pour nous convaincre que tu es Julie Bureau ?

–Écoutez, si vous ne me croyez pas, retournez-moi chez moi à Beauceville.

–À quoi ta maison ressemble ?

–Je me souviens pas trop.

–Tes parents, qu'est-ce qu'ils faisaient.

–Mon père était bûcheron.

On lui fait dire tout ce qui s'est passé au cours de sa disparition. Un des enquêteurs lui dit qu'il ne la croit pas à propos de l'épisode de Montréal. Vers les 3 heures du matin survient l'enquêteur principal de la section <u>Crimes contre la personne</u>. Il se présente à Julie comme étant Norman Kelly, le grand responsable de l'enquête. Elle lui confie qu'elle ne veut aucun contact avec ses parents et que la seule personne qu'elle désire voir est Jean-Paul. Il lui dit qu'il a pour devoir d'aller prévenir ses parents à Milan et quitte les lieux pour n'y revenir qu'au jour avec, pour elle de la part de ses parents une lettre qu'il met sur la table devant Julie.

–J'ai dit que je voulais pas de contacts avec mes parents.

–Si tu veux écrire à tes parents, écris et je vas tout faire pour que ça se rende.

–Maudit, je viens de te le dire que j'voulais pas de contacts avec eux autres. Je veux parler à Jean-Paul.

On la laisse seule devant un bloc-notes et on lui demande de faire sa déclaration. Julie en fait une grosse de cinq pages, recto verso et livre tout ce qu'elle a sur le coeur. Elle se plaint que les policiers ne la croient pas. Elle écrit aussi ce qu'elle se propose de faire.

Une travailleuse sociale arrive au matin. Elle fait parler Julie sur ses intentions et lui déclare qu'elle n'a pas le choix et doit la placer dans un centre d'accueil un certain temps (quelques jours) afin de procéder à une évaluation globale de la situation et des personnes impliquées soit Julie elle-même ainsi que l'homme qui l'a hébergée à Beauceville.

Julie donne sa déclaration à l'enquêteur qui lui demande si elle veut qu'il la lise, ce qu'elle favorise. Il en prend connaissance et grimace, se croyant visé. Ce qui n'est pas le cas.

En fait, à l'exception d'un seul qui l'a provoquée, Julie n'a pas à se plaindre des policiers qui souventes fois lui proposent à manger, ce qu'elle refuse pour la bonne raison qu'elle ne ressent pas la faim. Quand le coeur est trop gros, il compresse l'estomac et le rapetisse.

Finalement, à dix heures du matin, ce dimanche 18 juillet, Julie fait son entrée au centre d'accueil l'Accalmie de Sherbrooke où elle se trouve sous la protection et la tutelle de la DPJ.

Dans sa chambre, elle peut enfin dormir.

Laissons Julie raconter elle-même la suite des événements.

Julie « Le soir, j'ai mangé. Fallait j'attende le lendemain pour que Mélissa Desjardins (ma travailleuse sociale) qu'elle prenne une décision. L'Accalmie, c'est un centre comme 24 à 48 heures. Tu peux pas rester plus longtemps que ça. Ça fait qu'elle, Mélissa, quand elle arrivée le lendemain... elle a dit 'va falloir avoir un 0-5 jours du tribunal le temps qu'ils fassent l'évaluation.' J'ai dit 'c'est ben beau' !

Là, on a appelé un avocat... l'avocate que j'ai... Stéphanie Côté... Elle a été au tribunal. Pis moi, je restais là. C'était le lundi... Pis y avait des 'chars' de médias qui me 'watchaient'. J'avais une chambre en avant. Mélissa est arrivée dans ma chambre dans l'après-midi. Je me suis levée pis j'y ai dit 'check, y a des médias là.' Elle a dit 'on va te changer de chambre'. Ça fait que là, j'ai changé de chambre.

Stéphanie a fait une conférence de presse pis les médias ont arrêté de me surveiller. Si les médias m'auraient suivie, aurait fallu qu'on m'envoie à une autre place, une vraie prison à Val-du-Lac. C'est un centre pour les jeunes.

Là, ils ont eu un 0-5 jours (de garde légale pour l'évaluation). Le mardi... là, Mélissa, on a jasé ensemble pour savoir c'est que je voulais faire. Elle a dit 'c'est beau, je vas évaluer ton milieu, je vas rencontrer tes parents, je vas rencontrer Jean-Paul tatata. J'ai dit 'c'est beau'.

En même temps, l'enquête policière était en cours. Fallait qu'ils enquêtent moi, qu'ils enquêtent Jean-Paul.. enquêtent qu'est-ce qui s'est passé tatata... Là, le mardi soir (20 juillet), l'enquêteur principal est arrivé avec un autre enquêteur. Ils m'ont emmenée dans le sous-sol pis ont jasé avec ma travailleuse sociale. Finalement, ils ont jasé avec moi... on a commencé il était 7 heures et demie pis on a fini à minuit. J'avais fait une déclaration de 2 pages sur mes parents pis 8 pages sur ce qui s'est passé dans ma fugue.

Ça fait que là, le lendemain, le mercredi, ils étaient supposés rencontrer Jean-Paul. Le lundi, les policiers avaient rencontré Jean-Paul pis le mercredi, il était supposé passer au détecteur de mensonges, mais finalement y a eu un meurtre à Laval et ça été remis au jeudi.

Mais mercredi, il s'est pas passé grand-chose. Mélissa m'a dit 'faudrait que tu rencontres tes parents.' J'ai dit 'non'. Elle a dit 'c'est une procédure obligatoire de la DPJ'. J'ai dit 'c'est beau'.

Le jeudi, j'ai rencontré mes parents. J'suis arrivée là il était dix heures du matin à Milan. J'suis allée voir quelqu'un à Mégantic. J'suis revenue à Sherbrooke, il était cinq heures et demie. Ça a duré à peu près 6 heures, cette rencontre-là. ››

André –Ça, tu me l'as conté. Dans le sous-sol... ton père... ta mère est arrivée...

Julie ‹‹ Je voyais ma mère, là... ben là quand je l'ai vue, on était parqué en arrière. Là, j'ai monté les marches. Ma mère pleurait. Mon père pleurait. Là, je voyais mon père, il me parlait beaucoup, beaucoup... mais tu voyais –avant, on se parlait jamais, ça fait que j'ai fait un saut– on était assis dans le salon, moi, mon avocate, ma travailleuse sociale, mon père, ma mère, mon frère... On était assis dans le salon pis je voyais ma mère, elle était bizarre. Elle me regardait pas. Elle me parlait pas. Tu voyais quand elle me parlait, c'était juste pour des niaiseries. Pareil comme si elle aurait été fâchée. J'ai dit 'voyons, qu'est-ce qu'elle a ?' Là, je le savais pas.

J'ai dit 'après 3 ans, tabarnouche'. En tout cas. Fait que là, finalement, j'ai parlé avec mon père un peu tout seul. J'y ai parlé longtemps. Une heure et demie au moins. J'y ai parlé dans le sous-sol. Il ma demandé 'pourquoi t'as fait ta fugue?' J'ai dit 'c'est à cause de ma mère'. Pis j'y ai tout conté ça. En tout cas, il dit –parce qu'il savait que j'allais faire une conférence de presse– il a dit 'dis-le pas aux médias, j'aimerais ça que ça sorte pas d'icitte'. J'ai dit 'c'est beau'. J'pensais qu'il avait changé. Ça fait que j'en ai pas parlé non plus à ma conférence de presse quand ils m'ont demandé pourquoi j'étais partie, tout ça. Là, après ça, j'ai rencontré un peu ma mère. Même pas dix minutes...

Elle m'avait écrit une lettre. Je l'ai encore. J'ai lu la lettre. Elle m'a dit 'l'enquêteur, il m'a dit que t'étais partie à cause de moi'. J'ai dit 'c'est vrai'. Tu voyais, elle était dans sa bulle. Elle comprenait pas. Après ça, j'ai rencontré un peu mon frère... 5 minutes.

Cette même journée-là, Jean-Paul... y a 2 enquêteurs qui l'ont monté au poste de police de Québec. Il a passé au détecteur de mensonges... Suite à ça, l'enquêteur a déclaré 'il ne savait pas que c'était Julie Bureau pis il ne savait pas qu'elle avait 14 ans'.

Le vendredi, j'ai dit à mon avocate pis la travailleuse sociale 'je vas-t-il pouvoir l'appeler, Jean-Paul' ? Parce qu'elles me disaient tout le temps 'tu peux pas l'appeler, tout d'un coup ça serait un complot'. J'ai dit 'c'est pas un complot'. J'pouvais pas l'appeler. Si je l'aurais appelé, ils auraient pensé que c'était un complot. ››

André –Les policiers sont arrivés ici (Beauceville) par surprise, vous avez pas eu le temps de comploter.

Julie « Je le sais. Mais eux autres, c'est ça qu'ils pensaient. Quand j'ai su qu'il y aurait pas d'accusation, rien, j'ai dit 'je vas-t-il pouvoir l'appeler, là ?' La travailleuse sociale, elle a dit 'non, faut que je le rencontre avant.' J'ai dit 'c'est beau'.

Ça fait que là, le vendredi, elle l'a rencontré. Ici. Après ça, quand elle est revenue, elle m'a posé toutes sortes de questions. Là, elle a dit 'ben tu vas pouvoir l'appeler'. Je l'ai appelé. J'avais droit à dix minutes. Le vendredi soir...»

André –Ça dû être émotionnel, le vendredi soir ?

Julie « Ah oui !... L'affaire aussi qui est arrivée... la travailleuse sociale, elle a appelé mon père le mercredi soir pour lui dire que je descendais le jeudi. Là mon père pleurait. Là j'ai pris le téléphone pis je l'ai appelé. Pis j'pleurais pas. Ça me faisait pas... ni chaud ni frette. Là, il pleurait. Le lendemain, il pleurait. J'ai jamais pleuré, j'ai jamais versé une larme. Le vendredi soir quand j'ai parlé à Jean-Paul, oh boy ! j'étais pas capable de parler, je faisais juste pleurer. Pis là, la travailleuse sociale, elle s'est dévirée, pis elle me regardait en voulant dire 'comment ça qu'elle pleure pis elle pleurait pas avec ses parents' ? Elle comprenait pas...

Ça fait que après ça... Moi, j'attendais la décision le lundi matin. Du 0-5... parce que ça finissait le lundi... les jours ouvrables, là. J'ai demandé à Mélissa 'd'après toi, je vas-t-il pouvoir retourner là' ? Elle a dit 'faut que j'en parle à mon boss... j'peux pas te donner de l'espoir'. Ça fait que là, a fallu que j'attende.

Le lundi, elle a dit 'bon, la DPJ se retire du dossier, elle te confie à tes parents pis tes parents te

confient icitte (à Beauceville).' Ils t'autorisent à rester chez Jean-Paul. ››

*André—Tu l'avais demandé, de rester à Beauceville ?
Par ton avocate ?*

Julie «« D'après moi, ça doit être la DPJ. Je l'sais
pas si ils ont signé quelque chose. La travailleuse
sociale, je lui ai dit 'j'veux pas retourner chez mes
parents'. Pis si mettons mes parents m'auraient dit
'non, tu retournes pas là', là, ça aurait été au tribunal. Ça aurait été au juge de décider. Mais là, eux
autres ont dit 'on t'autorise à rester icitte (Beauceville)'. ››

André—Sinon, le 2 décembre, tu serais revenue.

Julie «« Sûr, moé, j'restais pas là-bas. ››

*André—Après ta rencontre du jeudi avec tes parents,
quelles ont été tes autres rencontres avec eux ?*

Julie «« Là, suis revenue icitte. Durant la semaine, moé pis Jean-Paul, on est allés à Milan. Lui,
voulait voir où c'est que je restais pis tout ça. Il
voulait savoir c'étaient qui mes parents. Moé, je voulais leur montrer que j'étais ben. C'était clair, là. On
a monté là. Là, j'voyais ma mère... C'était spécial.
Ma mère, au lieu de dire 'ah, c'est le fun, vous êtes
montés', tu voyais, elle voulait régler des vieilles
affaires du passé. À un moment donné, elle a dit
'là, venez vous assire à table, on a à jaser.'

Là, on s'est mis à jaser. En tout cas, la chicane
était au bord de pogner. Elle a dit 'c'est que t'as pas
aimé de moé pis tout ça ?' Là, j'lui ai conté des passes. Là, elle se trouvait tout le temps des maudites
défaites. Elle voulait toujours essayer de régler le
passé. Comme si elle cherchait la chicane. Là, écoute
ben ça, c'est qu'elle m'a dit. Elle m'a dit 'la première

fois, la première rencontre du jeudi, j'étais fâchée après toi.' J'ai dit 'pourquoi?'. Elle a dit 'l'enquêteur, il a dit que j'voulais pas les voir à cause de ma mère'. Elle dit 'j'étais fâchée après toi, j'ai pogné un cadre avec ta photo pis je l'ai pitché au bout de mes bras, pis j'ai dit "crisse-moé patience !" Elle me l'a dit carrément de même... la deuxième fois que je l'ai vue. J'ai dit 'O.K.'

André –Une rencontre... le soir... de 2-3 heures ?

Julie « Là-dedans. La troisième rencontre, sont venus ici. J'avais dit 'venez voir où c'est que je vis'. Sont venus ici peut-être une semaine après. Là, on leur a fait visiter la terre. Je voyais, ma mère avait quelque chose. Je le sais pas c'est qu'elle avait. On dirait qu'elle était dépressive. Là, Jean-Paul, il a dit 'voulez-vous voir la chambre à votre fille ?' Ma mère a dit 'non, on est pas venus pour écornifler'. J'ai pensé, pour 3 ans là, dans leur peau, j'aurais checké ça. Ont pas resté longtemps. 1 à 2 heures. Sont repartis. Ensuite, on s'est appelé quelques fois au téléphone. Pas d'autres contacts...

Eux autres, quand je leur ai dit que j'voulais écrire un livre... ça a vraiment... vraiment fâchés après moi. Ma mère a dit la dernière fois que je lui ai parlé au téléphone, elle a dit 'là, tu vas écrire un livre, mais moé, j'vas aller aux journalistes pis j'vas tout dire que c'est pas vrai quoi c'est que tu dis dans ton livre.' En tout cas, la dernière chose qu'elle m'a dit, là, elle a dit 'j'crois qu'on va être quelques années sans se reparler'. J'ai dit 'c'est beau'. Trois ans sans se parler, ça sera pas trois autres années là... que ça va me déranger.

La fois qu'elle m'a dit ça, quand j'ai raccroché, je pleurais, tu sais. J'ai dit 'c'est le fun en maudit, après

3 ans'. Jean-Paul, il a dit 'voyons, qu'est-ce qui se passe' ? Là, il voyait... toute la journée, quand on bûchait ou qu'on allait faire l'épicerie, j'étais tout le temps de bonne humeur pis aussitôt qu'ils (parents) m'appelaient, je raccrochais, j'pleurais. Il dit 'moé, j'vas appeler ta mère, j'veux savoir c'est qu'il se passe.' Il a appelé ma mère. Ma mère a dit 'Julie, elle a un problème pis faut qu'elle le règle... y faudrait un psychologue... y a quelque chose qui dort en elle'... autrement dit, c'était pas bon quoi c'est que je faisais.

Après ça, j'y ai reparlé, pis ça marchait pas. J'ai dit 'là bye'.... Ah, c'est vrai, une fois, mon père, il a appelé... justement, quand on a signé pour le livre, il a dit 'vous viendrez souper'... Le samedi, t'en rappelles-tu, on a soupé avec vous autres au St-Hubert. Le dimanche midi, je l'ai rappelé, j'ai dit 'qu'est-ce que vous faites ? On était supposé monter. Qu'est-ce que vous faites après-midi ?' Il a dit 'là, ta mère, elle est pas là'. Il était vraiment déprimé. Il dit 'en tout cas pour ton livre, tu diras que c'est tout de ma faute'. Il dit 'tu vas dire que t'as été maltraitée et tout'. J'ai dit 'c'est pas ça que je vas dire, je vas dire qu'est-ce qui s'est passé, je vas dire la vérité'. Il dit 'j'sais même pas si j'vas être capable de passer à travers de ça'. ››

André —Est-ce que... quelqu'un a dit que ta mère avant menacé de se suicider si tu faisait un livre...

Julie ‹‹Non ! Non, j'ai jamais, jamais entendu ça. C'est pas vrai. En tout cas, j'ai jamais entendu ça. Il (mon père) m'a rappelé dans la semaine pis là, il était tout de bonne humeur. J'ai dit 'voyons, comment ça se fait donc, l'autre jour t'étais déprimé de même' ? Il m'a dit 'ça m'a fait du bien de te l'avoir dit (pour le livre).' ››

Et c'est sur ces mots qu'a pris fin mon entrevue avec Julie ce samedi le 25 septembre alors que mon amie Solange, l'Indien philosophe et sa compagne tenaient compagnie à Jean-Paul après une visite de la terre à bois, du chalet et de la rivière des chercheurs d'or.

C'était la troisième fois que je faisais raconter à Julie sa semaine dure et les suites. La première, le 27 août, la seconde le premier septembre en allant avec elle à Sherbrooke, Coaticook et Mégantic, et celle-ci alors que la rédaction du livre approche de sa fin. Aucune contradiction ne m'est apparue. Elle ne pouvait pas mentir ou bien elle se serait enfargée dans les détails. J'ai voulu être fidèle à la méthodologie utilisée dans *La tourterelle triste* : comparer plusieurs témoignages de la personne, rendus à distance et sur un même sujet.

Je dis cela non parce que j'étais sceptique, mais pour satisfaire mon lecteur qui l'est. On peut lire la vérité dans les yeux, les battements de paupières, le choix des mots, les reculs, les reprises, les parenthèses...

Et cette vérité qui a convaincu les enquêteurs de la police, l'avocate Stéphanie Côté, la travailleuse sociale Mélissa Desjardins, les responsables de la DPJ et moi-même, l'auteur du livre de Julie, n'a pas apaisé les médias à la soif morbide de détails sordides. Il n'y a de pire aveugle que celui qui ne veut pas croire. Et la majorité du public, lavé de la cervelle comme toujours, et entraîné par l'effet-mouton médiatique a suivi en bêlant les dires d'une certaine campagne négative menée contre Julie Bureau, la terrible Julie qui n'a pas de coeur et a tant fait souffrir ses pauvres parents. Et qui devrait surtout se taire à jamais et ne pas donner sa version des faits qui ne saurait être que du pur mensonge... Seigneur, ce qu'il ne faut pas entendre et lire !...

Ce qui compte, c'est que Julie ait retrouvé son coin de rêve à Beauceville où on la sent si bien, si heureuse, si libre.

***

Chapitre 25

Et si Julie était...

Garder l'esprit et le coeur ouverts : ce fut ma première préoccupation tout le long de cette rédaction qui déjà tire à sa fin.

Le lendemain de ma signature avec Julie, je me suis précipité à la librairie et à la bibliothèque afin d'y trouver tous les livres disponibles à propos de la psychologie des adolescents. (Voir bibliographie) Il me fallait rafraîchir mes connaissances sur cette période critique de la vie.

Car la mienne est enterrée bien creux malgré, dit-on, une mémoire assez particulière i.e. une fenêtre à bon éclairage sur le vieux passé. Ma fille qui vient d'avoir ses 40 ans n'a plus grand-chose, elle, de ses 13-14 ans. Et tous ces étudiants de mes années d'enseignement coiffent la cinquantaine et je les imagine grisonner... Mon dernier contact direct avec l'adolescence date de 1975. Trente ans ont coulé sous les ponts...

Mais d'autres ont gardé le leur. Et des compétences. Et ont signé des livres pour faire profiter les autres de leurs expériences et connaissances. C'est ça, la grandeur d'un livre. Dommage que le père de Julie Bureau n'en lise jamais, m'a-t-il dit, et que sa mère se soit contentée de livres de développement personnel, m'a confié Julie. Peut-être auraient-ils pu, aidés par leurs lectures, prévenir la grande fugue ? Mais peut-être pas ?

Le fallait-il ? Julie serait-elle devenue la jeune femme adulte, équilibrée, heureuse, qu'elle est aujourd'hui ? Qui ne fume pas. Qui ne boit pas. Qui ne se drogue pas. Qui travaille de ses bras. Qui tient maison. Qui rêve d'avenir tout en étant bien dans sa peau au présent.

Et c'est précisément tout cela qui a tant fâché certains médias et un grand public à bibittes. Peut-on vivre l'équilibre après avoir tant maltraité ses parents ? Rares sont ceux qui ont envisagé la question sous un autre angle en s'habillant de la peau de l'adolescente de 14 ans. Et nombreux furent ceux, à partir des parents, qui ont voulu la faire taire et l'empêcher de donner sa version des faits dans un livre. Julie a dit, m'a dit, a dit à ses parents, qu'elle ne voulait pas les caler et seulement dire la vérité comme elle l'a vécue. J'ai promis aux parents dans ma lettre du 16 août et répété dans tous les médias que je ferais tout en mon possible pour accéder à la vérité sans jamais jeter la pierre à quiconque. Et je n'ai jugé personne jusqu'ici, je n'ai fait que constater des choses.

Esprit ouvert. Coeur ouvert.

Il y a de nos jours, bien sûr, les sciences humaines traditionnelles comme la psychologie, la pédagogie, qui servent de balises à nos connaissances sur la personne. Mais il y a aussi les données issues des idées dites du Nouvel Âge. Et j'ai voulu consacrer quelques pages aux enfants indigo de même qu'aux natifs du signe du Sagittaire comme l'est Julie Bureau.

Pour d'aucuns, ça n'ajoutera rien au livre. Pour d'autres oui. Pour d'autres encore, ce sera une preuve de plus que tout le contenu de cet ouvrage est impossible et détestable.

Et après ?...

Qu'est-ce qu'un enfant indigo ?

Les enfants indigo sont brillants, intuitifs et ont une grande volonté. C'est ainsi que Doreen Virtue, dans son ouvrage *Aimer et prendre soin des enfants indigo*, publié aux Éditions Ariane entreprend de les définir en ajoutant qu'ils sont de petits artisans de lumière.

Mes connaissances des indigos étant fort limitées, je me contenterai de citer Virtue et de comparer ses textes avec l'idée que je me fais de Julie Bureau après l'avoir rencontrée à plusieurs reprises, l'avoir écoutée durant nombre d'heures et l'avoir vue si joyeusement évoluer dans le domaine qu'à Beauceville elle partage avec son ami Jean-Paul. Après lecture de ce livre-ci, mon lecteur est quasiment aussi avancé que moi dans sa perception de Julie s'il a gardé ouverts son coeur et son esprit, et il pourra aussi établir ses propres parallèles.

Les enfants indigo forment une race d'individus venus sur notre planète pour nous accorder leurs dons. Ils sont ici pour changer nos systèmes politiques, notre éducation, notre alimentation, notre structure familiale et autres organisations. Ils sont également venus pour nous aider à réaliser notre potentiel en nous aidant à nous rapprocher de notre nature et à devenir plus intuitifs.

Et si Julie par sa détermination farouche devait faire exemple, comme on le lui a tant reproché, et en aider d'autres à se rapprocher de leur être, en dehors même des sentiers battus, des lieux communs, des schèmes établis ?

À l'instar des premiers colons d'Amérique du Nord ou d'Australie, les indigos sont autosuffisants, résolus, opiniâtres et créatifs. Ils ont une mission à accomplir et personne ne se mettra en travers de leur route. Les générations précédentes ont reçu le message intuitif : « Changez le gouvernement, guérissez le monde. » Elles ont entrepris de le faire, mais se sont laissé distraire et décourager par l'inertie et les responsabilités familiales. Les enfant indigo ne permettront pas qu'une telle chose se reproduise –à mois, bien sûr, que nous ne les assujettissions par la médication.

Et j'ai le coût d'ajouter : par un encadrement tatillon et pour eux, intolérable... jusqu'à la fugue...

D'aucuns voient cependant d'un mauvais oeil le vent de changement qu'apportent ces enfants. Ils préféreraient que le modèle scolaire demeure tel qu'il est et souhaiteraient que les indigos s'y conforment. Puisqu'il n'est pas possible de les contraindre à quoi que ce soit –ils perçoivent la coercition comme une manipulation malhonnête–, on a recours à une méthode insidieuse, la médication, pour qu'ils s'intègrent.

Les enfants indigo sont conçus en vue d'une mission difficile qui consistera à remodeler le gouvernement, l'éducation et notre structure sociale. Un peu comme un camp militaire forme les soldats au combat, ils semblent avoir besoin dans leur vie d'un fort degré de stimulation et d'excitation. Comme si leur cerveau était câblé de façon à pouvoir supporter une grande quantité de stress, lorsque leur environnement ne leur procure pas une stimulation suffisante, ces enfants la recherchent ou la produisent par eux-mêmes.

Les enfants indigo sont de jeunes excentriques qui dictent leurs règles et vivent selon leur coeur et leur intelligence. Ils ont une volonté de fer, un fin sens de l'humour et une imagination créatrice.

Et j'ai appris d'une autre source que Virtue qu'ils sont nés pour créer la paix, mais que sans le vouloir, ils créent la guerre.

En l'absence de soutien de la part de la famille, les enfants indigo au tempérament sensible pourraient croire que quelque chose ne va pas en eux. Cela pourrait mener à une réaction, ou encore à une profonde introversion.

Est-ce l'introversion dont Josianne parlait à propos de Julie quand elle était en Secondaire I ? Et la réaction dont on fait état pourrait-elle avoir été la fugue de Julie en Secondaire II ? Dans la correspondance de Julie à Josianne, à plusieurs reprises, elle exprime que ça ne va pas en elle, écrivant qu'elle déçoit tout le monde, qu'elle se sent triste, que tel ou tel cours est d'un ennui mortel.

La moitié de ces marginaux rebelles aurait mené des vies heureuses, productives, si ce n'était de leur 'crime' qui est d'apprendre selon un mode différent. D'une certaine manière, ils en savent beaucoup plus que les adultes, tout en n'ayant que des occasions restreintes d'exprimer leur dons du fait des contraintes de temps et d'argent dans le système d'éducation.

Bon, ceux qui n'ont jamais entendu parler des

enfants indigo seront peut-être agacés par ces extraits en se disant d'où vient cette expression 'enfants indigo' ? Eh bien voici. Cette expression réfère à la couleur bleu indigo, un ton de bleu foncé similaire à celui de lapis-lazuli ou d'un jeans. Il est possible d'associer l'âge adulte de chaque génération à une question spécifique et à un chakra, avec sa couleur correspondante.

(Il est question ci-après d'adultes des dites années.)

Années 50 : enfants du rayon rouge. Sécurité.

Années 60-70 : enfants de l'orangé. Drogue, sexe et rock-and-roll.

Années 80 : enfants de la teinte jaune. Business. Ostentation.

Années 90 : enfants du vert émeraude. Éveil spirituel.

Années 90, seconde partie : enfants indigo. Paranormal.

Ces enfants du rayon indigo sont donc nés dans la seconde partie des années 70 et ensuite. Extrêmement intuitifs, ils tiennent pour acquis leurs pouvoirs. Leurs dons spirituels sont affinés. Beaucoup d'entre eux sont talentueux au plan artistique. La plupart le sont au plan affectif et servent souvent de psychologue amateur aux autres.

Je terminerai cette partie de chapitre en disant que les indigos sont pourvus d'une sorte de détecteur de mensonges spirituel. On ne peut pas mentir impunément à un tel enfant, car il démasquera la fausseté et réagira, soit par l'agression, soit en s'isolant.

Adolescente en crise majeure ? Enfant indigo incomprise ? Qui était la vraie Julie Bureau de 2001 ?

Ses lettres en disent long sur sa personnalité. Mais personne à part Josianne Bolduc et moi ne les a jamais lues. Une chose est sûre, ces lettres auraient certainement permis de bien mieux définir la jeune fille. Josianne, redisons-le, attendait que la mère de Julie lui envoie les enquêteurs, ce qui ne fut jamais accompli.

Les Bureau sont sûrement ouverts aux théories du Nouvel Âge puisqu'ils ont écouté un médium au pendule qui les a fait mobiliser Coaticook afin de passer la rivière de là-bas au peigne fin. N'est-ce pas dans les lettres de Julie qu'il aurait fallu d'abord fouiller ? Je n'ai pas encore dit combien il y en a de ces lettres. Devinez. 10 ? Non ! 20 ? Non plus ! 30 peut-être ? Eh bien non ! 40 ? 50 ? 60 ? Non, non et non !... J'ai entre les mains 92 lettres bien comptées, toutes écrites en Secondaire II et la plupart probablement en 2001 même, pas bien longtemps avant la fugue. Et je n'ai pas calculé les pages de griffonnages mais seulement celles comportant du texte couvrant 1/3 de page à 1 page complète.

*

Et le Sagittaire bordel !

Ça ne fait pas très sérieux dans un récit de vie, me dira-t-on. Mais si j'en parle, c'est pour susciter une réflexion, des questions, des opinions, des discussions.

Voici ce qu'écrivait Laurene Petit dans son livre Dico-Signes à propos de l'adolescence. Et je cite textuellement si ce n'est que pour une fois dans ce livre, je 'féminise' le texte. Quelle étrange similitude avec la Julie Bureau native du 2 décembre !

Sa sensibilité est vive, parfois indéchiffrable, et elle

traversera l'enfance en trébuchant, en se heurtant aux choses. Ces blessures à peine visibles pour d'autres, elle les vivra comme des étranglements, des obstacles et elle n'aura qu'une envie, vivre la quiétude, le bonheur, se mettre en marche vers un monde différent.

Même si elle feint l'obéissance et si elle se conforme aux règles, un feu couve à l'intérieur.

La Sagittaire se prépare pour sa grande chevauchée, qui arrivera un jour ou l'autre.

Elle sortira de l'adolescence avec un sentiment de justice à réparer. Le Centaure se fait chevalier et part à la recherche de l'harmonie perdue, du Paradis perdu.

Ses inquiétudes d'enfance deviennent aventure, passion, jeu, et la voilà traversant la vie à la manière d'un Don Quichotte, à (grands) coups d'audace.

Troublantes similitudes, vous ne trouvez pas ? Et tant qu'à y être, sourions encore à ces lignes de Laurene Petit à propos du Sagittaire en général.

Elle est à la fois mi-femme mi-cheval ! Elle hésite entre l'intégration et l'évasion, partagée entre son désir d'installation et son goût impérieux pour la révolte, le dépassement, le bond au-dessus du sol. De bonne heure, elle est en révolte contre son milieu.

Son activité se manifestera par bonds, sa volonté cherchera une cible à atteindre; ou bien elle se fondra dans le milieu ambiant, avec une aisance et une facilité surprenantes à créer des relations, à se rapprocher de l'autre, et c'est tout juste si son comportement trahira la soif d'impossible, le besoin d'un but au-delà des choses de la terre.

(Intégré, il apportera à son entourage sa joie de vivre, sa droiture, son efficacité.)

Si la nature rebelle prend le pas sur l'intégration, elle incarnera tout à coup toutes les forces en mutation, elle sera la conquérante, celle qui part à la rencontre d'un but incroyable, situé hors du monde.

Active, passionnée, qu'elle soit introvertie ou extra-vertie, la démesure lui est indispensable. Elle sera l'héroïne de tous les voyages, de toutes les aventures.

Privée d'activité, le rythme passe quand même. Son imagination se déploie dans une autre direction. Elle accomplit le voyage vertical, sans quitter sa chambre.

Le jour où elle dépasse sa double nature, elle devient la flèche à elle toute seule, le rythme, le mouvement sans conflit.

Tout son comportement aura pour but cette volonté de fusion, d'accomplissement.

Je ne résiste pas à l'envie d'ajouter quelques traits caractéristiques du natif de ce signe de feu selon toujours Laurene Petit.

1. Prend des risques.

2. Se dévoue pour les causes humaines.

3. Cherche à s'extérioriser.

4. Amour qui relève de l'exaltation morale.

5. Caractère indépendant.

6. Animal totem : le cheval.

7. En art, poursuit le triomphe et la perfection.

8. Bonheur fait d'espace libre, de spiritualité réalisée, d'harmonie humaine vraie, lorsque disparaissent les conflits.

9. A horreur des conflits et sa franchise permet toutes les confidences.

10. Rêve d'un empire au soleil, où le bonheur et la joie de vivre seraient les seules croyances.

11. Couleur : l'indigo qui affermit le psychisme.

12. S'intéresse aux livres et aux ordinateurs.

13. Va là où il veut.

14. Né libre.

15. Refuse l'intimidation, le chantage, l'hypocrisie.

16. L'échec pour lui est un puissant stimulant qui le relance dans l'action.

17. Il aime briller à l'avant-scène sans cesser d'aider les autres.

18. Ses ennemis le craignent et essaieront de l'attendrir par la ruse.

19. Il est excessif en tout.

20. Besoin d'avoir confiance...

Bon, j'ai voulu dans ce chapitre qui se termine aider mon lecteur à relaxer tout en le poussant à se poser quelques questions, peut-être sans conséquence. La vérité ne parvient-elle pas à se définir souvent par le chemin des idées que l'on croit plus légères que celles généralement admises comme très valables dans les encyclopédies de la connaissance humaine ? Car comment, par exemple, faire le pont entre Julie et sa mère à travers les données de Laurene Petit puisque l'une et l'autre sont nées sous le signe du Sagittaire ?

Mieux on se connaît soi-même, mieux on peut comprendre les autres et c'est là que commence le bonheur simple et vrai. Selon Socrate en tout cas...

***

Chapitre 26

Image publique

Ce matin, je me suis tapé 115 articles de médias écrits, journaux, revues, colligés, répertoriés par Ronald Martel, journaliste de La Tribune. Un travail à la fois imposant et méticuleux de sa part.

Ces articles vont de septembre 2001 à septembre 2004 et couvrent les recherches faites pour retrouver Julie de même que les appels qui lui furent lancés afin qu'elle revienne à la maison consoler ses parents affligés.

Première constatation. J'en savais très peu à propos des dites recherches et c'est pourquoi je n'en ai pas parlé depuis le début de ce livre. Mais de presque tout lire en une seule demi-journée me donne une vue d'ensemble qui permet la plus raisonnable des lectures selon moi, celle tout juste derrière les lignes écrites.

Deuxième constatation. Quelqu'un a téléguidé une véritable campagne de manipulation de l'opinion publique et les médias, pour vendre leurs pages et leurs ondes, ont marché à fond la caisse. Un des meilleurs filons des médias, bien plus efficace encore que la violence, le sport et le sexe, y est exploité comme ça ne s'est jamais vu chez nous depuis les rares oeuvres à propos d'Aurore entre 1920 et 1990, soit les LARMES.

Troisième constatation. Cette campagne non planifiée mais qui a progressé au fil des insatiables soifs de se vendre des médias a réussi parfaitement. D'où une opinion publique si défavorable à Julie après son retour à la surface de la terre en été 2004, opinion excitée encore davantage par sa décision de se livrer dans un ouvrage écrit par moi, et encore plus quand on s'est rendu compte qu'elle commettait le crime abominable d'être heureuse loin de ses parents. Il n'en fallait pas autant pour faire d'elle la marâtre qui a fait souffrir le martyre à ses pauvres parents.

Mais voyons par les textes extraits des journaux. Mario Goupil, un journaliste de plume efficace, écrivait et publiait dans La Tribune une lettre à Julie d'un lyrisme vite attendrissant pour qui ne connaît pas la version des faits de Julie (et ne pouvait la connaître alors puisqu'elle avait disparu) et n'a pas lu ce livre-ci.

Faut dire, je crois, à sa décharge, que Mario Goupil était d'abord passé par Milan où il a certes versé quelques larmes à écouter cette moitié d'un couple qu'il désignera 3 ans plus tard devant moi comme ses amis. Il m'apparaît que c'est là qu'a débuté le plus grand 'roulage dans la farine du public' de l'histoire du Québec. Un roulage qui donnera aux Bureau l'image publique impeccable et inattaquable qu'on leur connaît, telle image qui appelait automatiquement celle, si mauvaise, qu'on a fabriquée de toutes pièces à Julie sans l'avoir entendue, et si violente en fait qu'on a voulu la faire taire. Mario Goupil lui-même, le visage enfariné, s'est déclaré contre l'existence de ce livre-ci. Une opinion du coeur, pas une opinion de l'intelligence du coeur !

Voici sa lettre à Julie en date du samedi 22 décembre 2001. (L'esprit de Noël est propice aux larmes et il en coule dans la chaumière ce jour-là...)

Bonjour Julie,

Je suis allé chez toi cette semaine, y rencontrer Michel et Francine, ton papa et ta maman (1), ainsi que ton jeune frère Dany. Tu sais quoi Julie, ils n'ont pas perdu espoir de te revoir. Pas même que tu sois là à Noël.

C'est pour cela qu'ils ont accepté de me rencontrer. Comme l'enquête ne progresse pas vraiment, ils se disent que si tu aperçois cette nouvelle photo (2) de toi ce matin dans le journal, les cheveux attachés, celle que tu n'as jamais vue et qui a été prise à la 'poly' avant ton transfert à Coaticook, et que tu te donnes la peine de lire ceci, ça ne pourra faire autrement que de te donner envie, à la condition que personne ne t'en empêche bien sûr, d'offrir à tous ceux qui t'aiment le plus beau cadeau de Noël qu'ils puissent espérer : un signe de toi. Un signe, Julie, rien qu'un signe. (3)

J'ai passé presque deux heures avec tes parents et ton petit frère, Julie. Aussi, ai-je l'impression, peut-être à tort (4), de te connaître maintenant. Juste un petit peu bien sûr, mais suffisamment pour me permettre de t'écrire. De toute façon, c'est pour te parler de ceux et celles que tu aimes que je t'écris. Pour que tu saches à quel point ils ont mal, mais encore plus à quel point tu leur manques.

Je parierais que tu n'as jamais vu ton papa pleurer, Julie. J'ai raison, n'est-ce pas ? Un papa, ça ne pleure pas, c'est bien connu. (5)

Tu te trompes, Julie. Quand Michel s'est mis à me raconter la douleur qu'il ressent au plus profond de sa poitrine à chaque fois qu'il pense à toi, lui qui n'a toujours par recommencé à travailler, quand il m'a dit quelle souffrance il a ressentie de voir que tu n'étais pas là le 2 décembre, le jour où tu as eu 15 ans, j'ai baissé les yeux pour ne pas qu'il les voie. J'ai deux filles, moi aussi, Julie.

Tu as sûrement deviné que ta maman m'a abondamment parlé de toi, Julie. Francine et toi avez toujours été de grandes complices à ce que je vois. (6) C'est connu, les mamans parlent beaucoup plus que les papas avec leur fille. On dirait que c'est plus facile pour elles. Ce doit être pour cela qu'elles peuvent en parler davantage.

Le jour où je suis allé chez toi, Francine venait tout juste de faire bénir la collection d'anges que vous faites ensemble, toi et elle. Ta mère a aussi demandé au prêtre de Milan, venu prendre des nouvelles, de bénir les lampions (7) qui brûlent sans cesse dans la maison depuis le 26 septembre, jour où l'on a perdu toute trace de toi.

Dis donc, c'est vrai que ça n'allait vraiment pas pour toi depuis quelque temps. Mais même si tu broyais du noir, que tu avais beaucoup parlé de suicide ces derniers temps (8), même si tu avais eu un chagrin fou (9) en apercevant ton petit copain au bras d'une autre, même si tu avais peur sans dire de quoi exactement, même s'il se passait 'full' affaires mystérieuses dans ta tête d'adolescente et que tu disais même craindre pour ta vie à un certain moment, Francine est convaincue au plus profond de son être que tu ne t'es pas volontairement enlevé la vie. Parce que toi-même tu disais que ce sont les lâches qui se suicident. Et toi, tu n'es pas une lâche.

Julie, tes parents n'ont pas arrêté de me dire que tu étais une bonne petite fille et que tu n'avais surtout pas voulu leur faire de mal. Ils t'ouvriront leurs bras et leur coeur sans poser de questions quand tu reviendras. (10)

C'est sur toi que reposent tous leurs espoirs maintenant puisque toutes les démarches des policiers sont restées vaines. Ils ont eu beau filtrer les quatre appels reçus après le passage de tes proches à l'émission de Claire Lamarche (11), ils ont eu beau passer tout le contenu de l'ordinateur et de tes clavardages au peigne fin, ils n'ont pas trouvé l'ombre d'un indice. (12)

Ta maman pense que ce sont les deux croix que tu portes à ton cou qui vont te sauver. Elle dit qu'avec cela, tu peux faire face au mal, peu importe la forme qu'il ait empruntée pour t'atteindre. Ta mère est convaincue que le positivisme va finir par reprendre le dessus dans ta tête. (13)

Il reste que papa et maman n'ont pas le goût de Noël cette année, Julie. Tu les comprendras sûrement. Cette année, aucune lumière ne brille devant ou dedans la maison. Il n'y aura pas de Noël sans toi. Chez mamy, juste en face, non plus. Ils ont trop de peine. Il n'y a que Dany qui a demandé que l'on dépose le minuscule sapin artificiel sur un meuble du salon. À 7 ans et demi, on croit toujours au Père Noël, tu le sais bien...

Si tu jettes un coup d'oeil aux photos que l'on publie aujourd'hui, Julie, tu verras justement Dany (14) qui tient une immense croix en bois. C'est lui qui l'a fabriquée. Seul et de ses propres mains. Dany dit que cette croix-là va mieux te protéger que les deux autres petites croix que tu portes en permanence autour de ton cou.

En passant, Dany joue encore avec le toutou que tu lui as donné à Noël l'an passé. Tu sais, le toutou dans lequel il peut cacher de l'argent et qui lui sert ni plus ni moins de tirelire. D'ailleurs, Dany ne comprend pas pourquoi tu n'as pas pris le billet de 10 $ qui s'y trouvait avant de partir. Ç'aurait pu t'être utile après tout. Il aurait compris tu sais. Surtout que tu n'avais que 35 $ dans tes poches quand tu as camouflé ton visage derrière ton foulard et tes verres fumés, avant de disparaître de Coaticook ce fameux 26 septembre.

Tu sais ce que m'ont répondu tes parents lorsque je leur ai demandé comment leur couple pouvait passer à travers pareille épreuve ?

–Francine, je te marierais encore demain matin, a lancé ton père.

–Moi aussi, mon vieux..., lui a répondu ta mère. (15)

Et tu sais quoi, Julie ? C'est toi qu'ils voudraient comme fille aînée. (16)

Lewis Carroll serait jaloux de Mario Goupil, vraiment. Quel beau conte de Noël pourrait se tisser autour de cette lettre arracheuse de larmes ! Voyons un peu ce que Julie et moi pensons de certains passages de cette lettre.

(1) D'abord l'utilisation abondante du mot qui fait l'unanimité universelle dans les coeurs profonds : **maman**. Dans les 92 lettres de Julie à Josianne, je n'ai pas lu une seule fois ce mot. C'était toujours, – quand c'était–, 'ma mère'.

(2) Mais jamais une photo de Julie avec les cheveux noirs (par ordi) comme elle en rêvait et comme le savait Josianne qui ne fut jamais questionnée, tenue éloignée par Francine.

(3) Une ado de cet âge qui a voulu occulter son passé au point de fuguer et fuir une situation qu'elle trouve intolérable ne donne pas les signes qu'on attend d'elle pour soulager sa douleur à soi.

(4) Sûrement !

(5) Je crois en la douleur de Michel Bureau, mais je crois que sa soumission à son épouse est plus grande encore ou bien on aurait participé à ce livre-ci.

(6) Cela n'a jamais transparu dans tous mes 'interrogatoires' de Julie en tout cas, elle qui, au contraire de Josianne, devait détruire toutes les lettres de son amie de crainte que sa mère ne tombe dessus et ne lui tombe dessus ensuite.

(7) Ça sent la cire brûlée jusqu'ici.

(8) En tout cas, dans les 92 lettres, je n'ai pas trouvé une seule fois le mot suicide. Mais elle l'a dit comme on le verras et ne sera pas prise au sérieux par sa mère.

(9) Foutaise de dire Julie. Foutaise de confirmer Josianne.

(10) Ça, c'est la meilleure. Eux qui, après 3 années de soi-disant 'agonie' auraient dû grandir par cette souffrance et ouvrir les bras à leur fille de façon inconditionnelle quand Julie est réapparue en juillet 2004 se sont opposés de toutes leurs forces à sa volonté d'écrire un livre et sont les grands responsables de la deuxième rupture avec elle.

(11) Pourquoi diable Josianne, la meilleure amie de Julie, ne fut-elle pas de cette émission au lieu d'une Stacy Grondin qui ne savait à peu près rien et n'avait rien à dire ? Et n'avait pas vu une seule fois Julie en Secondaire 2 puisqu'elle vivait alors à

Courcelles.

(12) Pourtant les 92 lettres de Julie à Josianne étaient bourrées d'indices. Mais Josianne fut tenue loin des enquêteurs par le très long bras de la mère de Julie.

(13) Elle a raison et ce fut grâce à Jean-Paul dont elle n'a pas tardé à dénoncer l'influence sur sa fille.

(14) Pauvre Dany tout aussi manipulé que le journaliste. On trouvera à la fin de ce livre une lettre qui montre que le véritable accueil se trouve dans les mots simples, pas dans les symboles ostentatoires qui enfarinent avec leur poudre de perlimpinpin.

(15) Elle qui dira à Julie comme on l'a vu précédemment : "J'sais pas ce que j'fais avec Michel."

(16) Témoignage de Josianne... Sa mère a dit devant moi à Julie : "C'est une fille comme toi que j'aimerais avoir, Josianne."

Nul doute que cette lettre a valu un énorme capital de sympathie aux parents. Le mouvement était lancé. Bon, tenez-vous bien, vous n'avez encore rien vu ou rien lu. Voici une lettre publiée dans La Tribune à l'occasion de la fête des Mères 2002 et signée de la main de la mère de Julie.

‹‹ Bonjour ma belle Julie d'amour,

Dimanche dernier, je suis allée à la cache de ton père, en forêt, et j'y ai versé toutes les larmes de mon corps en pensant à toi (1). La veille, j'avais fouillé dans le Publisac et j'y avais trouvé des publicités pour la fête des Mères...

Julie, c'est dimanche la fête des mamans et je nous

imagine en train de te serrer dans nos bras. (2) Je nous vois fous de joie, réunis à nouveau, en train de prendre un repas en famille.

Je confie à Dieu toute ma peine pour avoir la chance de te serrer dans mes bras et pour qu'Il assure ta protection. Peu importe ce que tu m'as demandé dans ta vie, Julie, sache que je ne t'ai jamais menti. Alors, si tu le peux bien sûr, j'aimerais que tu m'écrives un petit mot par courrier électronique. Sinon, par le moyen que tu choisiras. Je ne le dirai à personne, si c'est ce que tu désires.

Julie, tu sais à quel point grand-maman Poulin a de l'importance à mes yeux. Tu sais aussi que dans notre famille, il a toujours été interdit de jurer. Et bien Julie, je te jure sur l'âme et sur la tête de grand-maman Poulin, qui est au ciel, que personne ne saura que tu m'as écrit, si c'est ce que tu souhaites. Ce sera top secret. Tu seras respectée comme on t'a toujours respectée. Je t'en prie, fais-nous signe. On doit bien mériter cela, ma chouette, non ?

Au fait, tu te souviens du vendredi matin précédant la fête des Mères de l'an dernier ? Avant de partir pour l'école, tu étais allée chercher quelque chose dans le congélateur. Je n'avais pas dit un mot même si je me demandais bien ce que tu étais allée fabriquer là. Au retour de l'école, le soir, tu avais caché jusqu'au dimanche, jour de la fête des Mères, ce beau gros gâteau que tu conservais avec la glace subtilisée au congélateur. Le dimanche, tes livres d'école étaient complètement mouillés ! Tu m'avais alors dit : c'est pas grave, maman, si mes livres sont trempés. Tu mérites bien plus que cela... (3)

Aujourd'hui, Julie, à quelques heures d'une autre fête des Mères, je te demande de me le prouver.

Julie, peu importe où que tu sois dans le monde, tu

sais très bien que tu peux compter (4) sur nous. Dis à ceux qui t'aident qu'il n'y aura aucune plainte de déposée de notre part.

Avant de terminer, je veux aussi te dire que Dany, ton petit frère, a rêvé t'avoir rencontrée dans le corridor en se rendant aux toilettes la nuit dernière. Il m'a dit : "Julie et moi, nous nous sommes serrés fort, fort, Maman, ça m'a tellement fait du bien. On aurait dit que mon rêve était réel... "

Aussi, comme à chaque année ma belle Julie, je veux te souhaiter une bonne fête des Mères à toi également puisque tu t'es toujours conduite comme une bonne petite maman d'amour envers ton frère Dany. Tu es sa deuxième mère en quelque sorte. Tu le sais bien, quand tu étais là, c'est comme si je n'existais plus aux yeux de Dany.

Papa, Dany et moi t'aimons énormément ma belle Julie.

À bientôt, mon trésor.

Maman. ››

(1) Et cette marâtre de Julie qui n'a pas versé une larme au cours de ses 3 rencontres avec ses parents après sa réapparition en été 2004. Comment donc une enfant aimée à ce point a-t-elle pu en arriver à la fugue, à une disparition de 3 ans et à un retour aussi froid (envers ses parents) alors même qu'elle nageait en plein bonheur et en plein équilibre à Beauceville ? C'est précisément cette question-là qui m'a fait décider d'écrire à Julie pour lui proposer de rédiger son livre. J'ai voulu faire parler Julie même si tant de gens ont voulu la faire taire, à commencer par ses parents.

(2) J'ai posé la question suivante à Julie. Recevais-tu des marques d'affection de tes parents ? Est-ce qu'ils te prenaient dans leurs bras ? Elle a répondu : jamais. Parlant bien sûr des deux dernières années.

(3) Et ça, je crois qu'elle l'a dit. Jamais Julie dans ses lettres ne dit le moindre mal de sa mère. On croirait qu'elle cherche à la séduire avec des fleurs, des visites sur les lieux de son travail etc. Et, de son aveu, Julie se sentait toujours repoussée, déconsidérée, même quand elle présentait à sa mère une note de 100% en une matière scolaire.

(4) Mais compte pas sur nous autres par exemple pour écrire un livre et donner ta version des faits, ma belle Julie d'amour...

J'ai lu cette lettre à une mère de 4 enfants qui a déclaré spontanément : *elle en met ben trop, on dirait que c'est vide. Si ça viendrait du fond du fond du coeur, ce serait une petite lettre ben simple avec des mots qu'on sentirait vraiment que c'est vrai.*

Je trouve, moi, que ces deux lettres, celle de Mario Goupil et celle-ci de la mère de Julie, sonnent fêlé par leur emphase comme la vieille cloche de la chapelle Sainte-Anne autrefois. Je remarque aussi que dans les deux cas, on infantilise Julie, je devrais dire on la 'bébéise'. Elle n'a rien d'un bébé et il faut lire les 92 lettres pour s'en convaincre*. Il faut penser qu'elle a eu le cran de fuguer et de disparaître durant 3 ans pour se rendre compte qu'elle n'avait plus grand-chose d'un bébé dans sa jeune adolescence. Peut-être qu'une des causes, parmi plusieurs, de son départ fut précisément qu'on la 'bébéisait' chez elle : en tout cas, je le crois fermement. Et ça, y a rien de plus détestable pour un ado en train de s'affirmer et en quête d'une identité propre.

*Mais Josianne et son courrier de Julie furent toujours tenus volontairement à l'écart du dossier.

À quoi servirait-il de poursuivre après ce départ-canon, sachant que la suite, dans les médias écrits autant que les médias électroniques, sera à l'avenant ? J'ai vu des émissions de télévision consacrées aux parents et ne les y ai pas sentis en véritable recherche de leur fille. Pourquoi Stacy à Claire Lamarche et pas Josianne ? Il semble que la mère de Julie était bien plus soucieuse de son image publique et celle, amochée par la fugue de Julie, de sa famille que par un souci profond de la retracer. Quelque chose dans son inconscient semblait la retenir; est-ce pour cela que le père parlait bien davantage aux médias ? Quelqu'un m'a dit voir la main de la mère dans le dos du père et qui contrôlait la gestuelle et les paroles...

***

Chapitre 27

Le ridicule fait pendule

J'ai terminé le chapitre précédent en parlant de quelqu'un qui voit quelque chose que les autres ne voient pas : la main de Francine dans le dos de Michel.

En mars 2004, un homme de 84 ans, d'origine bretonne, Léon Peron (nom écrit parfois avec l'accent aigu parfois pas comme Juan de l'Argentine) a brandi son pendule devant le visage de Michel Bureau dans les couloirs de TQS. Et, miracle, il a trouvé (sur papier) le corps de Julie dans la rivière Coaticook. Un vilain Américain l'a prise en 'stop', l'a violée puis a jeté son corps à l'eau. L'enfer ! La misère vient de s'abattre encore une fois sur les épaules de Michel Bureau et sa femme par la 'voix' d'un pendule.

La nouvelle se rend aux médias qui accourent avec bloc-notes et micro. Une autre ruée vers l'or que représente pour eux depuis le début le cas Julie Bureau. Et le public comme toujours marche à fond.

Et même se mobilisera quand le niveau de la rivière le permettra en mai pour 'marcher' aussi le 'tombeau à ciel ouvert' qui roule ses eaux dans la paisible Coaticook.

Et voici que les 15 et 22 mai, chiens, marcheurs, plongeurs et bateliers passent à l'action pour trouver le corps de cette pauvre Julie Bureau dans la rivière Coaticook tandis qu'une autre Julie Bureau est assise devant un petit chalet bientôt achevé de construire devant une jolie rivière qui coule au bout d'une terre à bois à Beauceville.

Ni la SQ ni même la mère de Julie (qui sait bien au fond d'elle-même que sa fille est vivante) ne participent à cette quête divinatoire.

Jusque Mario Goupil, le journaliste de La Tribune qui plonge, au risque de sa réputation de personnage sérieux, dans les propos du manipulateur au pendule. Voici ce qu'il écrit le 13 mai 2004.

« J'ai quitté Saint-Valérien et j'ai roulé plus d'une centaine de kilomètres pour trouver le chemin Gilbert (indiqué par le vieux voyant)... Et pourtant, contre toute attente, je l'ai trouvé. J'étais sidéré... M. Péron m'avait juré n'avoir jamais mis les pieds dans le secteur, et je n'ai aucune difficulté à le croire.

J'ai quitté le chemin Gilbert stupéfait. Ce diable de vieil homme, me suis-je répété, possède peut-être bel et bien un don, comme il le prétend.

(Quelqu'un, Jacques Boisvert, infirme les propos de Péron qui l'a cité comme référence. Et le journaliste en informe Michel Bureau après lui avoir fait part de son étonnement sur la justesses des vues du voyant à propos des lieux que le journaliste a visités.)

« *Vous savez quoi, M. Goupil, après votre article sur M. Péron, deux voyantes différentes nous ont appelés pour nous dire que Julie est vraiment là, dans la rivière Coaticook,* » s'est empressé de me dire Michel Bureau après coup.

<u>Peut-être que ce vieux snoreau a vraiment un don finalement.</u>

Imaginez si les journalistes (chroniqueur, journaliste, c'est du pareil au même, Mario) embarquent autant combien le public peut se laisser berner.

Beaucoup de gens se sont amusés aux dépens du voyant Peron. Pas moi. Car il a fini par voir juste, vrai de vrai, en affirmant dur comme fer que la Julie Bureau qu'on a retrouvée à Beauceville n'était pas la Julie Bureau née de Francine Poulin et Michel Bureau de Milan. Il a crié fort à l'imposture et réclamé un test d'ADN.

Pas besoin de test d'ADN, monsieur Peron, pas besoin d'un test d'ADN, tous ceux qui croient en vous, je vous affirme, moi, que la Julie Bureau que j'ai côtoyée ces dernières semaines **n'est pas**, non, en fait n'est plus la Julie Bureau de Milan, de la polyvalente Montignac de Mégantic, du Collège Rivier de Coaticook. C'est un être neuf qui a trouvé son identité, qui a trouvé sa voie, qui a trouvé son bonheur après avoir grandi dans un milieu qui, la dernière année, est devenu pour elle oppressant, insupportable. On sait pourquoi par son témoignage, celui de ses lettres et celui de Josianne, sa meilleure amie de Montignac.

En tant qu'éditeur de ce livre, je me dois ici de servir un avertissement public à Julie Bureau...

Vu l'ampleur des recherches faites dans la rivière Coaticook pour retrouver ton corps, chère Julie, vu que de nombreux contribuables révoltés réclament à cor et à cri que soit utilisé l'argent de ton livre pour payer les coûts des dites recherches entre autres, je me verrai dans l'obligation d'amputer tes droits d'une somme équivalant au prix d'un bon pendule, d'un vrai, qui réagisse aux bonnes ondes, pendule sérieux que je ferai parvenir au vieux Léon Peron. Tu lui dois bien ça : n'a-t-il pas deviné, ce vieux voyant qui te voyait violée et vidée de ta vie, que tu n'es pas Julie Bureau ?

Je connais bien, moi, maintenant, la vraie Julie Bureau et il est tout à fait exact que tu n'es pas Julie Bureau, l'autre de naguère... Tu es jeune, forte, équilibrée, heureuse, joyeuse et tu nous remplis d'énergie quand on te visite. Pas du tout la jeune fille des 92 lettres.

Et puis, au voyant, on enverra la photocopie de ces 92 lettres (de l'ancienne Julie à Josianne) afin qu'il y exerce encore et encore son pendule ridicule au lieu de le faire osciller au-dessus de cartes géographiques ou autres...

Et les médias y trouveront un autre bon filon... Ils en trouvent toujours et partout, ceux-là, pas comme les prospecteurs de ta rivière à Beauceville.

***

386

Chapitre 28

On a fait 'fumer' tout le Québec

Je vais me répéter à dessein dans ce chapitre. La pédagogie, la psychologie et l'art de la promotion conseillent et utilisent la répétition pour bien fixer une idée dans la tête de quelqu'un. En hypnose, on le fait pour la bonne cause. Mais les manipulateurs aussi connaissent la recette. Et puis le grand public n'est-il pas doté d'un cerveau d'enfant qui apprend à force de redites ?

Spécialiste de l'image publique, la mère de Julie Bureau que je verrais travailler aux côtés d'un premier ministre pas trop vendable pour le mieux vendre au bon peuple a inventé l'histoire de la peine d'amour de Julie, cause probable de sa fugue.

La peine d'amour associée à une fugue relève de la tragédie shakespearienne ou racinienne. Ça fait rêver le bon peuple. Et ça lave de tout soupçon les parents, en les dédouanant de toute responsabilité en même temps qu'elle les installe à jamais dans le rôle de victimes.

La grande fumisterie trouve là tout ce qu'il lui faut pour en faire 'fumer du bon' à tout le Québec, que dis-je, au Canada entier et à des gens de plusieurs pays hors de l'Amérique. Qu'est-ce qu'on ne peut pas réaliser et contrôler à partir d'une modeste demeure de Milan en Estrie ?

Julie a 'sorti' une semaine avec un gars qui l'a laissée ensuite pour sa cousine Sandra. Un coup de vent de pas 8 jours qui n'a laissé à la jeune fille soi-disant morte de chagrin qu'un peu d'agressivité envers la cousine qui a perdu quelques plumes dans son estime. Chose normale on ne peut plus.

Julie a dit et répété qu'elle n'a jamais eu de peine d'amour. Je lui ai posé la question 3 fois en la regardant droit dans les yeux et en trois occasions bien différentes, parfois en passant par l'humour, d'autres par la tristesse.

Elle m'a dit la vérité.

Josianne que j'ai rencontrée avant que Julie ne la rencontre et questionnée pendant 3 heures a confirmé les dires de Julie. "Ce gars-là a passé comme une ombre, " m'a-t-elle dit en substance. "Peine d'amour ? Pas pantoute !"

Et les 92 lettres qui furent écrites dans la spontanéité du moment ne laissent voir aucun état d'âme de quelqu'un qui souffre du mal d'amour. Je n'y ai pas senti le moindre chagrin à propos de cette soi-disant peine d'amour que fabriquera sa mère de toutes pièces à partir d'une relation absolument éphémère et insignifiante. Une peine d'amour qui, tout en lui donnant, à Francine, le rôle de l'oie blanche aucunement responsable du départ de sa fille, a pour énorme avantage de faire vibrer le coeur du bon peuple (manipulé par les médias) qui alors canonise Francine et Michel et les voudrait en bonne place dans le martyrologe.

Josianne aurait pu témoigner à ce propos à Claire Lamarche; on lui a préféré Stacy pour accompagner la mère de Julie. J'imagine le briefing que la naïve Stacy a subi en cours de route de la part de Francine.

La mère de Julie a senti, bien qu'il s'agisse d'une femme charmante et persuasive paraît-il, qu'elle ne pourrait pas en faire 'fumer du bon' à un auteur capable de fouiller creux. Plus creux qu'un journaliste en quête, à la surface du miroir des choses, du sensationnel qui fait vendre, de la petite larme, de la grande vibration, de l'image clinquante quelle qu'en soit la distorsion. Un bon public qui gobe une lettre comme celle de la fête des Mères transcrite dans un chapitre précédent peut avaler n'importe quelle coquille émotionnelle, vide de contenu mais bien décorée à l'extérieur, comme un oeuf de Pâques. Dans ce cas-ci, un oeuf de Fabergé...

En refusant de participer à ce livre, la mère de Julie croyait éviter de se faire démasquer. Non seulement elle s'est tiré dans le pied, ce faisant, comme Josianne me l'a dit, mais elle a tiré aussi dans le pied de son mari qui ne le mérite peut-être pas, lui qui a voulu tout prendre sur son dos et que je crois très sensible malgré la faiblesse de sa colonne vertébrale.

*

Un ultime coup d'oeil sur les lettres de Julie hier soir m'a permis de suivre son évolution vers la fugue. Les extraits que je vais citer, style et jurons mis à part, montrent d'abord que la jeune fille multipliait les tentatives pour plaire à sa mère comme on l'a vu. Puis elle éclate. Enfin, on croit lire une sorte de résignation temporaire devant l'inéluctable soit son départ pour Coaticook.

Lettre 1 (en fait, il s'agit peut-être de la 82e, elles ne sont pas numérotées ni datées mais on sait qu'elles sont toutes de son Secondaire 2)

Extrait (textuel y compris les !!!)

« ... Ma mère va travailler chez *Vagabond* ! J'vais aller la voir demain midi. J'ai hâte !!!

Lettre 2 (extrait)

« J'ai hâte à demain = musique. Hier, j'ai joué quelques tounes (à la trompette) à ma mère. C'était l'fun ! »

Lettre 3 (extrait)

« J'ai hâte à tantôt j'vais aller en histoire. À midi, j'vas aller au Carrefour (centre d'achats) voir ma mère si tu veux venir, tu peux. J'te présenterais à ma mère. Ça serait cool ! Elle travaille chez *Vagabond*...»

Lettre 4 (extrait)

« J'têtrai pas ma mère parce qu'elle est malade au lite. Elle a une GROSSE, GROSSE, GROSSE grippe. Le pire c'é que c'é moé qu'y y a donnée. »

Lettre 5 (extrait)

‹‹ Sais-tu quoi ??? À midi, j'ai été au Carrefour pis j'ai acheté des fleurs pour ma mère ! Oui, des vrais de vraies !!! J'ai acheté 2 bouquets... ››

Et si de travailler au *Vagabond* avait fait penser à la mère qu'il valait mieux confier sa fille à une institution ? (Dans mon livre *Nathalie*, la mère de la jeune fille travaille dans un centre d'achats et fait de l'argent, ce qui l'éloigne de la personnalité profonde de sa fille qui finira par se suicider sans pourtant que la mère n'en ressente la moindre responsabilité... je ne dis pas culpabilité.)

En tout cas, voici ce qu'écrira Julie soit à la fin du Secondaire 2 soit au début de Secondaire 3 à la poly de Mégantic.

Lettre 6 (extrait)

‹‹ En TK, est foqué en crisse ma mère c'é tempscitte. Moé j'm'entends pas mal mieux avec mon père qu'avec ma mère. J'y ai demandé hier pis a m'a dit: "Jchu pas tu seul à décider." Maudit qu'à me fait chier ma mère ces temps-citte ! ››

Lettre 7 (extrait)

Josianne écrit d'abord. ‹‹ J'te jure que si tu vas dans un collège privé, j'vas appeler ta mère... A pas le droit de faire ça crime, t'es ma meilleure amie en Secondaire 2 crime à nous séparera pas certain. ››

Réponse de Julie. ‹‹ Me vas essayer de la convaincre. J'vas aller au Carrefour à midi parce qu'a travaille. Depuis le début de la semaine a me dit "commence à te préparer". Pis moé, j'te l'dis si a m'envoye, j'vas faire tellement de conneries, que les profs en reviendront pas. Ils vont me saprer dehors au boutte d'une semaine si c'é pas moins... ››

Une chose me turlupine un peu et c'est une déclaration publique de la mère de Julie dans La Tribune quand la décision d'écrire un livre fut prise par sa fille. "On le sait, elle va dire qu'on l'a envoyée à Coaticook pour se débarrasser d'elle."

Pourtant, Julie n'avait jamais dit ça. Elle ne l'a même pas pensé dans ses lettres à Josianne. La mère n'aurait-elle pas plutôt pêché cette idée prêtée à Julie dans sa propre tête à elle, dans son propre subconscient ? La question mérite d'être posée.

*

D'aucuns, je les sais fort nombreux, ne liront ce livre que pour avoir réponse à l'ultime question, la plus fondamentale de toutes... pour eux : Julie et Jean-Paul se sont-ils vraiment comportés comme frère et soeur ? Ou comme un couple ?

ONT–ILS COUCHÉ ENSEMBLE ?

Question existentielle s'il en est une ! (Pour les voyeurs avertis.)

OUI ou NON ?

Si ce livre ne le dit pas, c'est pas un bon livre. (Pour les voyeurs avertis.)

Et s'ils ont menti là-dessus, ont forcément menti sur toute la ligne. (Selon les voyeurs invétérés.)

Courage André ! Fonce ! Et défonce !

Un jeune homme de 35-38 ans dans le meilleur de son énergie sexuelle. Une jeune femme très jolie qui vit secrètement sous son toit. (Et a vécu des choses...) Deux tempéraments aussi compatibles. Un décor bucolique. Cette liberté sexuelle des Beaucerons quand même supérieure à celle des autres Québécois en raison de leur sang abénaquis. La Chaudière qui coule, parfois douce, parfois tumultueuse et n'est pas sans donner son rythme aux fluides corporels de la population riveraine. Une jolie maison. Des rêves communs. Une entente exceptionnelle entre deux êtres qui pour le moins fraternisent...

J'ai vu tout cela. Et je sais que mes jeunes ont un grand bonheur à protéger. En ces conditions, je me serais vu dans mon miroir comme un parfait idiot à leur poser la grande question : ou bedon OUI ou bedon NON.

De plus, ce n'est pas mes oignons.

Lisons un article du journal Le Soleil en date du 21 juillet 2004, faisant état de précisions données par Me Herman Bédard à propos des relations sexuelles permises entre personnes de plus de 14 ans.

« Le Code criminel permet les relations sexuelles entre personnes de 14 ans et plus, et non pas 18 ans comme le croient plusieurs personnes. Par contre, un enfant de moins de 18 ans n'est pas libre de vivre où il veut, si ses parents s'y opposent.

Me Herman Bédard a donné ces précisions lorsque invité à éclaircir certains points juridiques entourant la saga Julie Bureau, dont la fugue a pris fin ces deniers jours. Celle qui aura 18 ans en décembre prochain vivait chez un homme de Beauceville depuis deux ans et demi.

L'avocat spécialisé dans les droits de la jeunesse précise qu'un adulte peut se livrer à des activités sexuelles avec une personne de plus de 14 ans sans craindre de se retrouver devant les tribunaux. À la condition toutefois que la personne d'âge mineur soit pleinement consentante et que l'adulte ne soit pas en situation d'autorité par rapport à cette personne. Il ne doit pas non plus s'agir de relations rémunérées, ce qui devient de la prostitution juvénile.

En clair, si l'homme de la Beauce (Jean-Paul) et la fugueuse (Julie) ont mené une vie de couple, la justice ne s'en mêlera pas si la jeune fille était consentante. "Mais qu'importe ce qui a pu se passer, **ça ne nous regarde pas**", de dire Maître Bédard.

Ceci dit et bien établi, cédant quand même aux pressions des voyeurs invétérés, même faisant l'idiot, je leur pose publiquement la question.

Julie, Jean-Paul, couchez-vous ensemble ?

Mais s'il vous plaît, répondez-moi que ce n'est pas de mes affaires. Qui dira que je vous souffle les réponses ?

Tiens une idée : nous allons demander à l'Église une autorisation spéciale afin que l'espace d'un jour, par exemple le 2 décembre, je puisse bénir votre mariage. Et le lendemain, nous allons convoquer et tenir une conférence de presse, la plus courte de l'histoire, et qui ne contiendra qu'un seul mot de votre part en guise de réponse à la grande question existentielle des voyeurs invétérés: ou bedon OUI, ou bedon NON...

Je terminerai en disant que moi, voyeur aussi et voyou itou, à leur place... Quel gaspillage sinon !

***

394

Chapitre 29

Julie Bureau ou Julie Gros Lot

L'affaire Julie Bureau rapportera plusieurs millions de dollars à la société québécoise, il faut le redire encore avant de tourner la page finale.

Évaluons d'abord les coûts des recherches en nous basant sur un article par René-Charles Quirion de La Tribune qui s'est entretenu avec un porte-parole de la SQ de la région de l'Estrie, M. Louis-Philippe Ruel.

« Si une autre disparition comme celle de Julie Bureau survenait demain matin, la Sûreté du Québec investirait les mêmes efforts dans les recherches.

"En tant que corps policier dont le mandat premier demeure de préserver la sécurité de la population, nous ne pouvons prendre aucune chance. Il ne faut pas s'attarder à la possibilité que la personne disparue soit en fugue et que tout se passe bien. Il faut mettre tous les efforts pour sécuriser la population ", explique monsieur Ruel.

Sans que la SQ ne confirme ces chiffres, on peut facilement avancer que l'enquête entourant la disparition de Julie Bureau a coûté **plusieurs centaines de milliers de dollars** aux contribuables.

"Déployer l'hélicoptère de la Sûreté du Québec coûte environ 5000 $ par heure. Lors de la disparition de Julie Bureau, nous n'avons pas hésité à déployer le maître-chien, les plongeurs et à organiser des battues en forêt. Ce ne sont pas des dépenses que nous voulons quantifier parce qu'elles sont essentielles. Nous avons déployé ce que nous avons cru nécessaire pour retrouver cette jeune fille. Ses parents et la population peuvent maintenant être soulagés", indique le porte-parole de la SQ.

Les coûts sociaux associés à une disparition touchent aussi la DPJ qui doit assurer des suivis avec les adolescents retrouvés. ››

Voilà ! Et maintenant, est-ce qu'on s'entend pour 1 million de dollars en frais de recherches ?

En ce cas, chiffrons ensemble les retombées de l'affaire Julie Bureau, car mon lecteur pourra lui-même établir ses propres évaluations dans un espace approprié.

1. Salaires aux chercheurs (ce sont des coûts mais ce sont aussi des retombées au sens où on l'entend par exemple dans les sports professionnels quand on demande l'aide de l'État pour financer des équipes formées de pauvres joueurs millionnaires). Comme les gens ayant travaillé aux recherches ont gagné ce qu'ils ont coûté, il faut bien chiffrer les retombées en salaires à :

	Mes chiffres	Les vôtres

1,000,000 $ _____

2. Compensation morale puissante apportée aux bénévoles de la recherche. (Je me trouve cheap pas à peu près avec mon chiffre ici.) :

100,000 $ _____

3. Retombées en $ sur les médias de tout le pays qui durant 3 ans ont puisé dans le filon d'or Julie Bureau pour vendre des pages, des pages, des pages, des ondes, des ondes, des ondes... Et il faut y ajouter le salaire des journalistes. (On ne viendra pas suggérer que cela devrait faire partie des coûts, tout de même.)

5,000,000 $ _____

4. Sommes générées par le livre de Julie Bureau pour l'ensemble des intervenants, imprimeur, diffuseurs, librairies, auteur et Julie (mettons 20,000 copies) :

600,000 $ _____

5. Sommes représentées par le prêt public du livre de Julie Bureau et sa location publique dans les bibliothèques. (900 biblio. à 3 exemplaires chacune X 16 prêts annuels ou location). Valeur à 3$ l'unité

de 130,000 $ par année sur un minimum de 5 ans)

650,000 $ ———————

6. En valeur d'espoir pour les parents qui comptent une disparition dans leur famille. (Je trouve indécent de chiffrer ça en argent, alors...)

? ———————

7. En valeur de soulagement pour tous les parents qui craignent une fugue d'un enfant et savent au moins maintenant que tout serait fait pour le retrouver et que si une telle disparition se produisait, peut-être que l'enfant serait retrouvé non seulement sain et sauf comme Julie Bureau, mais peut-être heureux de surcroît.

? ———————

8. En valeur de défoulement pour tous ceux à bibittes pas réglées et qui ont démonisé Julie et en ont fait la marâtre de l'histoire. (Voir courriels à ce chapitre)

? ———————

9. En économie, si les gouvernements écoutent le message que l'auteur de ce livre a pu passer et ne l'aurait jamais pu autrement, et font le ménage dans le capharnaüm de l'édition de livres au Québec où seules les subventions à l'aveugle mènent tout, ce qui a conduit (et empire) à l'enrichissement,

à la "millionarisation" des éditeurs (subventionnés mur à mur, soit à la production, à la mise en marché via les salons du livre, à l'écoulement via les subventions aux bibliothèques publiques) et à l'étouffement des auteurs créateurs. (On peut aisément songer à une économie de 5 millions $ annuellement à Québec et autant à Ottawa. Sur 10 ans, on obtiendra 100,000,000 $) Ce que j'avance est parfaitement sérieux. Et combien d'arbres épargnés par l'absence de toute cette production inutile de livres vouée au pilon parce que sans lecteurs ?

100,000,000 $ ─────────

(Question : si un auteur éditeur est parvenu en 28 ans à écrire et publier 55 livres non subventionnés, que ne sauraient réussir des maisons d'édition rendues millionnaires par les subventions ? Qu'elles se passent durant 10 ans de l'aide de l'État et elles seront 10 fois plus alertes pour trouver les vrais auteurs parmi tout ce qui leur est proposé. Stimulées, elles trouveront les meilleurs, les plus exportables parmi ceux qui grattent le papier... Mais on va encore se cacher derrière les impératifs 'culturaels', ma très chère...)

10. Et le ménage ci-haut favoriserait l'émergence, si les auteurs sont dédommagés justement pour la circulation publique de leurs livres, de carrières internationales d'écrivains exportables, ce que le système du livre d'ici n'a aucunement favorisé depuis 30 ans. (Imaginons seulement 5 auteurs qui exportent la valeur de 1 million $ par année sur 7 ans.)

35,000,000 $ ─────────

Ce que j'explique en 9 et en 10, je l'ai expliqué par le détail à Jean Chrétien, son épouse, et la gang d'éminences grises du 'divin' ex-premier ministre. Il semble que ses hommes n'avaient alors d'oreilles que pour le bruit que faisaient leurs longues pattes et leur groin dans l'auge des commandites et ne pouvaient entendre le cri de colère de celui qui réclame justice.

Et on fait le grand total.

Retombées minimales de l'affaire Julie Bureau :

Grand total :	**142,350,000 $ + ?**	————
Coûts recherches :	**1,000,000 $**	1,000,000 $
Gain net :	**141,350,000 $**	————

Qui pensera encore que Julie Bureau devrait payer, par les revenus de son livre, pour les recherches faites pour la retrouver ? On ne refait pas les imbéciles, ils sont "crépis de même", disait ma mère autrefois. Ce qui veut dire que 'certains' continueront de le penser.

Par son livre, Julie Bureau va de plus sonner une cloche pour les parents d'aujourd'hui qui se feront plus attentifs aux besoins de leurs enfants et voudront leur prodiguer un encadrement sain. Cela aussi pourrait chiffrer fort, mais passons.

Et puis me voici en train d'empiéter sur les territoires de ma conclusion.

***

Chapitre 30

Conclusion

Mon lecteur me dira : "As-tu déjà été en désaccord avec Julie au cours de tes rencontres et dans ton écriture de ce livre ? "

Je réponds : une fois.

Elle a tendance à croire qu'une lettre anonyme reçue peu de temps après sa décision de faire écrire ce livre pourrait émaner de ses parents. Je crois que c'est la peine de constater qu'ils ne lui font pas plus confiance en 2004 qu'en 2001 qui lui a fait penser à cela.

Je ne crois vraiment pas que les Bureau puissent être les auteurs de la lettre que voici postée à Sainte-Marie-de-Beauce le 19 août 2004. En voici le texte intégral écrit par une main féminine assurément et qui ne contient pas une seule faute de français, signe que l'instruction parfois ne fait qu'empirer la méchanceté d'un coeur humain.

« Tu n'es qu'une sale profiteuse

tu ris des pauvres gens

tu n'as pas de coeur

tu es vache

c'est pas croyable rire du monde comme tu le fais

et profiter des gens pour te faire de l'argent

j'espère qu'un jour tu vas payer pour...

le mal que tu fais... »

Nous terminerons ce livre en épilogue par une autre lettre reçue par Julie et Jean-Paul au cours de l'été. Entre-temps, concluons !

L'affaire Julie Bureau relève d'après moi de l'accident psychologique pur et simple. Trois personnes furent impliquées : Julie, sa mère, son père.

Julie est un être qui a du caractère. Elle possède au féminin la force physique de son père, son endurance. Elle possède aussi le désir d'affirmation de sa mère, ce qui, pour une ado, est normal. Mais démontre un terrible manque de maturité chez une femme de 45 ans en qui l'adolescente ne veut pas céder le pas à la femme adulte, d'où elle ne parvient pas à sortir de sa bulle pour emprunter l'expression chère à Julie à propos de sa mère.

Volcan éteint en Secondaire 1, Julie devient un volcan en éruption en Secondaire 2. On le voit par le style de ses lettres. On le sait par Josianne. Julie ne déteste pas sa mère, on l'a constaté dans ses lettres et ça aussi, on le sait par Josianne. Fleurs à sa mère, visites sur les lieux de son travail et fréquentes demandes de sortie pour aller chez son amie par exemple.

Plus Secondaire 2 avance, plus son esprit rebelle suinte. Jurons, style ado qui cache son désir d'être elle-même mais qui constitue peut-être une sorte de réponse à l'agression psychologique de sa mère. Et quand Julie crâne, touche à 'l'huile' (une fois) et se soûle (une fois) c'est clairement pour s'affirmer, pour se montrer à elle-même qu'elle peut prendre des décisions en dehors de ses parents.

Elle veut avoir droit de parole.

Voici ce qu'on peut lire dans Psychologie de l'adolescence, page 243.

Les ados doivent acquérir une certaine autonomie s'ils veulent devenir des adultes responsables et ce processus d'autonomisation ne se déroule pas du jour au lendemain, la veille du dix-huitième anniversaire, mais petit à petit, par l'exercice régulier des habiletés d'autocontrôle. Pour ce faire, le jeune a besoin qu'on lui laisse de plus en plus de marge de manoeuvre, qu'on fasse confiance en ses capacités décisionnelles.

Au moment même où elle cherche de plus en plus à se libérer de l'emprise tatillonne de sa mère, Julie est envoyée à Coaticook où elle subira le long bras de maman par personnes interposées.

On ne l'a pas du tout comprise. On n'a pas cherché à la comprendre. On l'a mise au bord de la porte. Elle n'avait d'autre choix que celui de laisser sa personnalité se faire dominer, écraser ou celui de fuir par le suicide ou la fugue.

La seconde personne impliquée dans l'accident psychologique que représentent pour moi la fugue et la disparition de Julie est, bien entendu, sa mère. Adolescente attardée qui se soucie d'abord et avant tout de son image publique et forcément de celle de sa famille au point de tenir Josianne et ses 92 lettres à l'écart de l'enquête policière, au point de ne voir sa fille après 3 ans de disparition non pas comme un être à aimer de manière inconditionnelle, mais de chercher constamment la chicane avec elle, au point de rompre avec Julie dans l'espoir de la contrôler encore et de la faire taire quand elle annonce qu'elle veut écrire un livre, au point qu'au lieu d'appeler sa fille pour avoir de ses nouvelles, elle appelle son avocate pour essayer en vain de lui tirer les vers du nez etc...

Que dire de ce dernier souvenir de Julie à propos d'une de ses rencontres avec ses parents, la deuxième après sa réapparition.

On est à Milan chez les parents. La mère fait asseoir Julie et Jean-Paul à table, cherche encore à régler des choses du passé et finit par dire :

–Julie, tu viendras passer une fin de semaine ici. Moi, je vais monter chez ma soeur.

–Voyons, maman, pourquoi tu partirais la fin de semaine que je suis là ?

–J'irais chez ma soeur. J'me suis toujours empêchée de sortir pour vous torcher tous les trois.

Surprenant discours à faire à une enfant qualifiée qu'on n'a pas revue depuis trois ans. Il y a loin entre cette réponse et les appellatifs de la lettre de la fête des Mères 2002... Rappelez-vous des 'ma chouette', 'petite maman d'amour'... Et les déclarations ampoulées... "on t'a toujours respectée", "nous t'aimons énormément, ma belle Julie", "je nous imagine en train de te serrer dans nos bras... fous de joie à table..."

Y a-t-il quelque chose que j'ai pas compris quelque part, moi ?

Julie pense quant à elle que sa mère n'a pas changé et ne changera jamais, et croit qu'elle vit dans son monde à elle.

Et ça lui a rappelé un événement de l'été 2001, alors que son moral était à son plus bs et qu'elle en avait parlé à sa mère occupée à laver l'auto familiale.

–Maman, ça va assez mal, je pense au suicide.

La mère ne dit mot, sourit et poursuivit son travail sans plus s'intéresser à sa fille qui retourna dans sa chambre pour pleurer.

Et la troisième personne impliquée dans l'accident psychologique de la fugue de Julie est le père. Un être sensible et mené par le bout du nez. Il a eu beau défoncer un mur par colère, faire preuve de mauvaise foi quand il m'a refusé sa participation au livre sur conseil de sa femme, ce n'est pas, je crois, un être violent. Mais quel aveuglement devant sa geôlière morale ! Il deviendra un vrai homme quand il dira à sa femme : désormais, on met chacun nos culottes ou on se sépare. Moi, je pense que c'est un couple mal assorti qui devrait peut-être se séparer. Point. Si cela devait se produire, je crois que Julie renouerait d'excellentes relations avec son père (et son frère) jusqu'à la fin de ses jours. Ce que je viens tout juste de dire le fut de mon propre chef et je n'ai en rien consulté Julie pour l'écrire même si c'est son livre, pas le mien.

Réunissez une jeune adolescente très volontaire qui entre dans une phase critique de sa vie avec une mère achalante et soucieuse de son image avant tout, et un père qui prend toujours parti pour sa femme, et vous avez là les ingrédients qu'il faut pour préparer un grave accident psychologique.

C'est arrivé un certain 26 septembre 2001...

*

Aux enfants, il ne suffit pas de leur donner gîte et couvert ou de les confier à des intervenants sévères qui ne sont que le bras prolongé (trop faible) des parents, il faut jouer franc jeu avec eux. Et c'est peut-être ainsi qu'on en fera de bons adultes capables de respecter leur parole et de respecter les autres, ce qui est de plus en plus rare dans une société aussi démentielle que la nôtre.

Au fond, c'est un encadrement sain et vrai que voulait Julie Bureau et qui lui fut refusé. Mais il ne faut surtout pas croire que les Bureau furent et sont les pires parents, loin de là et bien au contraire.

Que la mère de Julie sorte enfin de sa bulle, qu'elle se regarde dans un miroir non pour y admirer sa nouvelle robe ou la sveltesse de son corps, mais pour y chercher qui elle est vraiment, qu'elle abandonne enfin son rôle de victime, et la partie pourrait bien être gagnée autant pour elle qu'elle l'est pour Julie. Ou pour Michel Bureau qui, quant à lui, devrait se renseigner sur la dépendance affective dont il est victime afin de construire dans sa maison si cela est possible malgré tout un vrai bonheur et d'en arriver, comme je le proposais dans ma lettre du 16 août, à compter sur une famille réunie, agrandie et grandie.

La vraie Julie Bureau a pris sa vie en main ce 26 septembre 2001. Elle n'était pas en mesure d'évaluer tous les risques encourus par une jeune personne de son âge et bien jolie. Elle a quitté ce qui pour elle était un purgatoire familial pour tomber dans un enfer à Montréal. Puis elle a quitté cet enfer pour retourner vers le moindre mal. Mais le ciel a entendu ses prières et lui a offert à Beauceville un coin de paradis. (Ceci aussi fut déjà écrit dans ce livre mais mérite d'être retenu, d'où cette répétition.)

Dès lors, elle a occulté son passé désagréable.

Elle ne voulait pas qu'on la retrouve.

D'où elle n'a pas donné signe de vie.

La seule chose à sa portée eût été d'envoyer une lettre en la postant loin de Beauceville dans une boîte anonyme. J'ai testé des gens fort intelligents des deux sexes et 80% n'y ont pas songé eux-mêmes. Pourquoi une petite fille de 14-15 ans y aurait-elle pensé ? Elle qui avait cherché durant 14 ans à "être ben" et qui l'était maintenant...

Et puis elle s'était sentie rejetée par sa mère; pourquoi aurait-elle eu le souci de ses souffrances ? Pourquoi ? Sa mère avait-elle eu souci des siennes ? Mais peut-être qu'elle savait que sa mère ne souffrait pas tant que ça, surtout pas autant que ne l'a cru le grand public friand d'images de la misère humaine dont il aime se repaître et que lui servent en abondance les médias mercantiles.

Julie a dû traverser l'orage du pire pour atteindre son oasis de paix et de liberté. Aurait-elle dû mettre ça en danger parce que sa mère versait peut-être, peut-être, quelques larmes pour toucher un pauvre public consommateur d'émotions fortes ?

Julie en a fait des pas vers sa mère comme ses lettres le démontrent; elle frappait un mur encore et encore jusqu'aux plus épais et gris de tous, ceux du Collège Rivier de Coaticook qui n'étaient rien d'autre pour elle que le bras contrôlant de cette femme vivant toujours à 45 ans dans sa bulle d'adolescente attardée.

Et l'on revient à la case départ, à cette citation de ma lettre d'intention aux parents le 16 août dernier.

« Certes, il y aura la grande opposition entre l'amour et la liberté, mais voilà une opposition vieille comme le monde et qui, en vertu de caractères bien typés, a fait éclater au sein de votre famille une situation incroyablement douloureuse, je le sais. »

Aimer son enfant, c'est le laisser être lui-même, devenir lui-même. La bible parlait de férule : qui aime bien châtie bien. Moi, j'ai toujours eu pour devise : aimer c'est aider; aider, c'est aimer.

*

Et Dieu dans tout ça ?

Julie a grandi ces 3 dernières années. Son père aussi. Il faut maintenant que la mère en fasse autant. Qu'elle se confesse à elle-même. Pas à Dieu, à elle-même d'abord. Car c'est ça que Dieu veut. Il veut qu'on réfléchisse avec notre esprit et notre coeur. Autrement, il ne nous aurait pas légué nos capacités d'adaptation, nos aptitudes, notre conscience.

Dieu veut que sa créature grandisse à travers ses propres expériences douloureuses. Julie Bureau l'a fait. Michel Bureau l'a fait même s'il demeure un objet entre les mains de sa femme. Au tour de Francine Poulin. Ce livre devrait l'y aider. Et mon lecteur le peut en la visitant sur son lieu de travail pour l'encourager non pas à rester dans sa bulle mais à en sortir enfin... enfin... Elle aura besoin de soutien après ce livre. Je dois ici dire que la phrase de ce livre qui m'apparaît la plus importante est celle de ce professeur à la retraite qui a écrit que 'l'école doit être réinventée'. Et si cela devait se produire, il faudrait réserver une place à un cours sous le titre de "Apprendre à élever des enfants 101"... Il est tout de même bizarre que pareille tâche de telle importance se fasse pour la très grande majorité des gens dans l'improvisation.

L'être humain pris collectivement ou individuellement, a pour nature de chercher à persuader son semblable afin d'augmenter ses propres chances de survie; il doit cependant respecter, encourager et stimuler l'esprit de liberté de ceux qu'il veut persuader.

Persuader dans le but de contrôler est la pire chose qu'on puisse faire à son semblable car on l'empêche de grandir à sa mesure. Persuader pour libérer tout en se libérant soi-même à travers ce processus est la meilleure.

Naguère, on avait la foi; aujourd'hui, on a le choix.

*

Moi, j'ai connu une Julie Bureau saine, joyeuse, équilibrée, qui ne jure pas, ne fume pas, ne se drogue pas, ne boit pas, travaille fort, aime et rêve parfois. La voilà, la vraie Julie Bureau de l'avenir. Et je lui vois un bel avenir.

Ses expériences douloureuses lui ont servi bien entendu. Force est de constater que sa mère la dernière année avant la fugue a fait partie des expériences douloureuses de Julie. Et lui en a infligé d'autres après sa réapparition en juillet 2004 notamment en décriant l'écriture de ce livre.

Les officiels du dossier Julie Bureau, policiers, enquêteurs, avocate (Stéphanie Côté), travailleuse sociale (Mélissa Desjardins), intervenants de l'Accalmie ont vu clair. Ils ont tous vu clair. Mais pas les médias ni le public. Ce livre veut faire justice non seulement à Julie mais aussi à ces personnes qui se sont montrées capables de faire travailler leur intelligence du coeur.

Justice sera faite aussi à Jean-Paul dans le livre qui lui sera consacré et paraîtra au printemps 2005, vers avril.

Et je fais un **voeu** en terminant.

Ayant entendu tes étonnantes cordes vocales sur magnétophone, Julie, pendant des heures et des heures, il me semble que tu pourrais devenir chanteuse, toi qui rêvais dans le temps de devenir une artiste d'un autre odrre.

Tu as de bonnes raisons de ne pas vouloir retourner à l'école, mais elles ne s'appliquent pas à propos de cours de chant. Il me semble que tu aurais là un grand talent à développer.

Et moi qui aime tant reproduire dans mes livres les paroles de chansons traditionnelles, j'en ai trouvé une à la très belle mélodie et que tu devrais choisir pour te lancer. Ça s'appelle *L'Hirondelle*. Paroles de Jean Nel. Musique de N. Serradell.

1ère partie

Tu vas partir, charmante messagère,
Pour ne venir nous revoir qu'au printemps;
À ton retour, hirondelle légère,
Avec amour, je guetterai ton chant.
Tu trouveras sous mon toit
Si tu restes fidèle,
Mon hirondelle,
Ton petit nid d'autrefois;
Quand je t'appelle,
Ne sois pas trop rebelle,
Mon hirondelle,
Surtout reviens chez moi.

2e partie

Rempli d'émoi, vers des rives lointaines,
Tout comme toi, je partis en chantant,
Je n'ai trouvé que misères, que peines,
Je n'ai trouvé que chagrins et tourments.
Si je pouvais comme toi
Regagner le rivage,
Le cher village
Que j'habitais autrefois;
Oiseau volage
Soudain devenu sage,
Plein de courage,
Je reviendrais chez moi.

*

Ce qui a précédé n'était qu'un rêve suggéré de la part de l'auteur à Julie.

Mais Julie et Jean-Paul partagent un rêve bien à eux, celui de se créer un domaine avec chevaux. Peut-être bien que ce livre les rapprochera de la réalisation de ce projet bien clair et concret...

***

Épilogue

Voici une lettre d'une grande beauté dans sa simplicité toute naturelle. Lettre d'ouverture. Lettre d'accueil. Aimante. Lettre qui qualifie un geste de 'courageux et révélateur' sans juger les personnes.

Qui n'a pas critiqué les prêtres dans sa vie, un jour ou l'autre ? Et moi le premier dans Aurore, l'abbé Massé (qui méritait interpellation quand même). La lettre qui suit me réconcilie avec beaucoup d'entre eux.

Les quelques mots choisis, c'est ça, de l'amour inconditionnel. La voici, datée du 1 août 2004.

‹‹ *Monsieur* (Jean-Paul) *& Mademoiselle* (Julie)

Je vous ai aperçus parmi l'assistance, à la messe de dimanche le 1er août, et je m'en suis réjoui.

Vous avez posé là un geste courageux et révélateur. Vous êtes et serez toujours les bienvenus.

Évariste Perron p. curé ››

Est-il besoin de rappeler au lecteur le contenu de la lettre sans signature qui fut reproduite au début du chapitre précédent de même que les courriels bourrés de fiel reproduits dans la première partie du livre ?

Tout a été dit à part quelques mots de remerciement de la part de Julie et que voici.

Je remercie mon avocate Me Stéphanie Côté pour m'avoir défendue.

Et ma travailleuse sociale Mélissa Desjardins pour m'avoir écoutée et laissé choisir mon avenir.

Je remercie les enquêteurs qui ont travaillé sur le dossier, qui ont fait du bon travail et qui ont su trouver la vérité.

Je remercie tous les intervenants de l'Accalmie pour avoir pris le temps de m'écouter.

Et grand merci aussi à Josianne qui, par son témoignage, a su prouver que j'ai dit la vérité.

Et bien sûr le plus grand des mercis à Jean-Paul, mon meilleur ami, mon frère !!! sans qui je ne serais sûrement plus de ce monde si nos chemins ne se seraient pas rencontrés. Merci Jean-Paul merci, car tu m'as permis d'être heureuse enfin !

Julie me permettra d'ajouter aux siens mes remerciements à ces mêmes personnes qui toutes, ont fait preuve d'un jugement sain et ont su prendre les bonnes décisions au bon moment.

Et si quelqu'un de mauvaise foi devait vouloir questionner ce que l'un d'eux a fait, il n'aurait qu'à constater que ces personnes responsables ont fait

l'unanimité à propos de Julie Bureau et de son vrai bonheur.

Dans ce livre, je n'ai fait qu'ajouter ma voix à la leur.

Comment ne pas remercier aussi les journalistes de ne pas avoir fouillé derrière le bras de la mère de Julie et mis la 'patte' sur les 92 lettres de Julie à Josianne en Secondaire 2, ni donc avoir découvert que la jeune fille rêvait de cheveux noirs, ni donc d'avoir modifié sa photo par ordinateur pour la montrer au grand public et faire retrouver bien plus vite la jeune fille... Les policiers ont fait avec ce qu'ils avaient sous la main, mais les journalistes, ces bêtes curieuses capables de tout renifler... Ciel ! Grâce à vous qui avez manqué de nez, je fus le premier à étudier ces lettres et à me rendre compte que Julie Bureau ne pouvait avoir fait autre chose que de fuguer. Il est drôle de songer à tous ces braves appelés par les journalistes à fouiller une rivière à la recherche d'un corps tandis que d'autres braves à Beauceville en fouillaient une –et continuent de le faire– à la recherche d'or. Ciel !

Surtout, j'espère vous avoir ouvert les bonnes pistes et assez secoués pour vous donner le courage de fouiller au sujet du piratage légal et à celui, scandaleux, des subventions à l'édition de livres où il se gaspille bien plus d'argent que dans l'affaire des commandites, mais en toute bonne légalité... Et le CDPP si l'injustice vous intéresse... Et faites donc un tour à Rivier comme mon ami Jean-Paul le souhaite ! Peut-être trouverez-vous dans ces sujets de nouveaux filons d'or, qui sait ?

Je me dois aussi de remercier mon amie Solange qui m'a épaulé dans mon travail de même que sa fille Nathalie et son conjoint Yvan. Ils sont venus à Beauceville et ont vu ce que j'ai vu, compris ce que j'ai compris. Le bonheur de Julie là-bas crève les yeux, que voulez-vous ?

Et bien sûr, je ne saurais oublier de remercier Julie Bureau, la vraie, qui fut tellement authentique avec moi.

Je ne suis pas très verbal, les jeunes, vous le savez, mais laissez-moi vous dire ici que je trouve ça magnifique de vous voir vivre comme vous le faites. Quand on va chez vous, on fait le plein d'air pur, d'oxygène, de beauté et de bonté humaine.

Je me sens meilleur après vous avoir connus tous les deux.

Bibliographie

Du même auteur :

Nathalie, Éditions André Mathieu, 1982.

Aurore, Éditions André Mathieu, 1990.

Le bien-aimé, Editions André Mathieu, 1983.

La bohémienne, Editions André Mathieu, 2001

Divers auteurs :

Duchesne Monique, *Adolescence, mode d'emploi*, Éditions Fides, 2000.

Weinhaus Evonne et Frideman Karen, *Comment communiquer avec votre adolescent*, Éditions le l'Homme, 1990.

Dolto Françoise, *La cause des adolescents*, Robert Laffont, 1988.

Cloutier Richard, *Psychologie de l'adolescence*, Gaëtant Morin, 1996.

Beaulieu Danie, *Pour grandir*, Éditions Académie Impact, 2000.

Duché Didier-Jacques, *Le mal-être des adolescents*, Hermann, 1993.

Kemp Daniel, *Aider son enfant à vivre une adolescence douce*, Éditions Quebecor, 1996.

Duclos, Laporte, Ross, *Besoins, défis et aspirations des adolescents*, Éditions Héritage, 1995.

Hone Geneviève et Mercure Julien, *Les adolescents, les encourager, les protéger, les stimuler*, Éditions Novalis, 1996.

Virtue Doreen, *Comment aimer et prendre soin des enfants indigo*, Éditions Ariane, 2002.

Laurene Petit, *Le sagittaire*, 1985.

Du même auteur:

lavraiejuliebureau@hotmail.com

amathieu@boisfrancs.qc.ca

ou

www.andremathieu.com

DATE DUE

AGMV Marquis

MEMBRE DE SCABRINI MEDIA

Québec, Canada
2004